GOLDMANN

Buch

Amanda Derington lebt, nachdem sie früh ihre Eltern verloren hat, in der Obhut ihres gestrengen Onkels Oswin, eines wohlhabenden Unternehmers. Als er sie auf eine längere Reise mitnimmt, beschließt sie, inzwischen zwanzig Jahre alt, die Insel Zypern alleine zu erkunden. Auf der Überfahrt nach Limassol ereignet sich in ihrer Kabine ein rätselhafter Selbstmord, der nur den Auftakt zu einer Folge abenteuerlicher Erlebnisse für die junge Amanda bildet...

Autorin

Mary Margaret Kaye wurde in Simmla, einer Stadt im Vorhimalaja, geboren. Ihre Familie ist fest in Indien verwurzelt: Schon ihr Großvater war in Kolonialdiensten dort. Den größten Teil ihrer Kindheit verlebte sie in Indien, heute ist sie in ihre Heimat England zurückgekehrt. Spätestens seit dem *Palast der Winde* gehört M. M. Kaye zu den erfolgreichsten Schriftstellerinnen unserer Zeit. Auch ihr zweites Buch *Inseln im Sturm* war ein Beweis dafür, daß hier eine Erzählerin schreibt, die in einem Atemzug mit Margaret Mitchells *Vom Winde verweht* zu nennen ist.

Von M. M. Kaye ist außerdem als Goldmann-Taschenbuch erschienen:

Tod in Sansibar. Roman (6648)
Tod in Kenia. Roman (6682)

M. M. KAYE

Es geschah auf Zypern

Roman

Deutsche Erstausgabe

GOLDMANN VERLAG

Aus dem Englischen übertragen von Maria Quatmann
Titel der Originalausgabe: Death in Cyprus
Zum ersten Mal erschienen 1956 unter dem Titel:
Death Walked in Cyprus
Die überarbeitete Neuausgabe erschien 1984
im Verlag Allen Lane, London

November 1984 · 1. Auflage · 1.–30. Tsd.

Made in Germany

Umschlaggestaltung: Design Team München
Umschlagfoto: Design Team München
Satz: IBV Lichtsatz KG, Berlin
Druck: Elsnerdruck GmbH, Berlin
Verlagsnummer: 6749
Lektorat: Elga Sondermann
Herstellung: Gisela Ernst
ISBN 3-442-06749-9

Vorbemerkung der Autorin

Im Jahre 1949, das Regiment meines Mannes war zu jener Zeit in Ägypten stationiert, und wir lebten in einer Armeesiedlung in Fayid, das damals als die Suez-Kanal-Zone bekannt war, beschlossen eine Freundin und ich, unsere Ferien auf Zypern zu verbringen, um dort zu malen. Wir fuhren mit dem Schiff von Port Said nach Limassol. Auf der Insel angekommen, mieteten wir einen Leihwagen (damals hatten die Autos noch Trittbretter und anstelle eines Kofferraums eine Kofferbrücke). Wir wohnten in dem herrlichen Haus in Kyrenia, von dem ich in dieser Geschichte noch erzählen werde. Die Handlung wurde mir quasi durch verschiedene interessante Zwischenfälle, die sich während unseres Aufenthalts ereigneten, zugetragen. Da ich aber sehr viel malte und später wegen mehrerer Truppenverlegungen daran gehindert wurde, bin ich ungefähr fünf Jahre lang nicht dazu gekommen, dieses Buch zu schreiben. Wenn ich es jetzt lese, erscheint es mir im nachhinein interessant, daß mir sogar während dieser friedlichen Ferien bewußt gewesen sein muß, daß das damalige Zypern zu schön war, um zu währen. Eines Tages würde politischer Egoismus es wohl zwangsläufig zerstören. Dieser Tag kam schon früher, als ich dachte; heute ist die Insel in zwei feindliche Lager geteilt. Kyrenia, St. Hilarion, das schöne Aiyos Epiktitos, das wundervolle Bellapais und die meisten Orte, die ich sehr gut kannte, sind nun in den Händen der türkischen Zyprioten. Die griechischen Zyprioten, die den Rest der Insel besitzen, haben aus ihren verschlafenen Küstenstädtchen gigantische Touristenorte gemacht, mit riesigen Hotels und »Erholungszentren«.

So weit ist es also gekommen…!

1

Amanda fürchtete sich erst, als sie die Flasche fand. Natürlich war sie entsetzt. Unglauben und Schock erschütterten sie, aber sie verspürte keine Angst. Sie hatte nur diese beklemmende Vorahnung einer nahenden Katastrophe.

Noch eine Minute zuvor war Julia Blaine am Leben gewesen und hatte mit hysterischer, schluchzender Stimme gesprochen. Jetzt war sie tot und lag, bekleidet mit einem Satinkleid, in ihrer ganzen Körperfülle ausgestreckt auf dem Fußboden in Amandas Kabine.

Es war alles so plötzlich und ohne irgendeine Vorwarnung geschehen. Oder hatte es vielleicht doch eine Andeutung gegeben? Hatten die Geschehnisse der letzten Tage und Wochen einen Hinweis darauf enthalten, daß etwas so Entsetzliches geschehen könnte?

Amanda Derington war zu Besuch bei ihrer Tante in Fayid, in der Suez-Kanal-Zone, gewesen. Ihr Onkel und Vormund, Oswin Derington von Derington & Co., unternahm indessen eine Geschäftsreise durch den krisengeschüttelten Nahen Osten.

Im Herbst 1940 hatte ein nächtlicher Bombenangriff auf London Amanda beide Eltern geraubt. Ihr Onkel Oswin hatte sie in der Folge eigenmächtig in seine Obhut genommen, obwohl es mehrere wohlmeinende Tanten gab, die sich um das Kind nur allzugern gekümmert hätten. Oswin Derington seinerseits wollte nichts von ihnen wissen. Er war Junggeselle und Frauenhasser und hatte für seine Schwestern nichts als Geringschätzung übrig. Er wußte alles besser und fühlte sich selbst zur Kindererziehung berufen.

Das Oberhaupt des Hauses Derington, jener Firma, deren Name überall dort auftauchte, wo der Kolonialismus Fuß faßte, war ein unerbittlicher Moralist. Der calvinistische Hintergrund seiner Familie war nicht zu übersehen. Hinzu kam, daß er erfolgreich, selbstgefällig und egoistisch war, verbunden mit einem Hang zur Wichtigtuerei. Es war seine feste Überzeugung, daß die Mehrheit seiner Mitmenschen ein sündhaftes und unmoralisches Leben führte. Wenn man ihm bei seinem Lieblingsthema zuhörte, mußte man den Eindruck gewinnen, daß, zumindest in seinen Augen, die gesamte Menschheit sich einem lasterhaften und zügellosen Leben hingab. Die einzige Ausnahme bildete, als Anständigkeit in Person, er selbst, Oswin Greatorex Derington.

Zweifellos reihte Onkel Oswin auch Amandas Tanten in die Reihe der Gottlosen ein. Sein anmaßendes Verhalten, das einzige Kind seines Bruders Anthony allein der eigenen Obhut zu unterstellen, wurde einerseits von dem Wunsch geleitet, das zarte Kind nicht zu verderben, und andererseits konnte er nun seine abgestandenen Theorien über Kindererziehung in die Tat umsetzen. Anthony hatte ein Testament hinterlassen, in dem er leichtsinnigerweise seinen Bruder zum Bevollmächtigten und einzigen Vormund seiner Tochter bestimmt hatte. Und daran konnte niemand etwas ändern.

Amandas Aussichten wären wirklich trübe gewesen, hätte sie nicht ihrer Mutter Schönheit und ihres Vaters Fröhlichkeit und Mut geerbt. Leider wurden diese drei Wesensmerkmale durch etliche strenge Pensionate fortwährend erschüttert. Die egoistischen, viktorianischen Ideen ihres Onkels Oswin über die korrekten Umgangsformen junger Mädchen aus gutem Hause waren für sie nicht weniger belastend.

In den Jahren nach der Zerstörung Hiroshimas war ein erschrekkendes Schrumpfen jener rosa Farbtupfer auf der Landkarte festzustellen, die diejenigen Territorien darstellten, die von der britischen Krone regiert wurden oder ihr zumindest untertan waren. Auch die Firma Derington & Co. war in dieser Zeit vielen Veränderungen unterworfen. Vor allem im Fernen Osten mußten diverse Niederlassungen unerwartet plötzlich schließen. Aber dafür traten neue Geschäfte an ihre Stelle. Eines Tages beschloß Oswin Derington seine Geschäfte mit einer Erholungsreise zu verbinden. Sein zwar lästiger, aber fähiger Arzt hatte ihm empfohlen, eine lange Seereise zu unternehmen. Also machte er sich auf den Weg, einige ausgewählte Vorposten seines Unternehmens zu inspizieren.

Amanda, inzwischen 20 Jahre alt, nahm er mit sich. Es war seine feste Überzeugung, und er ließ sich nur zu gern darüber aus, daß Frauen einen besseren Instinkt für Fehler und Verstöße besitzen. Außerdem, so glaubte er, sei kein auch noch so tüchtiger Geschäftsführer in der Lage, künftige Entwicklungen genau vorauszuahnen.

Ursprünglich beabsichtigte er Alexandria, Kairo, Aden, Mombasa und Nairobi zu bereisen, um dann via Tripolis zurückzufahren. Als sich aber herausstellte, daß es, um diese Städte aufzusuchen, zu vieler unangenehmer Anstrengungen bedurfte, wollte er seine Nichte von

Kairo aus nach England zurückschicken und allein weiterreisen. Es bestand jedoch im Moment keine Möglichkeit, mit dem Schiff zurückzureisen, und einen Rückflug gestattete er nicht, weil er eine tiefe Abneigung gegen das Fliegen hegte. Deshalb brachte er Amanda vorübergehend bei einer seiner Schwestern unter, deren Mann, ein Brigadegeneral, in Fayid stationiert war.

Verärgert mußte Oswin feststellen, daß neuerdings unter manchen Farbigen die Tendenz bestand, ihren Kolonialherren mit anderen Augen als bisher entgegenzutreten. Damit noch nicht genug, auch Amanda hielt eine unangenehme Überraschung für ihren Onkel bereit. Ihr gefiel es nämlich in Fayid, und sie eröffnete Oswin, daß sie mehrere Monate zu bleiben gedenke und danach Zypern besuchen werde.

Oswin seinerseits hatte auf diese Entscheidung wenig Einflußmöglichkeiten, denn mittlerweile war Amanda volljährig und verfügte über ein zwar niedriges, aber ausreichendes Einkommen. Bis zur Erschöpfung und dennoch ohne Erfolg versuchte er auf sie einzuwirken. Höflich, aber bestimmt beharrte seine Nichte auf ihrem Entschluß und erfuhr dabei von ihrer Tante moralische Rückendeckung. Oswins Schwester Muriel wartete nämlich schon seit vielen Jahren auf eine passende Gelegenheit, es ihrem Bruder heimzuzahlen. Wegen der Wahl ihres Ehemannes, einem damals noch lebensfrohen Leutnant der berittenen Artillerie, hatte ihr Bruder sie nämlich aufs schärfste kritisiert.

Amanda hatte ihren Aufenthalt in Fayid verlängert. Sie hatte die Absicht, Zypern zu besuchen und ein Hotelzimmer in Kyrenia zu nehmen.

Nach etlichen Wochen schmollenden Schweigens schaltete sich Onkel Oswin nochmals ein.

Wie sich herausstellte, besaßen die Deringtons einen Weinhandel auf Zypern. Sie hatten das Geschäft nach dem Kriege erstanden, und es war eigentlich so unbedeutend, daß Oswin es nicht persönlich hätte besuchen müssen. Die Weinhandlung führte ein gewisser Glennister Barton. In einem an Amanda gerichteten Brief schrieb Oswin, daß, falls sie schon darauf bestehe, so undamenhaft im Nahen Osten herumzuziehen, sie zumindest auf den guten Ruf der Familie, wenn schon nicht auf ihren eigenen Rücksicht nehmen könne. Darüber hinaus solle sie doch anstelle eines Hotels lieber ein gutes Privatquartier suchen. Er hatte den Bartons bereits die Ankunft seiner Nichte angekündigt und sie gebeten, Amanda bei sich aufzunehmen, ihr zur Seite zu stehen und sie vor Schaden zu bewahren. Mr. und Mrs. Barton hatten ihm eine positive Antwort geschickt und erwarteten Amanda in Limassol.

»Du solltest auf keinen Fall fliegen. Erst in der letzten Woche hat sich ein Flugzeugabsturz ereignet. Außerdem habe ich Informationen darüber, daß sich unter den Zyprioten antibritische Strömungen ausbreiten. Sie unterstützen Enosis und betreiben den Anschluß der Insel an Griechenland. Wenn Du auch nur das Geringste für den Namen Derington übrig hättest, würdest Du dieses unweibliche und waghalsige Unternehmen aufgeben und nach Hampshire zurückkehren«, schrieb Onkel Oswin, obwohl er diesbezüglich wenig zuversichtlich war.

Amanda las den Brief und seufzte. Viel lieber wäre sie, um unabhängig zu bleiben, in einem Hotel abgestiegen. Aber in gewisser Weise fühlte sie sich ihrem Onkel gegenüber verpflichtet, obgleich sie ihn nicht besonders gut leiden konnte. Abgesehen von seiner Egozentrik und Überheblichkeit und der ihm eigenen Überzeugung, daß er auf der Welt sei, um alle Laster anzuprangern und das Viktorianische Zeitalter wieder aufleben zu lassen, blieb er, oder war es doch zumindest gewesen, ihr gesetzlicher Vormund. Wenn er es nun einmal so eingerichtet hatte, daß sie auf Zypern unter der Aufsicht jener Bartons stehen sollte, beschloß sie, ihn nicht von neuem zu verstimmen, indem sie ablehnte, deren Gast zu sein. In einem an die Bartons gerichteten Brief bedankte sie sich für deren Gastfreundschaft und nahm die Einladung an.

Amanda buchte eine Seereise auf der ›S. S. Orantares‹ von Port Said nach Limassol. Ihre Tante und ihr Onkel waren darüber nicht sehr glücklich. Sie mußte in einem bewaffneten Konvoi reisen und darüber hinaus auch noch die ägyptische Grenze passieren. Als sie jedoch herausfanden, daß noch andere Bekannte aus Fayid auf demselben Weg nach Zypern fahren wollten, waren sie erleichtert. Zu den Fahrgästen zählten: Captain Gates, Major Blaine mit Gattin und Persis Halliday.

Captain Tobias John Allerton Gates war ein netter junger Mann. Sein ansonsten so anziehendes Wesen litt allerdings unter seiner derzeitigen seelischen Verfassung. Toby war verliebt, und das nicht zum ersten Mal. Seine bis dahin sprunghafte Natur wurde erschüttert, weil es ihm bislang noch nicht gelungen war, die Frau seiner Zuneigung, Miß Amanda Derington, auf sich aufmerksam zu machen.

Toby hatte ursprünglich nicht beabsichtigt, seinen Urlaub auf Zypern zu verbringen. Eigentlich wollte er in England Roehampton oder Cowdray Park besuchen. Als er aber hörte, daß Miß Derington vorhatte, nach Zypern zu fahren, warf er seine alten Pläne über Bord. Er buchte ein Hotelzimmer in eben dem Hotel, in dem auch seine Angebetete eigentlich absteigen wollte. Doch jetzt sah es so aus, als würde sie nach alledem gar nicht dort wohnen, ja nicht einmal in Kyrenia sein. Sie würde sich statt dessen in Nikosia bei dem Geschäftsführer der Derington-Niederlassung aufhalten. Toby fragte sich darüber hinaus, ob es wohl noch möglich sein werde, sein Zimmer im Dome-Hotel zu stornieren und ein Zimmer in einem Hotel in Nikosia zu nehmen.

Major Alastair Blaine und seine Frau Julia wollten drei Wochen in einem Haus von Verwandten in Kyrenia verbringen. Sie reisten mit dem Schiff, weil die abergläubische Julia sich geweigert hatte, die einzigen noch erhältlichen Flugscheine zu nehmen. Denn dies hätte bedeutet, daß sie an einem unheilvollen Dreizehnten hätten fliegen müssen. Die Fünfte in der Runde war Persis Halliday. Außerhalb ihres Heimatlandes war Mrs. Halliday vielleicht nicht so bekannt, aber in den Vereinigten Staaten hätte man sie niemandem vorzustellen brauchen. Persis schrieb Liebesromane und war im Gegensatz zu den meisten anderen Autorinnen auch erfolgreich damit. Ihre Bücher fanden reißenden Absatz. Allein ihr Name auf dem Titelblatt irgendeiner Frauenzeitschrift garantierte schon eine enorme Auflagensteigerung. Persis Hallidays Gatte war vor drei Jahren bei einem Flugzeugabsturz ums Leben gekommen. Im Moment unternahm sie gerade eine Weltreise und sammelte neues Material für ein Buch. Außerdem war sie mit Amandas Tante befreundet.

Einmal hatte Amanda erwähnt, daß einer Sage zufolge die Liebesgöttin Aphrodite aus dem Meeresschaum nahe der zypriotischen Küste erstanden sei. Daraufhin beschloß Persis, die Insel ebenfalls zu besuchen.

»Aber sicher, ich fahre mit. Den Geburtsort der Liebesgöttin muß ich einfach gesehen haben. Das ist ja prima, die Gelegenheit nehme ich wahr.«

»Wenn man bedenkt, wieviel Geld sie schon mit dieser Frau gemacht hat«, kommentierte Julia Blaine bitter. »Es ist doch wohl das mindeste, wenigstens ihrem Geburtsort einen Besuch abzustatten.«

Diese Unterhaltung fand während einer Tanzveranstaltung des

Fayider Offiziersclubs statt. Julias harter Ton veranlaßte Persis, in echter oder vielleicht auch nur gespielter Verärgerung die Stirn zu runzeln. Gleich darauf schwirrte sie lachend von dannen, und nur der Duft ihres teuren Parfüms blieb zurück.

»Albernes Gewäsch«, sagte Mrs. Blaine verärgert.

»Was ist los?« wollte Amanda wissen. Die vorausgegangene Szene hatte sie überrascht.

»Ach, ihre Bücher! Die sind doch nichts als dummer, sentimentaler Kitsch mit einem ekligen Anstrich von Sex. Ich verstehe gar nicht, wer diesen Quatsch überhaupt liest.«

»Aber hören Sie mal«, warf Amanda ein, »denken Sie doch nur einmal über das Leben der meisten jungen Mädchen nach. Nichts als eine todlangweilige Qual. Wenn sie dann eines von Persis' Büchern lesen, sagen solche Mädchen sich in ihren Tagträumen, daß es so wie in diesen Liebesromanen sein könnte, und es geht ihnen viel besser.«

»Wollen Sie damit etwa sagen, daß Sie dieses Zeug auch lesen?« fragte Mrs. Blaine ganz ungläubig.

»Früher ja, aber dann hat die Direktorin meiner ehemaligen Schule die Lektüre verboten, und zwar wegen eines Buches über ein armes, aber ehrliches Mädchen, das in Ganoventum, Rauschgift- und Mädchenhandel verwickelt wurde. Natürlich überstand es diese Abenteuer völlig unbeschadet, wie alle Hauptfiguren in Persis Hallidays Büchern. Auf alle Fälle hat uns das Verbot dazu verleitet, diese Bücher dutzendweise in unsere Schlafsäle zu schmuggeln und sie mit um so größerem Vergnügen zu lesen.«

Julia Blaine schnaufte heftig und sagte dann mit scharfer Stimme: »Das bekräftigt doch nur, was ich gerade gesagt habe, nur kichernde Schulmädchen lesen solche Bücher.« Dann stand sie plötzlich auf und zog verärgert an einem langen Chiffontuch, das sie um ihre nackten rundlichen Schultern trug und dessen Ende sich an ihrem Stuhl verfangen hatte.

»Doofe Ziege«, sagte Amandas Tante ärgerlich. »Arme Julia, sie hat selbst einmal geschrieben oder es zumindest versucht. Einmal hat sogar eine Zeitschrift eine ihrer Kurzgeschichten angenommen, und sie glaubte schon, dies sei der Durchbruch. Es kam aber nichts dabei heraus, und sie hat das Schreiben aufgegeben. Irgendwie ist bei Julia immer alles schiefgelaufen.«

»Wessen Schuld ist denn das wohl?« murrte der Brigadegeneral. Er tupfte sich den Schweiß von der Stirn und versuchte den Sessel so zu drehen, daß er möglichst viel Wind von dem nahe stehenden Ventilator abbekam.

»Ich weiß, sie ist deine Cousine, aber es tut mir leid, diese Frau ist verrückt.«

»Du hast recht, die Ärmste. Ja, sie ist wirklich schwierig«, seufzte Amandas Tante. »Über irgend etwas regt sie sich immer auf, meistens sogar über völlig unwichtige Dinge, wie beispielsweise Persis Hallidays Bücher. Und wenn es nichts gäbe, worüber sie sich ärgern könnte, würde sie sicher etwas finden. Es ist einfach eine Angewohnheit. Leider hat sie nie Kinder bekommen. Alastairs Vater stammte aus einer achtzehnköpfigen Familie. Nur zwei von den Kindern haben geheiratet. Er ist der allerletzte Blaine of Tetworth, und ich habe den Eindruck, daß Julia darunter leidet. Vielleicht ist sie deshalb so verschroben. Dabei gibt es eigentlich gar keinen Grund dafür. Füllige Frauen wie sie sind doch in der Regel heiter und gelassen.«

»Sie trinkt literweise Zitronensaft mit eisgekühltem Wasser. Das hier ist wohl das Ergebnis. Da muß man doch versauern. Ich verstehe überhaupt nicht, warum sie dies Zeug trinkt«, sagte der Brigadegeneral.

»Um abzunehmen, obwohl kein großer Erfolg dabei zu verzeichnen ist«, bemerkte Amandas Tante ironisch. »Wie dem auch sei, es ist auf jeden Fall albern von ihr, gegenüber Persis so unverschämt zu sein. Persis ist vielleicht etwas herausgeputzt und oberflächlich, aber sie meint es doch nur gut. Und selbst wenn ihre Bücher von Gefühl auch nur so triefen, so besitzt sie doch eine gesunde Selbsteinschätzung. Sonst hätte sie es nicht so weit gebracht. Auch wenn sie sich über ihre eigenen Bücher lustig macht, heißt das noch lange nicht, daß sie sich nicht verletzt fühlt, wenn andere das gleiche tun.«

»Julia ist doch nur eifersüchtig«, meinte der Brigadegeneral.

»Ja, ich weiß. Sie war schon immer so. Sie ist hübsch oder war es zumindest, und sie hat viel Geld. Nichts wäre ihr aber lieber, als berühmt und steinreich zu sein. Deshalb ist sie automatisch eifersüchtig auf jeden, der mehr hat als sie.«

»Das wollte ich damit nicht sagen, ich meinte Alastair«, erklärte Amandas Onkel.

»Ach so, das ist ihr übliches Leiden. Sie hat tagelang nicht mit Amanda gesprochen, nur weil Alastair ihr Reitstunden gegeben hat, und sie schmollt noch immer, wenn er Amanda zum Tanzen auffordert«, entgegnete seine Frau.

Amanda mußte lachen. »Ich frage mich, warum. Er ist wirklich sehr nett, und sein Benehmen ist äußerst angenehm. Aber er strotzt nur so vor Langeweile. Hat Julias Unzufriedenheit nicht eher mit den anstrengenden und seltsamen Umständen, unter denen sie hier leben, zu tun. Ich kann mir nicht vorstellen, daß man, selbst bei genauerem Hinsehen, etwas Besonderes an ihm finden würde. Er ist einfach wie ein gutes Glas Wasser. Man trinkt es zum Essen, ohne großartig darüber nachzudenken, und wenn einem etwas Besseres angeboten wird, lehnt man das Wasser einfach ab.«

»Etwas Besseres? Was zum Beispiel? Vielleicht Champagner? Ist dir schon mal jemand wie Champagner über den Weg gelaufen, Kleines?« wollte der Brigadegeneral von Amanda wissen.

»Ja!« Amandas Gesichtsausdruck bekräftigte die Antwort.

Sie hatten alle drei in der Ecke des Tanzsaales gesessen. Amandas Tante hatte sich so in ihren Sessel gesetzt, daß sie Persis Halliday und Major Blaine beim Tanzen beobachten konnte.

Alastair Blaine war kein besonders gutaussehender Mann. Trotzdem war er eine angenehme Erscheinung. Sein braungebranntes Gesicht hatte die schmalen Züge eines Kavalleristen, sein Haar war dicht und blond, und er hatte graublaue Augen. Er war schon vierzig Jahre alt. Doch schätzten ihn viele Leute um wenigstens fünf Jahre jünger als seine korpulente und ständig nörgelnde achtunddreißigjährige Frau. Besonders unter seinen männlichen Freunden war er sehr beliebt, und obwohl seine Frau ständig meckerte und mit sich unzufrieden war, verhielt er sich ihr gegenüber durchaus anständig. Es war sicher nicht gerade leicht, mit einer solchen Frau verheiratet zu sein. Julia Blaine war das verwöhnte Einzelkind wohlhabender und schon etwas betagter Eltern. Sie war ein zwar pummeliges, aber hübsches Mädchen mit beträchtlichem Vermögen gewesen, als sie sich in ihren späteren Ehemann verliebte. Alastair war gerade von Indien nach England gekommen, um dort seinen Heimaturlaub zu verbringen.

Aber Julia hatte es dann später in Indien nicht gefallen. Ihr Mann hatte damals einen niedrigen Offiziersrang im indischen Kavallerieregiment bekleidet. In Julias Augen kannte er zu viele Leute und hatte zu viele Freunde. Sie war schlichtweg eifersüchtig auf alles und jeden, der auch nur in irgendeiner Weise Alastairs Aufmerksamkeit von ihr ablenkte. Damit fing es dann an. Die Weichen für eine unglückliche und unruhige Ehe waren gestellt. Egal wo, ob auf einer Party, einem Ball oder irgendeiner anderen öffentlichen Veranstaltung, Julia bekam plötzlich Kopfweh oder fühlte sich unwohl, wenn sie merkte, daß Alastair sich amüsierte. Sie erwartete dann, von ihm nach Hause begleitet zu werden.

Es wurde ihr zur Gewohnheit, Besitzansprüche an ihn zu stellen und auf seiner uneingeschränkten Aufmerksamkeit zu bestehen. Auf diese Weise konnte sie ihre fordernden, eifersüchtigen und herrischen Ansprüche befriedigen. Denn sie konnte es nicht ertragen, daß Alastair außer ihr noch andere Interessen hatte. Ihre Liebe zu ihm war voller Bitterkeit und Mißtrauen und nahm beinahe krankhafte Züge an. Ihre letzte Waffe war, daß, wenn er schon nicht so funktionieren wollte, wie sie es sich wünschte, sie ihn zumindest verletzen konnte. Ihr Mann entfernte sich dabei zwangsläufig immer mehr von ihr. Anfangs bildete sie sich nur ein, krank zu sein. Mit der Zeit aber steigerte sie sich so hysterisch in diesen Zustand hinein, daß sie tatsächlich krank wurde.

Vielleicht hätte sie ihre Energien und Gefühle in andere Bahnen lenken können, wenn sie Kinder gehabt hätte. Obgleich pummelig, war sie als Teenager durchaus anziehend gewesen. Jetzt jedoch war sie schlichtweg fett. Lästermäuler gingen sogar so weit zu behaupten, Alastair halte es nur ihres Geldes wegen bei ihr aus, sonst wäre er sicher schon längst mit einer jüngeren und attraktiveren Frau durchgebrannt. Bislang war aber über ein solches Verhältnis nichts bekannt. Er war bei jedermann beliebt. Die Eifersucht seiner Frau war aber wirklich völlig ungerechtfertigt. Man konnte bei ihm nicht einmal ein auffallendes Interesse an anderen Frauen feststellen. Auffallend war aber wohl, daß er noch nie zuvor einer anderen Frau so viel Aufmerksamkeit gewidmet hatte wie Amanda Derington.

Augenblicklich tanzte Alastair gerade mit Persis Halliday. Persis machte eine gute Figur in ihrem auffälligen, feuerroten Chiffonkleid. Ganz offensichtlich flirtete sie aus reiner Boshaftigkeit mit Alastair, um Julia zu vergrollen.

»Persis sollte noch einmal darüber nachdenken, ob sie wirklich nach Zypern fahren will«, murmelte Amandas Tante und beobachtete Mrs. Halliday dabei mit besorgtem Blick. »Julia ist von der Idee nicht gerade begeistert, und sie hat dringend eine Erholung nötig. Die Hitze hat ihr sehr zu schaffen gemacht, und es geht ihr gar nicht gut.«

»Du willst damit sagen, daß sie zu fett ist«, sagte Amanda in ihrem jugendlichen Übermut. »Es würde ihr schon viel besser gehen, wenn sie, anstatt diesen verdünnten Saft zu trinken, etwas mehr Sport treiben würde. Übrigens, was ich dich noch fragen wollte, was sind das eigentlich für Leute, bei denen Julia und Alastair auf Zypern wohnen werden?«

»Die Normans. Er ist Alastairs Cousin und der zukünftige Erbe von Tetworth, falls Alastair kinderlos bleibt, und so sieht es ja wohl aus. Ich habe sie im letzten Jahr auf Zypern kennengelernt. Sie besitzen ein wunderschönes Haus in Kyrenia. Soweit ich orientiert bin, ist Claire Norman etwas kränklich, die Lungen, glaube ich, und deshalb leben sie dort in dem warmen Klima. Sie scheinen sehr reich zu sein, denn George Norman übt keinen Beruf aus. Julia hat mir übrigens erzählt, daß sie mit demselben Schiff wie du fahren werden. Sie besuchen nämlich gerade Freunde in Alexandria. Du wirst sie also noch ziemlich oft sehen.«

»Das will ich nicht hoffen! Zumindest dann nicht, wenn es bedeutet, daß ich Mrs. Blaine auch häufig sehen müßte. Die wäre wohl am besten auf der Couch eines Psychiaters aufgehoben. Ich glaube, man kann Mrs. Halliday keinen Vorwurf dafür machen, daß sie versucht, Julia zu provozieren. Julia war Persis gegenüber den ganzen Abend unverschämt. Ob das die richtige Art ist, sich einen Ehemann zu halten?«

»Wenn du erst mal deinen eigenen hast, Kleines, kannst du mir ja zeigen, wie man es richtig anstellt«, sagte der Brigadegeneral trocken.

Amanda mußte lachen und schnitt ihm eine Grimasse. »Wenn du es unbedingt wissen willst: Ich habe mich entschlossen, ledig zu bleiben und eine dieser alten Jungfern zu werden.«

»Willst du damit etwa sagen, daß du auf keinen dieser vielen Männer hier ein Auge geworfen hast?«

»Doch, auf einen«, gab Amanda nachdenklich zur Antwort, »Anwesende natürlich ausgeschlossen.«

»Aha, das ist also der Champagner, von dem du vorhin sprachst. Erzähl mir nicht, daß es sich dabei um Toby Gates handelt. Wo steckt er überhaupt?«

»Er mußte gehen, um einen Wachsoldaten zurechtzuweisen oder um sonst irgend etwas Militärisches zu tun. Aber er kommt zurück. Nein! Toby entspricht nun wirklich nicht meinem Geschmack, armer Kerl.«

»Andrew Carron doch wohl auch nicht? Oder ist es sogar der junge Haigh oder etwa der Sohn der Pumblys. Ich kann mir nicht vorstellen, daß es Major Cotter ist. Nein!«

»Du kennst ihn gar nicht«, bedauerte Amanda. »Ich kenne ihn ja selbst nicht einmal.«

Mit einer kurzen Handbewegung deutete sie auf einen Mann; er saß jenseits der Tür, die aus dem Tanzsaal herausführte, in einem Sessel auf der Terrasse. Er hatte die Beine ausgestreckt, und er hatte die Hände tief in den Hosentaschen vergraben. Er trug eine weite orangefarbene Hose, nach Art der bretonischen Fischer.

»Um Gottes willen«, der Brigadegeneral wurde aufgebracht. »Der Künstler da?«

»Genau«, gestand Amanda. »Findest du nicht auch, daß er interessant aussieht?«

»Ganz und gar nicht. Außerdem sollte er sich mal sein Haar schneiden lassen. Wo hast du den Burschen denn kennengelernt?«

»Ich kenne ihn gar nicht. Ich habe ihn nur hin und wieder gesehen. Aber da ich sowieso am Montag nach Zypern fahre, werde ich ihn auch wohl nicht mehr kennenlernen. Schade! Er wäre genau mein Typ.«

»Dein Geschmack scheint mir etwas verwirrt«, war der Kommentar des Brigadegenerals. Er verrückte seinen Stuhl, um besser sehen zu können. »Wahrscheinlich trägt er Sandalen, manikürt seine Zehennägel und findet Picasso ungeheuer gut.«

»Ich auch, falls du es unbedingt wissen willst!«

»Tsss, ihr seid doch alle gleich. Da laufen nun Tausende anständiger und normaler Männer herum, aber ihr schaut sie euch nicht einmal an. Und verliebt euch auf der Stelle in den erstbesten langhaarigen Nichtsnutz, der behauptet, sich mit Kunst zu befassen. Was macht er eigentlich?«

»Er malt die Pyramiden«, sagte Amandas Tante mit einem Seufzer. »Das ist genau das richtige.« Sie lächelte ihre Nichte liebevoll an: »Du hast recht, Kleines. Er scheint mehr zu bieten als gechlortes Trinkwasser oder Gin mit Lemon. Ich muß ihn unbedingt kennenlernen.«

»Wovon um alles in der Welt redet ihr überhaupt?« Der Brigadegeneral war konsterniert.

»Von Champagner natürlich, der ist doch viel aufregender und reizvoller als, na, zum Beispiel Bier«, warf Amandas Tante ein und verließ den Saal.

»Muriel«, rief ihr Mann ganz entsetzt, »auch in deinem Alter kann man nicht einfach wildfremde Männer ansprechen.«

»Sprichst du mit mir?« wollte Amandas Tante wissen. Weg war sie!

Etwa eine halbe Stunde später verließ auch Amanda den Tanzsaal, um auf der Terrasse frische Luft zu schnappen. Plötzlich rief ihr ihre Tante zu: »Amanda, komm doch mal herüber. Ich möchte dich mit Steven Howard bekannt machen. Mr. Howard – meine Nichte, Amanda Derington.«

Mr. Howard erhob sich, und Amanda reichte ihm die Hand. In seinen haselnußbraunen Augen lag ein neugieriger Schimmer nachdenklichen Interesses. Sein Blick drückte aber weder Bewunderung noch die Feststellung aus, daß Amanda ein außergewöhnlich attraktives Mädchen war. Es fand sich darin nur dieses merkwürdige, nachdenkliche Interesse.

Braunes Haar, hellbraune Augen, braungebranntes Gesicht, um die Dreißig, nicht unbedingt besonders gutaussehend. Amandas Gedanken waren etwas konfus. Er hat ein leicht verzerrtes Gesicht, und genau deshalb wirkt er wohl so anziehend, dachte sie bei sich.

In Mr. Howards Mundwinkel zuckte es. Jetzt erst wurde Amanda klar, daß sie bereits seit einer ganzen Minute ihre Hand in der seinen hielt. Sie entzog sie ihm schnell und errötete. Plötzlich wurde sie wütend auf sich selbst und, eigentlich ganz zu Unrecht, auch auf Steven Howard.

»Mr. Howard ist von Beruf Künstler. Er malt«, versuchte Amandas Tante einzulenken. »Im Moment sammelt er gerade Material für eine Ausstellung im Herbst.«

»Aha, interessant«, lautete Amandas kurze Antwort.

»Ich glaube, Ihre Tante übertreibt ein bißchen. Um ehrlich zu sein, die Kunst ist für mich eher eine gute Rechtfertigung dafür, nicht zu arbeiten und mich in der Sonne zu aalen.« Steven sprach, ein Lachen unterdrückend, mit langsamer und angenehmer Stimme. Etwas gelangweilt sagte Amanda: »Nicht übel!« Die Tanzkapelle setzte gerade mit »La Vie en Rose« ein.

»Schade, daß ich Sie nicht zum Tanzen auffordern kann«, fügte Mr. Howard hinzu. »Aber wie Sie ja sehen, bin ich nicht entsprechend gekleidet. Vielleicht ein anderes Mal!«

»Dann werde ich wohl nicht mehr hier sein«, sagte Amanda inzwischen völlig desinteressiert. »Ich fahre am Montag fort. Toby, wir wollten doch tanzen!«

Sie drehte sich abrupt um und ging davon. Nach dem Tanz kehrten Amanda und Toby auf die Terrasse zurück. Aber Steven Howard war nicht mehr da!

»Ich dachte, du wolltest ihn unbedingt kennenlernen, Kleines«, beklagte sich Amandas Tante. »Warum hast du den armen Mann so abgefertigt, wo ich mich doch so bemüht habe?«

»Weiß ich nicht«, mußte Amanda reuevoll zugeben. »Vielleicht, weil ich mich nicht nur zur Schau stellen wollte. Außerdem kann ich es nicht leiden, wenn man über mich lacht. Ich hatte auch gar nicht den Eindruck, daß er sich abgefertigt fühlte. Er hat sich über mich lustig gemacht. Ich kann ihn, glaube ich, überhaupt nicht ausstehen.«

»Wie du meinst. Du wirst ihn wahrscheinlich ja sowieso nie mehr wiedersehen«, sagte Amandas Tante.

Darin aber sollte sie sich gewaltig irren. Amanda sah ihn wieder, ehe Julia auch nur fünf Minuten tot war.

2

Die ›S. S. Orantares‹ war kurz vor dem Auslaufen. Die Decks waren vollgepfropft mit Menschen, und es herrschte eine sengende Hitze. Die Gruppe der Mitreisenden aus Fayid hatte Zuflucht in der Lounge gesucht und dort darum gebeten, alle Ventilatoren einzuschalten.

Mr. und Mrs. Norman waren schon morgens aus Alexandria eingetroffen und hatten sich ihnen zugesellt. Claire Norman war eine zierliche kleine, hellhäutige Frau. Ihre großen grauen Augen wurden von samtigen schwarzen Wimpern umrahmt. Ihr kurzgeschnittenes dunkles und lockiges Haar erinnerte an die Frisur eines Kindes. Nicht daß sie auffallend hübsch gewesen wäre, aber ihre kleine Statur und ihre Feinheit erweckten den Eindruck von Zerbrechlichkeit und ließen im Vergleich zu ihr jede andere Frau plump und zu groß erscheinen. Außerdem hatte sie eine wohlklingend sanfte Stimme. Ihr erstklassig geschnittenes blaßgrünes Leinenkleid, ihr kleiner weißer Hut und der unaufdringliche Hauch leichten Parfüms, der sie umgab, ließen sie wie eine taufrische Frühlingsblume erscheinen.

Ihr Gatte, George Norman, paßte äußerlich ganz und gar nicht zu ihr. Er wirkte geradezu aufdringlich und schwerfällig, wenn er seine Frau in der Art eines Bernhardiners umsorgte. Sein reizloses viereckiges Gesicht war von der Sonne knallrot, und in seinem dichten braunen Haar fanden sich bereits graue Strähnen. In der heißen, prunkvollen, mit Menschen aller Nationalitäten vollgepackten Lounge wirkte er völlig fehl am Platze. Man brauchte ihn nur anzusehen, um zu wissen, daß er sich in einer abgetragenen Tweedhose, einem von Fliegen besetzten Hut oder beim Biertrinken in einem englischen Landpub viel wohler gefühlt hätte, anstatt in einem leichten Tropenanzug herumzulaufen und sich von einem kaffeebraunen Stewart mit rotem Tarbusch Gin mit Eiswürfeln reichen zu lassen.

»Oh, diese Hitze«, stöhnte Claire Norman, »ich bin total erschöpft.«

»Claire wird so schnell müde«, erklärte George Norman der versammelten Gesellschaft.

»Warum legst du dich nicht einfach etwas hin. In der Kabine ist es wahrscheinlich sehr viel kühler, mein Schatz.«

»Und was ist mit Julia und Alastair? Wir haben uns doch gerade erst getroffen. Ich bleibe hier, wo ich mich doch so darauf gefreut habe, sie wiederzusehen. Es kommt mir so vor, als hätten wir uns eine Ewigkeit nicht gesehen.«

»Das letzte Mal im Januar, also vor sechs Monaten«, sagte Julia nüchtern.

»Genau, aber es kommt mir trotzdem wie eine Ewigkeit vor. Schrecklich, wie sehr man gute Freunde manchmal vermißt.«

»Und davor haben wir uns im September gesehen«, fuhr Julia fort, als habe Claire überhaupt nichts gesagt.

»Und heute wieder. Schön, euch wiederzusehen, Julia, und dich natürlich auch, Alastair.« Dabei legte sie eine ihrer kleinen Hände zärtlich auf Alastairs braungebrannte, magere Hand. Amanda bemerkte, wie ihm das Blut in den Kopf schoß. Für einen kurzen Moment lag ein seltsamer, schwer zu deutender Ausdruck auf seinem Gesicht.

Julia stellte ihr Glas ab und sagte mit einer Grimasse: »Pfui, da ist ja Zucker drin, laß mir sofort ein anderes Glas bringen. Ich habe ausdrücklich Wasser mit Zitrone, nicht Zitronenlimonade bestellt. Aber die hören einem ja nicht einmal zu.«

Pflichtergeben bestellte ihr Mann bei einem gerade vorbeikommenden Stewart ein neues Getränk.

»Schön, daß ihr da seid, Julia. Auf Zypern bin ich manchmal so furchtbar einsam, ohne Heimat und ohne Freunde.«

»Warum lebst du dann dort?« wollte Julia wissen.

Claire Norman atmete mit einem sanften Beben in der Stimme,

dann lächelte sie wehmütig und hauchte: »Die Ärzte! Sie haben mir gesagt, daß ich wohl nie wieder..., aber laßt uns über etwas anderes sprechen. Über etwas Interessanteres. Über dich, zum Beispiel, Julia. Du siehst einfach toll aus! Wenn ich doch auch nur ein wenig zunehmen würde. George läßt mich literweise Sahne trinken und pfundweise Butter essen, aber es hilft alles nichts. Ich nehme nicht ein Gramm zu. Mein Vater hat immer gesagt, ich sei ein Spätzchen und eigentlich viel zu klein, um überhaupt zu leben.«

Persis verschluckte sich an ihrem Gin und Lemon. Sie tupfte sich den Mund mit einem Chiffontaschentuch ab und murmelte etwas in sich hinein, das ungefähr so klang wie: »Ist sie nicht süß.« Amanda konnte sich das Lachen nicht verkneifen. Sie drehte sich schnell zur Seite, schaute aus dem Fenster und sagte ablenkend: »Ich glaube, wir legen ab. Sie holen die Gangway ein.«

Dann war plötzlich lautes Rumoren und Schimpfen zu vernehmen. Zwei weitere Passagiere, die um Haaresbreite das Schiff verpaßt hätten, kamen die Gangway hinauf und standen jetzt außer Atem und keuchend an Deck.

Rein äußerlich paßten sie gar nicht zueinander. Die hübsche, dunkelhaarige Frau war genauso teuer und elegant gekleidet wie Persis. Sie trug ein rosa Leinenkleid, und trotz der Hitze und des Staubes waren die weißen Handschuhe sowie die Straßenschuhe sauber und gepflegt. In der einen Hand trug sie einen weißen Lederkoffer, in der anderen etwas, das wie eine Staffelei aussah. Im Gegensatz zu ihr wirkte der Begleiter verschwitzt und ungewaschen. Außerdem war er auffallend nachlässig gekleidet. Über der stark verschmutzten blauen Leinenhose trug er ein orangefarbenes Sporthemd, das auch eine Wäsche nötig gehabt hätte. Darüber hinaus fiel er durch den eher dünnen Bart und eine schwarze Baskenmütze auf.

Der ist sicher Künstler, dachte Amanda und wurde plötzlich wieder an Steven Howard erinnert. Auf den ersten Blick war Mr. Howard schwer einzuordnen. Auch er hatte zwar eine auffällige Hose getragen, aber viele der Passagiere trugen die gleiche. Darüber hinaus hätte man seinen Beruf aber nicht unbedingt von der Kleidung ablesen können. Er hätte alles mögliche sein können: Klempner zum Beispiel, Schneider, Soldat oder auch ein Seemann. Amanda grübelte und wunderte sich darüber, daß sie ihn noch so klar vor Augen hatte. Sie vermochte sich an jede Linie seines Gesichts zu erinnern.

Der offensichtlich etwas dreiste Künstler setzte seine zwei Koffer und ein schmieriges Paket ab, das Leinwände enthielt. Er sagte verärgert, als würde er eine vorausgegangene Unterhaltung weiterführen:

»Natürlich habe ich sie verzollt. Was ist das eigentlich für ein Land! Man kann hier ja nicht einmal brauchbare Farbe kaufen. Nur Wasserfarben, wie sie in den Schulen verwendet werden. Stell es doch wieder hin. Es ist noch nicht trocken, Himmel noch mal!«

George Norman, den die heftige Szene an Deck neugierig gemacht hatte, stand auf, um aus dem Fenster, das sich unmittelbar über Amandas Platz befand, zu blicken.

»Das dachte ich mir doch schon. Dieser merkwürdige Potter hat sich auch noch eingeschlichen«, bemerkte er.

Auch Claire zeigte sich sofort interessiert: »Lumley? Wie kommt denn das? Was hat der denn hier zu suchen?« fragte sie.

»Er wird wohl die Pyramiden gemalt haben«, war die Antwort ihres Mannes.

»Geh doch bitte zu ihm und frag ihn, ob er sich nicht zu uns gesellen will«, sagte Claire. Dann wandte sie sich an Major Blaine: »Kannst du dich noch an Lumley Potter erinnern? Er hat ein Atelier in Famagusta. Du hast ihn im letzten Jahr kennengelernt, als du und Julia bei uns zu Besuch waren. Ich meine sogar, du hast dir seine Bilder angesehen.«

»Genau«, entfuhr es Julia, »Lumley, das ist doch sicher nicht sein richtiger Name. Im letzten Winter habe ich eine Mrs. Deadon in Kairo getroffen. Und die wußte alles über ihn. Es überrascht mich ganz und gar nicht, daß er sich auf Zypern niedergelassen hat. Denn, was seine Bilder betrifft, die könnte ich mit geschlossenen Augen genausogut, wenn nicht besser malen. Wenn das Kunst sein soll.«

»Aber, Julia, natürlich ist das Kunst«, sagte Claire und hob dabei das Wort Kunst besonders hervor. »Warum bist du nur so furchtbar konventionell? Lumley malt nun mal nicht das, was gewöhnliche und konventionelle Menschen sehen. Er malt die Seele eines Ortes, sozusagen die geistige Würze!«

»Du willst wohl eher sagen, die geistige Grütze«, entfuhr es Julia. »Erzähle doch nicht so einen Blödsinn, Claire. Dieser Potter ist schlichtweg eine Niete, ein Versager, eine Attrappe. Das weißt du doch ganz genau. Da er nicht malen kann, zieht er sich etwas ausgefallen an, läßt sich einen Bart stehen, redet viel unsinniges Zeug, malt, so schlecht er nur kann, in der Hoffnung, möglichst viele Möchte-gern-Kunstliebhaber glauben zu machen, er sei geradezu genial. Und genau das habe ich ihm auch erzählt.«

»Ja, ich erinnere mich. Damit hast du ihm dann auch eine Stange Geld vermasselt. Dieses neureiche australische Ehepaar, weißt du noch? Sie hatten ihm praktisch schon acht Bilder abgekauft. Als sie dich aber gehört haben, haben sie die Finger davon gelassen. Alastair jedenfalls ist in diesem Punkt ja wohl auch nicht deiner Meinung. Schließlich hat er Lumley ein Bild abgekauft«, sagte Claire trocken. »Stimmt's Alastair?«

»Aber nur, weil er sich dazu genötigt gefühlt hat. Er dachte, er müsse ihn dafür entschädigen, daß die Blaggs seine schrecklichen Schmierereien nicht kauften.«

»Aber, Julia, du hast eine völlig falsche Meinung von Alastair. Er versteht wirklich etwas von Kunst.«

»Vielen Dank, Claire. Ich verstehe Alastair sehr gut«, erwiderte Julia giftig.

Es war deutlich zu spüren, daß Alastair sich unbehaglich fühlte. Persis erhob sich und sagte mit Bestimmtheit: »Ich für meinen Teil habe jedenfalls genug Gin getrunken. Wie wäre es, Alastair, wenn die Frauen sich weiter über ihr subtiles Kunstverständnis unterhalten und Sie mich an Deck begleiten würden? Ich würde noch gern einmal die Reling entlanggehen, bevor wir endgültig ablegen. Leihen Sie ihn mir aus, Julia?« fragte Persis heiter.

Major Blaine erhob sich bereitwillig und half Persis dabei, Handtasche und Handschuhe einzusammeln. Claire beobachtete sie mit finsterem Blick. Kurz darauf wandte sie sich schroff an ihren Mann und sagte: »George, ich habe dich doch darum gebeten, Lumley Potter an unseren Tisch zu holen.«

George Norman schaute empört und sagte unter merklichem Zögern: »Hm, vielleicht sollte ich besser nicht zu ihm gehen. Er hat noch jemanden bei sich.«

»Oh, wen denn? Jemand, den wir kennen?«

»Anita.«

»Wen?« fragte Major Blaine aufgewühlt. »Aber, ich dachte...« Er sah flüchtig zu Amanda hinüber, konnte seinen Satz aber nicht mehr beenden, weil Persis sich bei ihm einhakte und sagte: »Kommen Sie, wir wollen gehen.«

»Anita!« Claire Norman, die eher zu Blässe neigte, bekam plötzlich vor Aufregung glühende Wangen. Sie verzog den Mund so, daß ihre Konturen schmal und hart erschienen. Für einen Moment wirkte ihr Gesicht nahezu steinern.

Kurz darauf hatte sie sich wieder unter Kontrolle. Jetzt waren der kleine Schmollmund, die Wehmut in den Augen und ihre Zerbrechlichkeit wieder zurückgekehrt. Mrs. Norman sagte mit leiser Stimme und um sich gleichzeitig zu entschuldigen: »Ich glaube, ich lege mich etwas hin. Nach dem ganzen Rummel bin ich einfach müde. George, kommst du bitte. Bis zum Abendessen, Julia, wenn ich mich bis dahin besser fühle.«

Dann schenkte sie Amanda und Toby Gates noch ein flüchtiges Lächeln, hakte ihren zarten Arm in gewohnter Weise bei ihrem Mann unter und ging anmutig davon.

Julia Blaine saß ganz ruhig da und sah Claire hinterher. Amanda stellte mit Erstaunen fest, daß Julias Gesicht jegliche Farbe verloren hatte und daß ihre großen, starren Augen Furcht ausdrückten. Es lag etwas Unbehagliches auf diesem Gesicht. Amanda hätte das Thema gern auf etwas Nettes und Belangloses lenken wollen, um dieses unangenehme Schweigen zu brechen. Ehe sie jedoch die Gelegenheit dazu hatte, etwas zu sagen, stand Mrs. Blaine auf, rückte ihren Stuhl so heftig zurück, daß er auf den dicken Teppich fiel, und verließ eiligst den Raum.

Etwa zehn Minuten später war das Schiff abgefahren. Amanda und Toby hatten sich an Deck begeben, um sich das glitzernde Wasser noch einmal anzusehen. Die Sonne fiel auf die vorbeiziehenden Bäume.

Einheimische Feluccas mit ihren geschwungenen Bugs und mächtigen dreieckigen Segeln zogen vorüber. Es herrschte ein unvorstellbares Gewimmel von Schiffen, die unter jeder nur denkbaren Flagge fuhren: ein englischer Zerstörer mit Bestimmungsort Colombo und Ferner Osten, Öltanker unter englischer, amerikanischer, holländischer und französischer Flagge. Ein Linienschiff der P & O-Reederei, ein wahres Traumschiff in blendendem Weiß, ein Truppentransporter auf der Rückfahrt von Singapur, eine Dhan aus Dakka und ein brasilianischer Frachter.

Sie zogen langsam an der langen steinernen Mole vorüber, auf der die Statue von Lesseps unbeweglich über jenen schmalen Wasserarm blickt, der sein Denkmal für Zeit und Ewigkeit darstellt. Hinter der grünen Bronzefigur lag eine unübersehbare Flotte von Fischerbooten reglos auf dem Wasser. Geisterhaft ragten ihre Segel in die Mittagshitze. Sie verschwammen am Horizont mit der Wasserstraße, die nach Damietta und schließlich zum Nildelta führt. Von der offenen See wehte eine kühle Brise über das von der Sonne erhitzte Schiffsdeck, als die ›Orantares‹ Kurs auf Zypern nahm. Nachdem die weißen Giebel und bunten Türme von Port Said schließlich im Mittagsdunst verschwammen, stieg Amanda hinunter in ihre Kabine, um sich frisch zu machen.

Der Flur des Schiffes war heiß und muffig. Essensgeruch, Desinfektionsmittel, Maschinenöl und dieser alles durchdringende, ganz typische Schiffsgeruch vermischten sich. Auf dem Korridor standen eine ganze Reihe Passagiere. Aus dem ganzen Stimmengewirr war nur eine Person deutlich herauszuhören: Julia Blaine!

»Das ist mir egal«, schimpfte sie. »Besorgen Sie mir auf jeden Fall eine andere Kabine. Ich habe es vorhin noch nicht bemerkt, sonst hätte ich Sie das Gepäck gar nicht erst hineintragen lassen. Wir brauchen gar nicht darüber zu diskutieren. Hier schlafe ich jedenfalls nicht.«

Mrs. Blaine wirkte erregt und verärgert. Sie drängte sich durch die Menschenmenge und erblickte Amanda.

»Also wirklich, die Leute hier sind unmöglich«, rief sie erhitzt aus. »Dabei muß es jede Menge freier Kabinen geben.«

»Was ist denn nur los?« wollte Amanda wissen. »Ist mit Ihrer Kabine etwas nicht in Ordnung?«

»Ach, die Nummer«, sagte Julia bitter. »Es ist die Nummer dreizehn. Da kann ich unmöglich übernachten. Lieber schlafe ich an Deck. Das Schiff scheint doch gar nicht ausgebucht zu sein. Es ist halb leer. Ich bin nun einmal, zumindest in dem Punkt, abergläubisch. Katzen oder Laufmaschen zum Beispiel lassen mich kalt. Aber die Dreizehn...«

»Also, ich bin nicht abergläubisch«, sagte Amanda freundlich. »Wenn Sie wollen, können wir unsere Kabinen einfach tauschen. Ich habe eine Doppelkoje für mich allein.«

»Würden Sie das wirklich machen?«

»Natürlich. Ich habe noch gar nicht ausgepackt. Also, es geht ganz schnell. Ich habe die Vierzehn, gleich nebenan.«

Die Stewardeß, der Stewart, ein zypriotischer Matrose, der gerade staubsaugte, und ein Mann, offensichtlich der Proviantmeister, schienen erleichtert. Die Angelegenheit war innerhalb von Minuten erledigt.

»Das ist wirklich sehr nett von Ihnen.« Julia Blaine war etwas verlegen. Sie stand in der Tür ihrer alten Kabine und sprach mit zögernder, verhaltener Stimme: »Es ist vielleicht albern von mir, so abergläubisch zu sein, aber als ich die Nummer an der Tür las, schien mir das ein schlechtes Omen zu sein. Und ich wollte so gern, daß die Reise schön wird. Einfach weg von der unerträglichen Hitze und von Fayid.« Ihre Stimme klang müde, und sie hielt plötzlich inne.

Amanda lächelte sie wohlwollend an. Julia ihrerseits reagierte aber nicht darauf. Statt dessen betrachtete sie sich in dem Spiegel, der über Amandas Kopf hing. Auch jetzt standen ihr Blässe und Furcht ins Gesicht geschrieben.

Amanda und Toby Gates tranken Tee in der Lounge. Die Sonne war in einem prachtvollen Farbenmeer untergegangen, und sie hatten im Salon gespeist. Sie, das waren Amanda, Toby, Julia und Alastair Blaine, die Normans und Persis Halliday.

Der Salon war alles andere als gut besucht. Amanda konnte den bärtigen Maler, der sich so merkwürdig benahm, ungestört beobachten. Er speiste an einem kleinen runden Tisch mit derselben Begleitung wie am Nachmittag. Anstelle des Leinenkleides trug seine Tischnachbarin jetzt ein scharlachrotes kurzes Spitzenkleid ohne Träger.

Amanda hatte sich nur ein anderes Baumwollkleid angezogen, und Julia Blaine hatte sich gar nicht erst die Mühe gemacht, sich umzukleiden. Im Gegensatz zu Julia sah Claire Norman in ihrem weißen Chiffonkleid und dem Perlenschmuck geradezu hinreißend aus. Trotz der Hitze hatte Persis Halliday sich für ein Goldlamékleid entschieden. Dazu trug sie einen wunderschönen Smaragdschmuck. Ein glänzendes Tuch um den Kopf hob den Glanz des kastanienfarbenen Haars besonders hervor. Die Smaragde verwandelten ihre Augenfarbe in ein klares, glänzendes Grün. Persis sah umwerfend gut aus, und dessen war sie sich auch bewußt. Sie amüsierte sich, indem sie ganz unverhohlen mit George Norman flirtete.

Alastair Blaine saß zwar neben Amanda, aber Claire Norman, auf der anderen Seite, nahm ihn fast ausschließlich für sich in Beschlag, und Julias sonst so giftige Zunge war ausnahmsweise verstummt. Sie beobachtete mit einer verstohlenen und nahezu ängstlichen Aufmerksamkeit gespannt ihren Mann und Claire Norman. Aber selbst wenn Alastair Blaine Julias Kummer bemerkt hätte, würde er darauf keine Rücksicht genommen haben. Major Blaine hatte nämlich zu tief ins Glas geschaut.

In diesem Zustand hatte Amanda ihn zuvor noch nie gesehen. Sein Gesicht war unnatürlich gerötet, seine blauen Augen übergroß, und er sprach etwas undeutlich.

Sie hatten schon eine Weile gesessen, als Claire sich um eine Unterhaltung mit Amanda bemühte:

»Alastair erzählte mir gerade, Sie seien noch nie auf Zypern gewesen, Amanda. Ich darf Sie doch Amanda nennen? Beabsichtigen Sie länger dort zu bleiben?«

»Nein, nur für zehn Tage«, sagte Amanda bedauernd. »Das ist eigentlich nicht lange genug.«

»Na ja, die Insel ist aber auch klein. Wo wohnen Sie denn? In Kyrenia?«

»Nein, leider nicht. Ich persönlich würde zwar viel lieber am Meer bleiben, aber mein Onkel hat mich einfach in Nikosia untergebracht.«

»Bei Leuten von der Armee, nehme ich an. Die haben ja fast alle mit der Armee zu tun, die Ärmsten.«

Amanda schüttelte den Kopf. »Nein, sie haben mit Wein zu tun. Ihr Name ist Barton.«

»Barton, Sie meinen doch nicht etwa Glenn Barton?«

»Ja, so heißt er, glaube ich. Glennister Barton. Warum, kennen Sie ihn?«

»Aber sicher, die Bartons kenne ich sogar sehr gut. Aber ich kann mir nicht vorstellen, daß Sie in der Villa Sosis wohnen werden. Warum...«, Claire stockte plötzlich und biß sich auf die Lippen.

»Doch, ich werde dort wohnen«, sagte Amanda lachend. »Oder glauben Sie, die Bartons sind momentan nicht da?«

»Nein, das nicht gerade. Ich meine...«, und schon wieder beendete Claire ihren Satz nicht. Statt dessen entlockte sie sich ein künstliches Lachen. Amanda hatte irgendwie den Eindruck, daß Claire sowohl irritiert als auch ärgerlich war. »Nun gut, wir werden ja sehen. Ich bin schon gespannt darauf. Von Glenn hätte ich allerdings, ehrlich gesagt, erwartet, daß er mehr Rücksicht auf Konventionen nimmt. Wo er doch sonst so ein Anstandskrämer ist.«

Mit dieser geheimnisvollen Bemerkung wandte sie sich Toby Gates zu. Amanda hatte daraufhin keine Möglichkeit mehr, auf das Thema zurückzugreifen. Der Künstler, jener Mr. Potter, und seine Begleiterin erhoben sich nämlich gerade, um den Salon zu verlassen. Dann verweilten sie jedoch noch kurz neben ihrem Tisch. Amanda sah sich um und bemerkte, daß der Mann versuchte, die Frau dazu zu bewegen, den Raum schleunigst zu verlassen. Sie wehrte sich aber entschieden dagegen und rief mit hoher, lauter Stimme:

»Guten Abend, Claire. Guten Abend, Mrs. Blaine. Guten Abend, Alastair. Daß man sich ausgerechnet hier wiedertrifft.«

Alastair Blaine erhob sich sofort und sagte etwas unsicher: »Hallo, Anita, was machen Sie denn hier?«

»Als ob Sie das nicht wüßten«, spöttelte sie. »Und falls Sie es wirklich noch nicht wissen sollten, wird es Claire ohne jeden Zweifel eine Freude sein, Sie darüber aufzuklären, hab' ich recht, Claire?«

Claire Norman saß wie erstarrt da. Nur ganz allmählich wandte sie sich um, und es dauerte wohl eine ganze Minute, ehe sie zu sprechen anhob:

»Hallo, Anita. Ich hatte Sie hier eigentlich auch nicht erwartet. Ich dachte, Sie...« Sie unterbrach den Satz mit einem Achselzucken und lachte albern. »Außerdem geht mich das doch alles gar nichts an, oder? Hallo, Lumley. Sie erinnern sich doch sicher noch an Major und Mrs. Blaine, nicht wahr?«

Claire machte keinerlei Anstalten, die Frau, die sie soeben mit Anita angesprochen hatte, vorzustellen. Statt dessen widmete sie sich wieder den drei Herren an ihrem Tisch. »Setzt euch doch, und laßt das Essen nicht kalt werden. Die beiden wollten sowieso gerade gehen.«

Mr. Potters Gesicht glühte bereits vor Unbehaglichkeit, und es rötete sich zunehmend, als er zu sprechen anhob: »Ja, sicher, wir, äh, wir wollten eigentlich an Deck gehen. Komm, Anita.« Er ergriff den Arm seiner Begleiterin und zog sie mehr oder weniger aus dem Salon.

»Sagen Sie mal, wer war diese Dame?« fragte Persis sichtlich interessiert.

»Bedauerlicherweise kennen wir sie.« Damit wechselte Claire das Thema.

Persis rümpfte die Nase, beließ es aber dann bei dem Gesagten. Kurz darauf gingen sie alle in die Lounge, um Kaffee zu trinken. Irgendwer legte eine Schallplatte auf, und sie tanzten unter dem Sternenhimmel.

Etwa gegen 23 Uhr wollte Amanda sich schlafen legen. Nur ein zypriotischer Matrose ging den langen, hellbeleuchteten Korridor entlang, sonst war es ruhig und leer. Im Gegensatz zu der kühlen Abendluft an Deck war es in Amandas Kabine heiß und schwül. Auf einem Hocker neben der Koje stand ein gefülltes Glas mit Zitronenwasser. Amanda freute sich über die zuvorkommende Geste der Stewardeß. Doch schon kurz darauf wurde ihr klar, daß das Getränk wohl von Julia bestellt worden war und daß es aus Versehen in ihrer

Kabine gelandet war, in der ja ursprünglich Julia hätte wohnen sollen. Also mußte sie es zu Julia hinüberbringen. Da sie aber bereits ihr Kleid ausgezogen hatte, wollte sie zuerst ihre Abendtoilette machen. Sie streifte sich ein dünnes Seidennachthemd über, wusch sich mit kaltem Wasser, entfernte die Haarnadeln und bürstete ihr langes, glänzendes Haar. Sie hatte wunderschönes Haar, dessen Farbe in der Sonne in allen möglichen Tönen schimmerte. Eigentlich hatte es einen altmodischen Schnitt, aber es fiel lang und wellig bis weit über ihre schlanke Taille. Es hätte es spielend mit Montezumas berühmtem Federmantel aufnehmen können. Jetzt, während sie es kämmte, bedauerte sie, nicht genügend Mut aufzubringen, sich ihrem Onkel zu widersetzen, und es einfach abzuschneiden. In Anbetracht der unerträglichen Hitze hatte sie diesen Gedanken in letzter Zeit häufiger gehabt.

Oswin Derington war nämlich der Ansicht, kurzes Haar gezieme sich nicht für wohlerzogene Damen. Amanda war zwar eigentlich alt genug und hatte ihre Unabhängigkeit inzwischen ja auch genügend unter Beweis gestellt, sie scheute aber die aufbrausende Wut ihres Onkels, würde sie ihr Haar abschneiden lassen.

Amanda seufzte und suchte in ihrem Koffer nach einem Band, mit dem sie ihr Haar zusammenbinden konnte. Sie machte gerade eine Schleife, als die Kabinentür aufflog und Julia Blaine, ohne geklopft zu haben, in der Tür stand. Julia trug einen rosa Satinmorgenrock, der großzügig mit Spitze besetzt war, ein enganliegendes rosa Satinnachthemd und federbesetzte Hausschuhe. Mrs. Blaine knallte die Tür hinter sich zu und ließ sich schwerfällig auf das Ende von Amandas Koje sinken. Sie zitterte am ganzen Leib, und ihre Zähne klapperten, als sei ihr kalt.

»Was ist denn nur los mit Ihnen?« fragte Amanda besorgt. Der Anblick dieses völlig verwirrten, alternden Gesichtes berührte sie heftig. »Fehlt Ihnen etwas? Soll ich die Stewardeß rufen?«

»Nein, es ist wegen Alastair«, sagte Mrs. Blaine mit heiserer Stimme.

»Alastair? Ist er etwa krank?«

»Nein, aber er ist noch immer nicht zu Bett gegangen. Er hat getanzt, und ich habe ihm gesagt, daß ich mich nicht wohl fühle und mich hinlegen müsse. Er hat darauf aber nicht reagiert und ist nicht mitgegangen. Er konnte mich nicht einmal zur Kabine begleiten, sondern meinte lediglich, ich könne den Weg schon selbst finden. Ich habe dann gewartet und gewartet. Als er immer noch nicht kam, habe ich die Stewardeß beauftragt, ihm zu sagen, daß es mir sehr schlecht geht. Und was tut er? Er ließ mir ausrichten, ich solle doch ein Aspirin nehmen, er könne jetzt noch nicht kommen. So ein Blödsinn! Es ist doch nur wegen dieser Frau. Aber ich hätte es mir ja denken können. Eigentlich habe ich schon immer gewußt, daß es eines Tages passieren müßte. Alastair, Alastair...!«

Danach brach sie in ein hysterisches Schluchzen aus.

»Aber, Mrs. Blaine«, Amandas Stimme klang freundlich, »wäre es nicht besser, wenn Sie zurück in Ihre Kabine gingen und sich hinlegten?«

Aber Julia Blaine war mit Vernunft nicht mehr beizukommen. Sie mußte einfach reden, und wenn Amanda nicht gewesen wäre, hätte sie sich jemand anderen gesucht, irgendwen, die Stewardeß zum Beispiel oder auch einen Fremden. Julias Stimme erhob sich: »Ich sage es, und ich meine es auch so. Und meinetwegen soll es ein jeder wissen. Jeder! Es war schon immer klar, daß er mich eines Tages verlassen würde. Ich habe es geahnt!«

Dann schlug sie sich mit geballten Fäusten gegen die bebende Brust, und große Tränen rannen das dickliche, blasse Gesicht hinunter.

»Bisher konnte er mich ja noch nicht verlassen! Ich hatte das Geld, und genau das brauchte er. In einem indischen Kavallerieregiment wäre er wohl nicht so sehr darauf angewiesen gewesen. Als er dann aber nach England zurückging, da brauchte er Geld. Und ich hatte Geld, sehr viel sogar, viel mehr als die anderen. Es gab wohl hübschere Frauen, auch jüngere und schlankere als mich, Anita zum Beispiel. Das Geld für die vielen Pferde, Autos und sonstigen Annehmlichkeiten aber hatte ich. Jetzt sieht es natürlich ganz anders aus. Diese Amerikanerin ist auch reich. Haben Sie ihre Smaragde gesehen? Die müssen ein Vermögen gekostet haben. Bei Claire ist es ähnlich. George hat auch kein Geld. Deshalb sitzt er auf Zypern, obwohl es ihm hier gar nicht gefällt. Es hat ihm nie gefallen. Wenn er sich aber von Claire trennen würde, hätte er keine müde Mark mehr, und er hat noch nie in seinem Leben arbeiten müssen. Als Claire ihn endlich dazu überredet hatte, die Armee zu verlassen, versprach sie ihm, in England eine Farm zu kaufen. Das hat sie dann natürlich nicht getan. George hat aber nicht lange genug gedient, um Anspruch auf eine Pension zu haben. Jetzt hat sie ihn da, wo sie ihn haben wollte. Daß sie ein Auge auf Alastair geworfen hat, habe ich zuerst gar nicht registriert. Aber das darf er mir nicht antun!«

Sie weinte laut und schaukelte dabei mit ihrem fülligen Körper hin und her. Amanda setzte sich zu ihr und legte den Arm um ihre Schultern. Dabei suchte sie verzweifelt nach den passenden Worten, um diese hysterische, unglückliche Frau zu trösten.

»Ich bin sicher, ganz sicher sogar, daß Sie sich das alles nur einbilden«, sagte Amanda hilflos.

»Ich kenne ihn besser als Sie«, schluchzte Julia. »So wie heute hat er sich noch nie benommen. Aber sie wird ihn nicht bekommen. Vorher bringe ich mich um! Lieber ein Ende mit Schrecken als ein Schrecken ohne Ende.«

Amanda fragte sich, ob sie nicht doch lieber die Stewardeß oder den Arzt um ein Beruhigungsmittel bitten sollte. Etwas zögernd fragte sie schließlich: »Wollen Sie nicht vielleicht doch ein Aspirin nehmen?«

Mrs. Blaine drehte langsam den Kopf. Sie sah Amanda so an, als erwache sie gerade aus einem tiefen Schlaf oder einer Narkose. Ihr flekkiges, tränenüberströmtes Gesicht rötete sich langsam. Dann wand sie sich aus Amandas Armen und stand abrupt auf:

»Genau das hat Alastair auch gesagt. Er sagte, ich solle ein Aspirin einnehmen. Die Stewardeß, die mir seine Nachricht überbrachte, hat es mir gleich mitgebracht.«

Julia öffnete ihre Hand, in der zwei weiße Tabletten lagen, die allmählich bröslig wurden.

»Die nehmen Sie jetzt ein, und dann legen Sie sich schlafen. Morgen früh sind Sie ausgeschlafen und denken ganz anders über die Sache«, sagte Amanda.

»Ja, vielleicht ist es wegen der Hitze, da geht es mir immer furchtbar schlecht. Es ist einfach entsetzlich, so viel Zeit im Nahen Osten verbringen zu müssen. Das Armeeleben habe ich noch nie gemocht, aber Alastair gefällt es. Ja, vielleicht sollte ich wirklich schlafen«, sagte Julia mit langsamer Stimme.

Sie steckte die Tabletten in den Mund und griff nach dem Glas am Ende der Koje. Die Diamanten an ihrer Hand funkelten und glitzerten im Licht der Deckenbeleuchtung. Sie führte das Glas an die Lippen und trank einen großen Schluck.

Dabei machte sie eine angewiderte Grimasse und trank noch einmal. Sie schwankte ein wenig und sagte flüsternd: »Ich bin verrückt gewesen, ich hätte es nicht zulassen sollen, daß er wieder nach Zypern fährt. Aber ich hätte nie gedacht... Claire ist einfach zu raffiniert. Wir waren im letzten Jahr schon einmal bei ihnen zu Besuch, wissen Sie.

Dann haben wir uns Neujahr wieder in Nikosia getroffen. Er schien sich aber nicht weiter für sie zu interessieren. Und er hat immer gesagt, daß er kleine Frauen nicht besonders mag. Aber heute abend, heute abend...«

Wieder schwankte sie, suchte Halt am Ende der unteren Koje und sagte mit einer Stimme, die nicht länger hysterisch, sondern kalt und giftig klang: »Aber er kann sich nicht von mir scheiden lassen, und ich lasse mich nicht von ihm scheiden. Nie im Leben! Alastair weiß das auch. Lieber bringe ich mich um!«

Sie klammerte sich an die Kante der Koje, atmete heftig und unregelmäßig und starrte durch die kleine Kabine. Die Schweißtropfen auf ihrer Stirn mischten sich mit den Tränen auf den feuchten Wangen. Die Stille der Kabine wurde nur durch ihr heiseres Keuchen unterbrochen. Die Stimmung wurde immer bedrückender.

Amanda beobachtete Julia ängstlich und sagte dann: »Jetzt gehen Sie aber ins Bett. Sie regen sich doch nur unnütz auf. Sicher kommt Ihr Mann bald nach.«

Julia sah Amanda mit verschwommenem Blick wie eine Fremde an. Sie hielt das Glas noch in der Hand, setzte es an die Lippen und trank ein letztes Mal.

Ein oder zwei Minuten später schwankte Julia plötzlich. Sie stolperte und schien um Luft zu ringen. Ihre Hand löste sich von der Koje, sie krümmte sich zusammen, erbrach sich und die Augen quollen hervor.

Das Glas fiel ihr aus der Hand und rollte beiseite. Dabei verschüttete sie das restliche Wasser, die Zitronenscheiben und die Eiswürfel. Dann entfuhr ihr ein sonderbarer, erstickender Schrei, ehe sie mit dem Gesicht nach vorn zu Boden fiel.

3

Sie ist bewußtlos, dachte Amanda in Panik. Was um alles in der Welt macht man mit einer Bewußtlosen? Oh, zum Teufel mit der Frau!

Mit einem Satz hatte sie die Klingel erreicht und drückte kräftig darauf. Die Stewardeß würde schon wissen, was zu tun war.

Amanda beugte sich vor und versuchte den schlaffen Körper aufzuheben. Sie war der Aufgabe aber nicht gewachsen. Es gelang ihr lediglich, Mrs. Blaine umzudrehen. Als sie aber das verzerrte Gesicht sah, traf sie fast der Schlag. Julia Blaines Mund war geöffnet, und ihre Augen starrten ins Leere.

»Die ist nicht ohnmächtig, sie hat einen Herzanfall gehabt.« Amanda war völlig durcheinander und bemerkte nicht einmal, daß sie soeben laut zu sich selbst gesprochen hatte. Sie griff nach dem noch heilen Glas, füllte es mit kaltem Wasser und goß es Mrs. Blaine ins Gesicht. Das Wasser rann über Julias verzerrtes Gesicht und ihre weitgeöffneten, starren Augen. Die Lider schlossen sich nicht.

Amanda richtete sich auf. Sie spürte eine plötzliche Kälte in sich aufsteigen. Nochmals eilte sie zur Klingel, drückte darauf und fühlte sich völlig hilflos und verzweifelt. Dann erschauderte sie vor Entsetzen, riß die Tür auf und stürzte auf den hellerleuchteten Korridor, der sich weit und leer nach beiden Seiten erstreckte. Amanda hatte keine Ahnung, an welchem Ende des Ganges die Stewardeß ihre Kabine hatte oder wo sie zu finden sein könnte.

Julias Kabine war leer. In Nummer 12 war es dunkel, und die Tür stand offen. Verzweifelt hämmerte sie gegen die Tür der nächsten Kabine.

»Ja, wer ist da?« fragte eine ungeduldige Männerstimme.

Amanda versuchte zu sprechen, brachte aber keinen Ton heraus. Im nächsten Augenblick wurde die Tür geöffnet, und Steven Howard stand, mit einem Pyjama bekleidet, verschlafen vor ihr. Sein Blick war halb amüsiert und halb erstaunt.

»Na, was gibt es denn?« fragte Mr. Howard herzlich, und dabei entging seinem neugierigen Blick keine Einzelheit ihres ungewöhnlichen Aufzugs. Dann bemerkte er ihr blasses Gesicht und veränderte auch schlagartig seinen eigenen Ausdruck. Plötzlich schien ein ganz anderer Mensch vor Amanda zu stehen. Er legte seinen Arm beruhigend um ihre Schulter.

»Was ist los?«

»Mrs. Blaine«, sagte Amanda zitternd. »Sie ist in meiner Kabine. Ich, ich glaube, sie hat einen Herzanfall erlitten. Sie kommt nicht wieder zu sich. Ich habe geklingelt und geklingelt, aber es ist niemand gekommen und...«

Mr. Howard sagte mit aufmunternder Stimme: »Einen Moment.« Er nahm seinen Morgenmantel, zog ihn an und sagte: »Wo ist sie?«

Amanda zeigte ihm den Weg zu ihrer Kabine und trat zurück, um ihn einzulassen. Steven kniete sich sofort neben den ausgestreckten Körper.

Nach einer kurzen Weile hob er den Kopf und sagte knapp: »Sie ist tot.«

Er erhob sich nur langsam und sah Amanda an. Es war derselbe lange, abwägende Blick, grübelnd und aufmerksam, wie auf der Terrasse im Club von Fayid.

»O nein«, flüsterte Amanda. »Nein, sie kann doch nicht… sie hat doch gerade noch mit mir gesprochen. Warum rufen Sie nicht einen Arzt? So tun Sie doch etwas! Wenn es ein Herzanfall ist, kann der Arzt…«

Mr. Howard schnitt ihr das Wort ab. »Ich bin nicht sicher, daß es ein Herzanfall war.«

»Aber was könnte es denn sonst sein?«

»Vielleicht war es auch Selbstmord.«

»Nein, sicher nicht«, sagte Amanda laut und entschieden. »Das hätte sie doch niemals getan, dann könnte er ja…« Sie brach plötzlich ab.

»Dann könnte wer was?« fragte Steven Howard mit leiser Stimme.

»Ach, nichts«, sagte Amanda verwirrt. »Ich wollte nicht… Ich meine, sie hat nur vorhin etwas gesagt…«

Mr. Howard schloß die Kabinentür.

»Ich glaube, es wäre besser, wenn Sie mir genau erzählen, was hier vor sich gegangen ist«, sagte er.

»Schnell, bevor jemand kommt. Die Stewardeß wird wohl jeden Moment hiersein. Sie haben doch geläutet. Also, heraus mit der Sprache.«

Er sprach sehr ruhig, aber mit einer Bestimmtheit und Autorität in der Stimme, die Amanda aus irgendeinem Grund einfach akzeptierte. Zu ihrem eigenen Erstaunen erzählte sie bis in alle Einzelheiten, was Julia Blaine gesagt und getan hatte. Sie vermochte deren hysterischen Ausbruch fast wortwörtlich wiederzugeben.

»Dann haben Sie also selbst gesehen, daß sie die Tabletten geschluckt hat?« fragte Mr. Howard ungläubig.

»Ja, sie nahm sie in den Mund, trank etwas Zitronenwasser, und nur kurze Zeit später fühlte sie sich unwohl. Dann fiel sie, so wie sie hier liegt, zu Boden, mit dem Gesicht nach vorn.«

»Ist das das Glas?«

»Ja«, Amandas Zähne klapperten, und sie biß sich auf die Unterlippe.

Mr. Howard ergriff das Glas und hielt es mit spitzen Fingern am äußersten Rand fest. Dann roch er daran, stellte es wieder hin und sagte: »Wie kommt das ganze Wasser auf Julias Kleid? Es kann doch nicht alles aus diesem einen Glas sein, oder?«

»Ich habe es noch einmal gefüllt und über sie geschüttet. Ich hoffte, sie würde vielleicht wieder zu Bewußtsein kommen.«

»Ach ja, verstehe.« Er kniete sich wieder hin, beobachtete das verzerrte, starre Gesicht und hob dann nacheinander die schlaffen Hände. Einige Krümel des weißen Pulvers hafteten noch an der feuchten Handfläche. Steven Howard schnupperte daran, pickte etwas davon mit den Fingern auf, führte es vorsichtig an seine Zunge und runzelte die Stirn.

Dann schaute er sich den Fußboden genau an und meinte: »Wie lauteten ihre letzten Worte?«

»Sie sagte, sie würde sich lieber umbringen. Aber ich glaube nicht, daß sie das auch wirklich so gemeint hat. Ich glaube, sie war nur...«

»Nun«, sagte Mr. Howard knapp. »Wie dem auch sei, es sieht so aus, als habe sie es so gemeint.«

Nachdenklich und mit gerunzelter Stirn sah er auf Julias plumpe Finger mit den funkelnden Ringen daran. Dann stand er plötzlich auf:

»Es sieht nicht so aus, als würde jemand auf die Klingel reagieren. Schauen Sie doch vorsichtshalber einmal nach, ob sie nicht irgendwen finden können. Versuchen Sie, den Steward oder die Stewardeß aufzutreiben, oder schnappen Sie sich den ersten Schiffsoffizier und sagen Sie ihm, er möge einen Arzt hierherschicken.«

Dann sah er Amanda noch einmal genauer an und fügte trocken hinzu: »Wenn ich Sie wäre, würde ich einen Morgenmantel anziehen.«

Etwa eine Stunde später hatte man Julia Blaines Leiche in der Krankenkabine untergebracht, und das verschüttete Wasser in Amandas Kabine war aufgewischt worden. Amanda hatte, nachdem sie die Geschichte, allerdings mit Einschränkungen, wohl sechsmal wiedergegeben hatte, endlich ihre Ruhe.

Auch der Schiffsarzt hatte, was die Todesursache anging, einen ratlosen Eindruck gemacht. Er hatte aber die Möglichkeit eines Selbstmordes nicht ausgeschlossen. Die Stewardeß hatte fast hysterisch und energisch beschworen, Mrs. Blaine nur zwei Aspirin und sonst nichts gegeben zu haben. Sie hatte das fragliche Röhrchen hervorgeholt, der Arzt hatte es an sich genommen und nach sorgfältiger Überprüfung die Tabletten für harmlos erklärt.

Alastair Blaine war aschfahl und konnte noch immer nicht begreifen, was geschehen war. Er hatte zugegeben, daß seine Frau in letzter Zeit depressiv gewesen war, aber obwohl ihr Gesundheitszustand nicht der beste gewesen sei, habe sie niemals Schwierigkeiten mit dem Herzen gehabt, und er könne sich nicht vorstellen, wie sie an das Gift herangekommen sein könnte.

»Ach, das ist im Nahen Osten doch kein Problem«, hatte der Kapitän trocken kommentiert. »Etwas Geld, und die Sache ist erledigt«, sagte er und machte dabei eine verschlagene, vielsagende, typisch orientalische Geste.

Amanda hatte, nach Rücksprache mit Steven Howard, zugegeben, daß Mrs. Blaine von Selbstmordabsichten gesprochen hatte. Als sie jedoch in Alastair Blaines gequältes Gesicht sah, hatte sie weder Namen noch Beweggründe genannt. Nun konnten die Nerven, ihr angegriffener Gesundheitszustand und auch die Hitze für Mrs. Blaines schlechten Zustand verantwortlich gemacht werden. Während Amanda sprach, hatte sie Steven Howard nicht angesehen. Sie war sehr erleichtert, daß er nicht darauf hinwies, daß ihre jetzige Version erheblich von der, die sie ihm kurz zuvor gegeben hatte, abwich. Im übrigen hatte er sowieso kaum gesprochen. Sie konnte zwar nicht genau begründen, warum, aber irgendwie hatte Amanda den Eindruck, daß Steven Howard den Verlauf des Verhörs geleitet und eventuell verfängliche Fragen vermieden hatte. Schließlich hatte er es sogar auf geschickte Art und Weise geschafft, den Kapitän, den Ersten Offizier, den Arzt, die Stewardeß und zahllose Schaulustige, die hereingekommen waren, um wild durcheinander Fragen zu stellen, loszuwerden. Er selbst war als letzter gegangen, hatte noch mit den Händen in den Taschen seines Morgenmantels in der Tür gestanden und nachdenklich auf Amanda hinunter gesehen.

»Ist wirklich alles in Ordnung mit Ihnen? Oder soll ich lieber Mrs. Halliday oder die Stewardeß bitten, in der oberen Koje bei Ihnen zu übernachten?«

»Nein, vielen Dank«, sagte Amanda müde und erschöpft. »Es geht schon wieder. Man sollte zwar nicht meinen, daß man nach so einem Erlebnis schläfrig sein kann, aber ich fühle mich völlig ausgelaugt und matt.«

»Das ist der Schock«, sagte Mr. Howard. »Sollte Sie auch nur irgend etwas erschrecken, dann warten Sie nicht so lange, bis jemand auf Ihr Klingeln reagiert, sondern gehen Sie auf den Flur und rufen Sie laut!«

»Wer oder was sollte mich schon erschrecken?« fragte Amanda ehrlich erstaunt.

»Keine Ahnung! Hoffentlich nichts«, antwortete Steven Howard ruhig.

Er schaute sich in der engen Kabine um, als wollte er sichergehen, daß sich auch wirklich niemand darin versteckt hielt, und schon wieder vertiefte sich seine Stirnfalte. Dann zuckte er mit den Schultern, lächelte noch einmal flüchtig und war verschwunden.

Amanda mußte gähnen, sie war unglaublich erschöpft. Schnell schlüpfte sie aus dem Morgenmantel, ließ ihn auf den Fußboden gleiten, stieg in ihre Koje und knipste das Licht aus.

Ein oder zwei Minuten später wurde ihr klar, daß sich entweder in oder unter dem Kissen etwas Rundes, Hartes befand. Mit schläfriger Hand tastete sie danach.

Und so fand sie das Röhrchen!

Es war ein kleines Röhrchen, und irgend etwas klapperte darin. Eine Weile lang lag Amanda im Halbdunkel, drehte es in ihrer Hand und fragte sich, wie es wohl unter das Kissen geraten sein mochte. Dann schaltete sie das Licht wieder an, um sich den Fund etwas genauer anzusehen.

Es sah aus wie ein ganz normales Aspirinröhrchen. Darin lagen drei kleine Tabletten, und es hatte ein auffälliges, rotes Etikett. Darauf stand in schwarzer Schrift nur ein einziges, alarmierendes Wort: Gift!

Amanda fürchtete sich plötzlich. Sie war zwar schon durch Julias Zusammenbruch aufgeschreckt und verwirrt, und auch die matten, toten Augen, die keine Reaktion mehr zeigten, als sie sie mit Wasser bespritzt hatte, hatten sie in Furcht versetzt. Jetzt aber verspürte sie eine Angst, die sie nicht zu deuten vermochte. Ihr schien das Blut in den Adern zu stocken. Amanda war sich ganz sicher, daß sich das Röhrchen zuvor nicht unter dem Kissen befunden hatte. Und zwar aus folgendem Grund:

Ehe sie sich nämlich für das Abendessen umgezogen hatte, hatte sie in der Mitte der Koje gesessen, um noch ein paar Briefe zu lesen. Sie hatte nach dem Kissen gegriffen und es sich in den Nacken geschoben.

Irgendwer mußte es also irgendwann nach 20.00 Uhr dort hineingelegt haben. Sollte es etwa Julia selbst gewesen sein? Julia hatte sich aber gar nicht in der Nähe des Kissens befunden. Sie hatte am Fußende der Koje gesessen, und erst als sie die besagten Tabletten in den Mund gesteckt und nach dem Wasser gegriffen hatte, war sie aufgestanden. Amanda selbst hatte zwischen Julia Blaine und dem Kissen gesessen. Es stand auch völlig außer Frage, daß sie sich über Amanda gebeugt und etwas unter das Kissen gelegt haben könnte. Denn das hätte Amanda merken müssen.

Aber wer, um Himmels willen, war es gewesen? Und zu welchem Zweck?

Ganz plötzlich kam ihr ein Gedanke, und es war, als habe ein Fremder ihn ihr eingegeben.

Weder war Julia Blaine an einem Herzanfall gestorben, noch hatte sie sich umgebracht. Sie war schlichtweg ermordet worden. Das kleine Röhrchen mit dem Giftetikett war der Beweis dafür!

Die Tabletten, die Julia Blaine eingenommen hatte, waren nichts als das Aspirin gewesen, das ihr die Stewardeß gegeben hatte. Das Gift war demnach in dem Glas gewesen. In diesem an sich harmlosen Zitronenwasser, dessen Säure den Giftgeschmack verbarg.

Die tödliche Falle war ihr also von jemandem gestellt worden, der zwar wußte, daß Julia Zitronenwasser trank, der aber über den Kabinentausch zwischen den beiden Damen nicht unterrichtet war. Julia hätte in ihrer eigenen Kabine aus diesem Glas trinken sollen, und sie wäre dort einfach tot aufgefunden worden. Danach wäre das Röhrchen dann unter dem Kissen entdeckt worden, und auf dem Totenschein hätte Selbstmord gestanden.

Das Schicksal war somit auf der Seite des Mörders gewesen. Julia hatte ihre ehemalige Kabine wieder aufgesucht, letztlich sogar aus dem Glas getrunken und war gestorben. Jetzt aber hatte Amanda das Röhrchen gefunden. Es hatte unter dem falschen Kissen gelegen und deutete nicht länger auf Selbstmord, sondern war ein klares Indiz für Mord.

»O nein«, rief Amanda laut in die heiße enge Kabine hinein. »Nein.«

Ohne daß sie eigentlich wußte, was sie jetzt zu tun gedachte, schlüpfte sie aus dem Bett. Der Teppich unter ihren Füßen war noch feucht und ein wenig klebrig. Sie tastete nach ihrem Morgenmantel, zog ihn an und läutete. Dieses Mal ließ man sie nicht warten.

Amanda konnte hören, wie die Stewardeß den Gang entlanghastete.

Die gestärkte Uniform strahlte Kompetenz und Sicherheit aus. Amanda fühlte sich sofort ruhiger.

»Was fehlt Ihnen? Können Sie nicht schlafen?« Die Stewardeß war eine untersetzte Frau in den mittleren Jahren, mütterlich und wie durch ein Wunder Engländerin.

Amanda fragte wißbegierig: »Haben Sie vielleicht zufällig ein Glas Zitronenwasser für Mrs. Blaine in diese Kabine gestellt?«

Die Stewardeß schaute fragend: »Zitronenwasser? Nein, aber hätten Sie gern eines?«

»Nein, vielen Dank. Aber als ich heute abend in die Kabine kam, stand hier ein Glas Zitronenwasser. Da auf dem Hocker. Haben Sie es dorthin gestellt?«

»Ich? Nein, bestimmt nicht. Wir versorgen die Passagiere nur mit Getränken, wenn sie uns darum bitten. Aber man muß nur läuten und...«

»Hat Mrs. Blaine heute abend etwas bestellt? Dies war nämlich ursprünglich ihre Kabine, wissen Sie, und ich meine, äh, ich dachte, daß man das Glas eventuell versehentlich hierher gestellt hat.«

»Die arme Seele. Nein, sie hat mich nicht darum gebeten. Jeder wußte übrigens von dem Kabinentausch. Und niemand, der mit dem Kabinenservice zu tun hat, hätte einen solchen Fehler begangen. Da können Sie sicher sein. Kann ich sonst noch etwas für Sie tun?«

»Ach, das war eigentlich alles. Danke!« sagte Amanda kreidebleich. »Ich dachte nur... Wissen Sie, als Mrs. Blaine diese Tabletten einnahm, trank sie aus dem Glas, das auf dem Hocker stand. Ich frage mich also, wer es dorthin gestellt haben könnte.«

»Nun hören Sie mal gut zu. Ich sage Ihnen jetzt einmal, was mit Ihnen los ist«, sagte die Stewardeß freundlich. »Das sind die Nachwirkungen eines Schocks. Lassen Sie sich keine grauen Haare darüber wachsen. Die arme Frau muß doch völlig durcheinander gewesen sein. Nun versuchen Sie einfach alles zu vergessen. Legen Sie sich schlafen. Ich vermute, daß sie aus dem Zahnbecher da drüben getrunken hat.«

»Nein, mit Sicherheit nicht. Sie trank aus einem Glas«, bemerkte Amanda.

»Und wo ist es jetzt?«

Amanda drehte sich um und schaute herum. Es war nirgends ein Glas zu sehen.

»Wie dem auch sei!« sagte die Stewardeß beruhigend. »Ich glaube die Nerven gehen allmählich mit Ihnen durch. Wen sollte das auch wundern? Ich hole Ihnen jetzt eine Tasse heiße Milch, und Sie werden sehen, daß Sie dann bald einschlafen.«

»Nein, besten Dank. Das ist zwar sehr lieb von Ihnen, aber ich möchte jetzt nichts trinken«, sagte Amanda mit unsicherer Stimme. »Es tut mir leid, Sie überhaupt gestört zu haben.«

»Das macht doch nichts«, wandte die Stewardeß besänftigend ein. »Legen Sie sich jetzt wieder zu Bett, und schalten Sie das Licht aus. Und sollten Sie doch noch Wünsche haben, so brauchen Sie nur zu klingeln. Ich bin dann sofort bei Ihnen.«

Sie deckte Amanda liebevoll zu und verließ die Kabine. Dann raschelte sie mit ihrem gestärkten Rock flink den Gang entlang. Irgendwo in der Nähe hörte man eine Tür leise ins Schloß fallen.

Vom Gang drang schwaches Licht durch einen schmalen Luftschlitz über der Tür herein. Über der offenen Luke stand der hellerleuchtete Mond.

Außer dem beruhigenden Rauschen des Meeres und dem gedämpften, rhythmischen Stampfen der Motoren war die Nacht ruhig und still. Amanda hatte auch keinerlei Schritte vernommen. Doch plötzlich bemerkte sie, daß ihre Kabinentür sich öffnete und wieder schloß. Es stand also irgendwer neben ihr. Amanda erkannte aber in der schwach erleuchteten Kabine nur einen Schatten.

Ihr Herz schien auszusetzen. Sie setzte sich auf, drückte sich schutzsuchend in die äußerste Ecke ihrer Koje und versuchte zu schreien. Aber sie brachte keinen Ton hervor. Ihre Kehle war trocken und vor Entsetzen wie zugeschnürt. Dann legte jemand eine Hand auf ihren Mund.

Als nächstes hörte sie eine Stimme: »Machen Sie keinen Lärm. Ich bin es, Steven Howard.«

Amanda war nur noch ein schluchzendes Häufchen Elend. Steven setzte sich neben sie auf die Koje und legte seinen starken Arm um sie.

»Es tut mir aufrichtig leid. Ich wollte Sie nicht erschrecken.« Er dämpfte seine Stimme zu einem kaum hörbaren Flüstern. »Aber ich muß mit Ihnen reden. Los, Amanda. Reißen Sie sich zusammen.«

Amanda nahm den Kopf von seiner Schulter und fuhr ihn mit tränenerstickter Stimme an: »Verlassen Sie den Raum!«

»Das ist schon besser«, sagte er beschwichtigend. Dann nahm er ein Taschentuch und trocknete ihre Tränen. Amanda entriß ihm das Taschentuch, schneuzte sich und wollte gerade das Licht einschalten.

Aber er griff nach ihrem Handgelenk. »Nein, machen Sie das Licht nicht an. Ich möchte nicht, daß die Stewardeß hereinkommt und feststellt, daß Sie immer noch nicht schlafen. Was haben Sie ihr denn über das Glas erzählt? Ich habe Sie beide sprechen hören. Ihre Kabinentür war geöffnet. Also, Amanda, wie war das mit dem Glas?«

Amanda zitterte am ganzen Leib. In der Stille der Nacht war das leise Klappern ihrer Zähne zu hören. Mit bebender Stimme sagte sie: »Als ich heute abend zu Bett gehen wollte, hat in der Kabine ein Glas Wasser gestanden, Zitronenwasser, genauer gesagt. Mrs. Blaine trinkt – trank – nämlich immer Zitronenwasser. Sie wollte auf diese Weise abnehmen. Ja, und dann haben wir die Kabinen getauscht.«

»Wann war das?« sein Flüstern hatte plötzlich einen scharfen Unterton angenommen. »Und warum haben Sie die Kabinen getauscht?«

»Dieses war ursprünglich Julias Kabine. Sie hat sich aber geweigert, den Raum auch nur zu betreten, als sie die Nummer sah. Die 13. Sie war nämlich abergläubisch. Deshalb habe ich ihr meine Kabine angeboten. Das war heute nachmittag, kurz bevor wir Tee tranken.«

»Wer wußte von dem Tausch?«

»Keine Ahnung. Die Stewardeß sagte auf jeden Fall, daß die Angestellten alle davon wußten. Aber ich nehme an, sonst niemand. Abgesehen natürlich von Alastair, ihrem Mann. Die Stewardeß meinte, das Glas müsse von einem Passagier hereingestellt worden sein.«

»Ja, ich weiß. Das habe ich gehört. Warum haben Sie sie überhaupt danach gefragt?«

»Weil, nun, ich bekam plötzlich Angst. Mrs. Blaine hat daraus getrunken, jetzt ist es aber nicht mehr in meiner Kabine. Irgend jemand muß es weggenommen haben.«

»Ja, und zwar ich«, sagte Steven Howard ruhig.

»Sie? Das verstehe ich nicht. Aber warum denn?«

»Das verstehen Sie nicht? Und warum bekommen Sie Angst? Nur weil Mrs. Blaine daraus getrunken hat?«

»Wegen des Röhrchens«, hauchte Amanda mit Zittern in der Stimme. »Dort unter dem Kissen war ein Röhrchen versteckt, und ich dachte...«

»Was ist denn das schon wieder?« Obwohl die Frage nur geflüstert war, zerschnitt sie die nächtliche Stille wie ein Peitschenschlag.

Amanda drehte sich um und schob eine zitternde Hand unter das Kopfkissen, griff nach dem Röhrchen und hielt es Steven Howard entgegen.

Mr. Howard nahm das Röhrchen mit einer raschen Bewegung an

sich, betastete es mit äußerster Vorsicht und hielt es gegen das Licht, das durch den Luftschlitz über der Tür fiel. Jetzt schien die kleine Kabine nicht mehr so dunkel. Amandas Augen hatten sich an das schwache Licht gewöhnt, und das Wort auf dem roten Etikett war deutlich lesbar.

Er wandte sich ihr wieder zu und sagte: »Wie sind Sie denn daran geraten?«

»Das habe ich Ihnen doch schon erklärt. Es lag unter meinem Kopfkissen. Aber es hat vorher nicht dort gelegen.« Und Amanda erzählte ihm ausführlich, warum sie sich so sicher war, daß sich das Röhrchen vor 20.00 Uhr noch nicht unter dem Kissen befunden hatte.

»Glauben Sie nicht, daß Mrs. Blaine es vielleicht während Ihrer Unterhaltung dorthin gelegt haben könnte?« Das war eigentlich nur eine rhetorische Frage.

»Nein, da bin ich ganz sicher.«

»Und wer, glauben Sie, hat es dorthin gelegt?«

Amanda antwortete nicht. Statt dessen starrte sie auf das kleine Röhrchen, das Steven Howard ganz vorsichtig mit der Spitze seines Taschentuchs hielt.

»Warum haben Sie sich gefürchtet, Amanda?«

Amanda sah langsam zu ihm auf. Steven stand mit dem Rücken zur Tür. Die Dunkelheit verbarg sein Gesicht, so daß Amanda nur die Konturen und das Glänzen seiner Augen sehen konnte.

Dann sagte sie: »Aber das wissen Sie doch, nicht wahr? Deshalb haben Sie doch auch das Glas an sich genommen.«

»Psst, still. Ja, Sie glauben also auch nicht mehr daran, daß Julia Blaine an einem Herzanfall gestorben ist oder daß sie Selbstmord begangen hat. So ist es doch, nicht wahr?«

»Was sollte ich denn sonst glauben?« sagte Amanda zitternd. »Wenn Gift in dem Wasser war und die Tabletten wirklich nur Aspirin waren, dann muß es doch…«

»…Mord gewesen sein«, Steven Howard beendete den Satz mit ruhiger Stimme. »Ja, genau, und ich befürchte, Sie haben recht. Mrs. Blaine hat zwei Aspirin eingenommen. Das Zeug, das sie tötete, war Gift, und es befand sich in dem Glas.«

»Aber woher wollen Sie das so genau wissen?« fragte Amanda flüsternd.

»Es sind nur zwei verschiedene Fingerabdrücke auf dem Glas. Beide sind sehr deutlich zu erkennen.«

»Aber natürlich sind nur zwei Abdrücke darauf. Es haben ja auch nur zwei Personen das Glas berührt. Nämlich Mrs. Blaine und ich selbst. Ach ja, und Sie«, sagte Amanda.

Mr. Howard schüttelte den Kopf. »Ich habe es nur am Rande gehalten. Das kann man auch noch erkennen. Aber was ist mit der Person, die das Glas hereingebracht hat? Es müßten wenigstens drei Fingerabdrücke darauf sein.«

Amandas Kehle schnürte sich zusammen. »Dann war es einwandfrei Mord. Nein, das kann einfach nicht wahr sein!«

Ihre Stimme wurde lauter, doch Steven Howard hielt ihr sofort die Hand vor den Mund. Amanda entwand sich ihm und sagte flüsternd und erschauernd: »Aber verstehen Sie denn nicht? Das würde bedeuten, daß es jemand war, den Julia kannte. Den ich auch kenne! Persis oder Toby vielleicht. Nein, unmöglich. Das ist völlig ausgeschlossen.«

»Aber es muß so sein. Es sei denn...«

Er unterbrach sich, und Amanda fragte ganz außer Atem: »Es sei denn, was?«

Mr. Howard antwortete ihr nicht. Seine Augen beobachteten unaufhörlich ihr Gesicht, und er lauschte angestrengt. Dann schloß sich seine Hand warnend um ihr Handgelenk.

Irgend jemand war auf dem Korridor. Amanda konnte sich nicht erklären, warum sie oder Steven Howard es wußten. Sie hatten keinerlei Schritte vernommen. Vielleicht hatte jemand im Vorübergehen die Tür gestreift, oder ein Schatten war flüchtig an der weißen Wand aufgetaucht.

Steven Howard saß zwischen Amanda und der Tür, so daß sie nur den Türrand erkennen konnte. Die Türe schloß nicht richtig, und dort, wo der Zahn der Zeit am Holz genagt hatte, war ein schmaler Lichtstreifen erkennbar. Doch gerade als Amanda hinsah, verschwand der Lichtstreifen auch schon wieder.

Steven sah, wie sich Amandas Augen weiteten, und für einen Augenblick verstärkte sich der Druck seiner Hand. Unendlich vorsichtig drehte er seinen Kopf beiseite und zog etwas aus der Tasche seines Morgenmantels. Amanda sah das durch die Luke eindringende Mondlicht auf dem Lauf der Pistole. Ihr kam der absurde Gedanke: Er ist ja Linkshänder!

Am anderen Ende des Ganges hörte man Stiefel geräuschvoll die Kajütentreppe hinunterklappern. Der dünne Lichtstreifen erschien augenblicklich wieder auf der Türkante. Wer immer es war, der vor

Amandas Kabinentür stehengeblieben war, er war genauso lautlos wieder verschwunden, wie er gekommen war.

Irgendwer, es hörte sich nach einem Schiffsoffizier an, ging mit schnellen Schritten über den Gang. In der Ferne hörte man eine Tür knallen. Mr. Howard schob die Pistole in seine Tasche zurück und stöhnte:

»Das habe ich schon befürchtet«, sagte er leise.

»Was haben Sie schon befürchtet?« hauchte Amanda. Steven wandte sich wieder ihr zu. »Ich will den Teufel nicht an die Wand malen«, sagte er, »aber ich glaube, Sie sollten sich in den nächsten Tagen sehr vorsichtig verhalten. Ich würde an Ihrer Stelle sogar soweit gehen, mir ein dringendes Telegramm schicken zu lassen. Fliegen Sie mit dem nächstbesten Flugzeug nach England zurück, wenn Sie meinen unmaßgeblichen Rat hören wollen.«

»Aber warum denn?« fragte Amanda. »Ich verstehe Sie nicht.«

»Wirklich nicht? Ich dachte, das wäre ganz leicht zu verstehen. Nach allem, was wir bisher wissen, sieht es doch so aus, als habe jemand einen Mord geplant, der nach Selbstmord aussehen sollte. Entweder hat derjenige schon oder er wird bald erfahren, daß die Sache schiefgegangen ist. Und zwar deshalb, weil Sie anstelle von Mrs. Blaine in Kabine Nummer 13 wohnen. Der Mörder kann sich also an fünf Fingern ausrechnen, daß Sie wissen oder doch zumindest vermuten, daß Mrs. Blaine ermordet wurde. Deshalb wird die Person, die das Röhrchen unter Ihr Kopfkissen gelegt hat, auch einige Schwierigkeiten bekommen, um es zurückzubekommen.«

»Und was wollen Sie jetzt damit machen?« flüsterte Amanda mit trockenem Mund.

»Es loswerden.«

»Aber das geht doch nicht. Der Kapitän muß es sehen und die Polizei auch. Wenn Sie es ihnen nicht erzählen wollen, dann werde ich es eben tun.«

Mr. Howard erhob sich. »Wenn ich Sie wäre, würde ich das nicht tun«, sagte er ruhig. »Es sei denn, Sie möchten gern verhaftet werden.«

Amanda fuhr vor Schreck zusammen und schnappte nach Luft. »Was wollten Sie damit sagen?«

Er schaute von oben auf sie herunter, die Hände in den Taschen, und sagte nach kurzem Zögern mit weicher, aber bestimmter Stimme: »Wissen Sie, es könnte doch auch der Verdacht entstehen, daß Sie selbst die ganze Geschichte geplant haben.«

Für längere Zeit war es still in der Kabine. Nur von draußen drangen wieder die verschiedenen Geräusche herein: das Plätschern des Wassers, das montone Stampfen der Motoren und das ständige Knarren, Klappern und Quietschen, verursacht durch die Vibration der Schiffsschraube.

Schließlich fand Amanda ihre Sprache wieder. »Das glauben Sie doch selbst nicht. Das ist ja völlig ausgeschlossen.«

»Es ist im Moment einerlei, was ich glaube. Es wird eine Leichenschau geben, und die Polizei wird eventuell…, wenn sich herausstellt, daß es sich um Mord handelt. Verstehen Sie doch, die Polizei hätte nur Ihre Aussage darüber, was in der Kabine vor sich ging und wie Sie in den Besitz des Röhrchens gelangten. Sollte sich aber herausstellen, daß es sich um eben das Gift handelt, mit dem auch Mrs. Blaine getötet wurde, könnte man Ihnen sogar vorwerfen, Sie hätten Julia zu sich gerufen, um mit ihr zu sprechen. Jetzt, wo Alastair Blaine vermutlich das ganze Vermögen erbt, wird er eine ausgezeichnete Partie sein. Und Sie haben ihn in Fayid doch recht häufig gesehen, wenn ich mich nicht irre.«

Amanda schnappte empört nach Luft. Wütend flüsterte sie: »Raus hier! Raus hier, bevor ich jemanden rufe, der Sie hinauswirft!«

»Seien Sie doch nicht albern, Amanda.« Steven Howards Stimme war nicht lauter geworden, aber er sprach in solch schneidendem Ton, daß seine Worte wie ein Schlag ins Gesicht wirkten. »Sie können es sich gar nicht erlauben, sich so dumm zu verhalten. Und Sie haben keine Vorstellung davon, was es heißt, im Orient Schwierigkeiten mit der Polizei zu bekommen. Unter diesen Umständen wäre es die Hölle. Wenn Sie auch nur einen Funken Verstand in Ihrem bezaubernden Köpfchen haben, dann erwähnen Sie weder das Röhrchen noch das Glas und belassen es dabei, daß Mrs. Blaine Selbstmord begangen hat. Alles andere kann Ihnen furchtbare Schwierigkeiten bereiten, wenn es Sie nicht sogar in Gefahr bringt. Ihre Lage ist ohnehin schon brenzlig genug.«

Amanda sagte: »Wer sind Sie überhaupt?«

Mr. Howard grinste völlig unerwartet und sagte: »Ich heiße Howard. Meine Freunde nennen mich Steven. Ich male mittelmäßige Bilder und mische mich leidenschaftlich gern in anderer Leute Angelegenheiten ein. Möchten Sie sonst noch etwas wissen?«

»Ja«, sagte Amanda. »Wer sind Sie wirklich? Warum tragen Sie eine Pistole bei sich? Was haben Sie mit all dem hier zu tun? Erzählen Sie mir nicht, Sie seien ausschließlich hier, um zu malen. Ich glaube Ihnen kein Wort davon.«

Mr. Howard lachte. »In Ordnung, ich bin hier aus Gründen, die nur mich etwas angehen. Ein oder zwei Leute auf diesem Schiff hier interessieren mich.«

»Sind Sie von der Polizei?« fragte Amanda spontan.

»Nein!«

»Und warum mischen Sie sich dann in fremde Angelegenheiten ein?«

Steven Howard grinste erneut: »Nennen Sie mich meinetwegen einen fahrenden Ritter oder, wenn Sie wollen, auch einen Schnüffler. So, und jetzt wäre es wohl besser, Sie gingen zu Bett. Ich glaube, Sie können nun schlafen. Übrigens, an der Tür ist ein Riegel, den Sie besser vorschieben sollten. Gute Nacht, Amarantha.« Mit diesen Worten schloß sich die Tür leise hinter ihm.

4

Mit zitternden Fingern schob Amanda den Riegel vor ihre Kabinentür. Sie kehrte zu ihrer Koje zurück, setzte sich aufrecht hin, umschloß mit den Armen ihre Knie, lauschte angespannt und fuhr bei jedem unbekannten Geräusch zusammen.

Gerade erst war ihr die volle Bedeutung von Mr. Howards Worten bewußt geworden. Früher oder später mußte also irgend jemand herausfinden, daß ihm von Amanda Gefahr drohte, entlarvt zu werden. Denn sie, als einzige Bewohnerin von Kabine 13, mußte zwangsläufig auf die Beweismittel stoßen. Es war ein äußerst unangenehmer Gedanke, und noch unangenehmer war die Erkenntnis, daß sie selbst das Glas in Julias Kabine getragen hätte, wäre Julia nicht zu ihr herübergekommen. Man hätte ihre Fingerabdrücke darauf gefunden, und es wäre mehr als fraglich gewesen, ob die Polizei ihren Erklärungen Glauben geschenkt hätte. Man hätte sie vermutlich als Mörderin von Alastairs Ehefrau verhaftet.

Alastairs Ehefrau...? War das der Schlüssel zu diesem grausamen Mord? Hatte etwa Alastair? Nein, das war absurd. Alastair konnte es nicht gewesen sein, denn er wußte von dem Kabinentausch. Aber wer dann? Auf jeden Fall jemand, der Julia gut genug kannte und von ihrer Marotte wußte, mit Hilfe von Zitronenwasser abnehmen zu wollen. Diese Person mußte auch Julias Kabinennummer gekannt, aber nicht bemerkt haben, daß sie die Kabine mit Amanda getauscht hatte. Vielleicht Mrs. Norman? George Norman? Persis? Oder gar Toby? Nein, unmöglich! Irgend etwas stimmt da nicht. Vielleicht ist Julia letztlich doch an einem Herzschlag gestorben, oder sie hat tatsächlich Selbstmord begangen. Für dieses Röhrchen unter den Kissen muß es dann eine andere Erklärung geben. Es muß eine andere Erklärung geben!

Oh, warum nur, dachte Amanda verzweifelt. Warum habe ich Julia nur angeboten, die Kabine mit ihr zu tauschen? Niemand hätte sonst auf die Idee kommen können, daß es sich um Mord handelt. Niemand hätte es je herausgefunden. Aber nun, nach dem Kabinentausch, wußte sie, und jener andere mußte es ahnen, daß sie wußte, daß Julias Tod nicht Selbstmord, sondern ein sorgfältig geplanter Mord gewesen war.

Am Himmel zeigten sich schon die ersten Spuren des erwachenden Morgens. Ein neuer Tag kündigte sich an. Amanda schlief endlich vor Erschöpfung ein. Sie erwachte schließlich durch ein lautes Türklopfen. Zu Tode erschrocken fuhr sie in die Höhe. Die Kabine war von Sonnenlicht überflutet, und die Stewardeß brachte die obligatorische Tasse lauwarmen Tees.

In dieser heiteren Morgensonne konnte Amanda sich nicht mehr vorstellen, warum sie solche Angst gehabt hatte. Zuerst glaubte sie, einen besonders intensiven Alptraum gehabt zu haben. Sie wurde aber sehr schnell in die Wirklichkeit zurückgerufen. Denn die Stewardeß berichtete schon beim Eintreten voller Sensationslust, die Polizei sei an Bord und der Kapitän erwarte Amanda so bald wie möglich in seiner Kabine.

Amanda bemerkte mit Staunen, daß die Wellen nicht mehr an die Bordwand schlugen und daß die Maschinen verstummt waren.

»Sind wir schon da?«

»Ja, wir sind vor etwa einer Stunde angekommen«, sagte die Stewardeß. »Wir sind in Limassol. Ich hätte Sie schon früher geweckt, aber der Herr von Nummer 11 meinte, ich solle Sie noch etwas schlafen lassen. Er ist ja so ein netter Mann. So mitfühlend. Das trifft man heutzutage kaum noch. Möchten Sie frühstücken, Miß Derington? Sie sehen etwas übermüdet aus. Ist ja auch kein Wunder nach der Aufregung.«

»Nein, vielen Dank«, sagte Amanda. »Vielleicht einen Kaffee, wenn Sie so lieb wären. Was will der Kapitän übrigens von mir?«

»Ich habe wirklich keine Ahnung. Wahrscheinlich sollen Sie der Polizei erzählen, was gestern abend passiert ist, bevor man die arme Frau begräbt. Reine Formsache! Ihr Mann ist völlig fertig. Er sieht aus wie ein Gespenst. Die Dame von Nummer 31 ist auch ganz aufgebracht. Als sie die Nachricht erhielt, war sie furchtbar erschüttert. Die Tote und ihr Gatte wollten den Urlaub in ihrem Haus verbringen. Stellen Sie sich das vor! Ich glaube, sie sind irgendwie verwandt. Mrs. Norman heißt sie, soweit ich weiß. Sie ist sehr zart besaitet. Ich habe den Eindruck, daß sie sich die Sache sehr zu Herzen nimmt. Sie war schrecklich aufgeregt. ›Aber, Mrs. Norman‹, habe ich zu ihr gesagt...«

Ein Klopfen an der Tür machte dem Redefluß ein gnädiges Ende. Toby Gates erkundigte sich mit besorgter Stimme nach Amandas Befinden und fragte, ob es nicht entsetzlich sei.

Amanda bestätigte dies und fügte hinzu, daß sie in fünf Minuten fertig sei. Während die Stewardeß den Kaffee holte, kleidete Amanda sich eilig an, flocht ihr Haar zu zwei dicken Zöpfen und steckte es um den Kopf fest, anstatt es zu einem schweren Knoten zu schlingen. Das hätte beträchtlich mehr Zeit in Anspruch genommen.

Das sommerliche gelbe Kleid, das sie am Tag zuvor getragen hatte, schien ihr gänzlich ungeeignet, um nach einem plötzlichen Todesfall zum polizeilichen Verhör zu erscheinen. Sie kramte hastig in ihrem Koffer herum, wählte ein silbergraues Popelinkleid und einen engen, weißen Gürtel. Dann stürzte sie den Kaffee, den die Stewardeß inzwischen gebracht hatte, eilig hinunter und schlüpfte in ein Paar weiße Sandalen. Toby Gates erwartete sie am Ende des Ganges.

»Sie wollen uns alle befragen, das heißt diejenigen von uns, die sie kannten«, sagte Toby. Er nahm Amanda am Arm und eilte mit ihr die Treppen hinunter. »Sie muß wohl in geistiger Umnachtung gehandelt haben. Ich hatte schon immer den Eindruck, daß sie etwas sonderbar war. Entsetzlich für Alastair, armer Teufel. Er macht jetzt die Hölle durch.«

Amanda fragte bekümmert: »Was wollen sie denn von uns, Toby?«

»Ach, die wollen sich nur ein Bild von der Sachlage machen, nehme ich an. Reine Formsache! Alastair haben sie schon über eine halbe Stunde mit Fragen geplagt. Ein schöner Urlaubsanfang für uns alle, kann man da nur sagen.«

An Land bot sich ihnen der Anblick einer Stadt mit weißen Häusern, grünem Gebüsch und Olivenbäumen. Im Hintergrund waren niedrige, kahle Hügel zu erkennen. Die Sonne stach von einem wolkenlosen Himmel und spiegelte sich in den tanzenden Wellen. Sie färbte das tiefblaue Meer stellenweise lebhaft smaragdgrün oder himmelblau. Beim Anblick dieser malerischen Landschaft konnte Amanda sich kaum mehr vorstellen, daß die dramatischen Ereignisse der letzten Nacht Wirklichkeit waren und daß Julia Blaine tot sein sollte.

Toby sagte: »Jetzt noch diese Leiter hier hinauf, dann nach links, und wir sind da.«

Die Kapitänskabine schien zum Bersten voll. Neben dem Kapitän, dem Ersten Offizier, dem Arzt, dem Proviantmeister und der Stewardeß waren drei unbekannte Männer in Uniform anwesend. Vermutlich waren es Polizisten, von denen zumindest einer Engländer war. Alastair Blaine, die Normans und Persis Halliday waren ebenfalls zugegen. Ebenso Steven Howard. Er stand am anderen Ende des Raumes, gegen das Fensterbrett gelehnt, und sah über das sonnenhelle Deck auf das Städtchen Limassol. Als Amanda und Toby eintraten, sah er sich um, sagte aber nichts und fuhr fort, verträumt die Landschaft zu betrachten.

Alastair Blaine sah faltig und grau aus. Er schien um Jahre gealtert, und das erbarmungslose Morgenlicht enthüllte unerwartet silberne Fäden in seinem dicken, blonden Haar.

Persis Halliday war wie immer wie aus dem Ei gepellt. Sie saß auf der Lehne eines Chintzsessels, entnahm ihrer eleganten Krokohandtasche eine Zigarette und drehte sie, ohne sie anzuzünden, nervös zwischen den Fingern. Als Amanda eintrat, sah sie auf und sagte: »Guten Morgen. Eine schöne Bescherung, finden Sie nicht? Haben Sie wenigstens schlafen können?«

Claire Norman sagte mit tragisch zitternder Stimme: »Schlafen, wer von uns wird schon geschlafen haben? Wie könnten wir auch! Arme Julia! Das werde ich mir nie verzeihen. Niemals! Zu tanzen, während sie stirbt!«

In einem ihrer vielen Koffer hatte Claire ein schlichtes, schwarzes Leinenkleid gefunden. Es kleidete sie ausgezeichnet und ließ sie blasser und zerbrechlicher denn je erscheinen.

George Norman klopfte ihr unbeholfen und doch zärtlich auf die Schulter, und Persis wandte sich ihr zu und sagte: »Dann haben Sie also schon letzte Nacht davon erfahren? Sieh mal einer an! Das klingt ja interessant. Ich habe erst heute morgen davon gehört. Diese Stewardeß konnte es einfach nicht für sich behalten. Wie haben Sie denn davon erfahren?«

Einen kurzen Augenblick lang zeigten sich zwei kleine, rote Flekken auf Claire Normans sonst vornehm blassen Wangen. Plötzlich wurde sie ganz still. Ihre Augen, die gerade noch so tragisch geblickt hatten, wurden aufmerksam und gespannt. Sie beantwortete Persis Hallidays Frage nicht. Ihr Mann George war es, der schließlich das Schweigen brach.

»Wir haben es auch erst heute morgen erfahren«, sagte er. »Claire hat es doch nur im übertragenen Sinne gemeint. Sie ist etwas aufgeregt.«

Langsam wich die Starre aus Claire Normans zartem Körper. Sie widersprach ihrem Mann nicht, und die Unterhaltung wurde jäh abgebrochen. Der Kapitän, der ganz offensichtlich ungeduldig war und die Angelegenheit schnell hinter sich gebracht haben wollte, stellte die Polizeibeamten vor und drängte zur Eile. Es stellte sich für Amanda heraus, daß es dieselben Fragen und Antworten waren, wie schon in der Nacht zuvor, nur mit dem Unterschied, daß jetzt vier Freunde und Bekannte der verstorbenen Mrs. Blaine anwesend waren. Jeder von ihnen gab seinen ganz persönlichen Standpunkt zu deren Geisteszustand ab.

Amanda wurde schließlich gebeten, ihre Erlebnisse des vergangenen Abends zu schildern. Das tat sie dann auch, ließ aber dieselben Einzelheiten aus, wie schon in der Nacht zuvor. Mrs. Blaine, so sagte Amanda, habe auf sie einen aufgeregten und nervösen Eindruck gemacht. Zwar sei ihr die Hitze wohl auch nicht gut bekommen, aber insbesondere habe sie sich über den Orient und das Soldatenleben ihres Mannes beklagt. Sie habe davon gesprochen, sich das Leben zu nehmen. Sie habe einige Tabletten in der Hand gehalten – wie viele, könne sie nicht mehr sagen – und habe sie geschluckt.

Amandas Stimme geriet plötzlich ins Stocken. Hinter dem Kapitän sah sie Steven Howard mit gespieltem Desinteresse am Fenster stehen, und ihre Blicke trafen sich. Er schüttelte unmerklich den Kopf. Es war zwar nur eine flüchtige Geste, unter diesen Umständen aber absolut unmißverständlich. Amanda wandte den Blick von ihm ab und wieder den anderen zu. Sie sahen sie schweigend an. Das Gesicht des Kapitäns war rot und drückte Ungeduld aus, die Stewardeß lauschte sensationslüstern, der Schiffsarzt trug Spuren von Müdigkeit und Resignation auf seinem Gesicht, und die Gesichter der Polizeibeamten waren aufmerksam und konzentriert. Amanda beendete schließlich ihre Aussage, ohne das Glas in ihrer Kabine erwähnt zu haben. Zwar hatte sie Steven Howard inzwischen nicht mehr angesehen, aber sie spürte förmlich, wie seine Spannung nachließ.

Die Polizeibeamten waren höflich und verständnisvoll. Der Kapitän hingegen konnte es kaum erwarten, die ganze Angelegenheit hinter sich zu bringen. Nachdem alle ihre Namen und persönlichen Daten hinterlassen und noch einige Formulare ausgefüllt hatten, wurden die Passagiere aus der Kabine hinauskomplimentiert und erhielten die Erlaubnis, an Land zu gehen.

Ungefähr zehn Minuten später gingen sie die Gangway hinunter und wurden an Land gerudert. Das Wasser war so kristallklar, daß, als sie sich dem Ufer näherten, Felsbrocken, Kieselsteine und Muscheln auf dem Meeresboden deutlich zu erkennen waren. Sogar die Jahresringe auf dem Panzer einer riesigen Schildkröte, die mit trägen Flossenschlägen neben ihnen durchs Wasser glitt, konnte man zählen.

Ein Mann wartete am Kai. Er trug keinen Hut und war aller Wahrscheinlichkeit nach Engländer, denn er war mit einem gutgeschnittenen, typisch englischen Tweedmantel bekleidet. Es war ein schlanker Mann, und er war vermutlich Ende Dreißig und mittelgroß. Sein Gesicht war von Sonne und Wind so gebräunt, daß die Augen und das krause, sonnengebleichte, schon leicht ergraute Haar um so heller erschienen. Obwohl er so braungebrannt war, wirkte er merkwürdig blaß. Hinzu kamen tiefe Ringe unter den Augen. Er hatte ein schmales, sympathisches Gesicht, das man sogar hätte hübsch nennen können, wäre es nicht von großer Müdigkeit, Überdruß und Sorge gezeichnet gewesen.

»Dort steht Glenn«, sagte George Norman. »Glaubst du, daß er...« Er biß sich auf die Lippen. Das Boot lief auf Steine auf, und kurz darauf waren die Passagiere an Land. Claire Norman streckte dem Mann im Tweedmantel ihre kleine, weiße Hand entgegen:

»Glenn, das ist aber eine Überraschung. Ich nehme an, Sie wollen Miß Derington abholen. Oder erwarten Sie etwa jemand anderen?«

Sie machte eine kurze Pause. Eine tiefe Röte überzog Mr. Bartons braungebranntes Gesicht. Es nahm einen gespannten Ausdruck an. Claire Norman sagte:

»Amanda, darf ich Ihnen Glenn Barton vorstellen. Er wird Ihr Gastgeber auf Zypern sein.«

Amanda reichte ihm die Hand. Der Ausdruck seiner Augen verriet Verzweiflung und Kummer. Amanda konnte nicht genau sagen, warum, aber sie war über Mrs. Norman verärgert. Denn sie hatte etwas gesagt, das Amanda zwar nicht verstanden, das diesen sympathischen und eher schüchternen Mann aber zweifellos verletzt und getroffen hatte.

Glenn Barton gab Amanda nur flüchtig die Hand. Man stellte ihm die übrige Reisegesellschaft vor und wechselte einige Höflichkeiten. Mr. Barton erkundigte sich nach Amandas Onkel Oswin und kümmerte sich um ihr Gepäck. Er half ihr bei der Erledigung der Zollformalitäten und führte sie zu einer großen, grauen Limousine, die in der Nähe geparkt war. Amanda hatte eigentlich damit gerechnet, auch Mrs. Barton hier zu treffen, es sah aber nicht so aus, als sei sie mitgekommen. Nachdem Glenn Barton Amandas Koffer auf dem Rücksitz verstaut hatte, hielt er ihr die Beifahrertür auf.

Persis rief noch schnell: »Amanda, wir sehen uns in Kyrenia!« Toby Gates sah ihr traurig nach und sagte mit drängendem Unterton in der Stimme: »Ich darf Sie doch besuchen, nicht wahr?«

Amanda schaute sich verstohlen und unruhig um. Steven Howard lehnte träge, mit dem Rücken zu ihr gewandt, an einer Säule, die Hände in den Hosentaschen, und sprach mit Claire Norman. Schließlich stieg Amanda ein. Sie wandte sich noch einmal zu Toby um und sagte gespielt herzlich und mit Betonung: »Aber natürlich, Toby.« Kurz darauf startete Glenn Barton den Wagen, und sie glitten aus dem Schatten in das helle Sonnenlicht der Straße nach Nikosia.

Das Wasser schimmerte jadeblau und türkis. Je weiter sie sich von der Küste entfernten, desto ausgebleichter und farbloser wurde die Landschaft. Die Vegetation bestand lediglich aus niederen Sträuchern, und abgesehen von einem gelegentlichen Olivenhain, gab es nur wenig Grün und kaum Schatten. Die Straße wand sich kurvenreich durch eine dürre Hügellandschaft sowie durch ausgetrocknete Flußläufe. Die sengende Hitze waberte über den Steinen und Felsblöcken.

Für Amanda war die Landschaft fremdartig und ungewöhnlich. Sie wäre sicher begeistert gewesen, wäre ihr Gastgeber nicht so unheimlich schweigsam gewesen. Amanda fragte sich, ob es nur Schüchternheit war oder ob die scheinbar unschuldige Bemerkung Claire Normans dazu beigetragen hatte, daß er gar nicht redete und so schnell fuhr. Sie rasten mit bedrohlicher Geschwindigkeit dahin. Glenn Barton schnitt die Kurven mit quietschenden Reifen, und auf geraden

Strecken flog der Wagen dahin wie ein Pfeil. Amanda, die sonst nicht zu Nervosität neigte, klammerte sich jetzt unbewußt an ihren Sitz und beobachtete mit starrem Blick die tanzende Tachonadel.

Kurze Zeit später zwang sie sich, den Blick von der Nadel zu lösen, und beobachtete unauffällig ihren zukünftigen Gastgeber. Er saß ein wenig zusammengekrümmt hinter dem Steuer seines Wagens und glich einem Reiter, der auf nervösem Pferd auf ein gefährliches Hindernis zurast. Jede Faser seines schlanken Körpers drückte Spannung und Nervosität aus. Die Hände umklammerten das Steuerrad so fest, daß die Fingerknöchel weiß wurden. Auf der Stirn bildete sich eine tiefe Furche. Amanda dachte, sie habe noch nie im Leben einen so unglücklichen Menschen gesehen. Sie schaute verstört und beunruhigt beiseite.

Die Tachonadel blieb vibrierend bei 130 Stundenkilometern stehen. Amanda umklammerte ihren Sitz noch fester, schloß für einen Moment die Augen und schluckte. Mit geradezu heroischer Anstrengung machte sie ein paar höfliche Bemerkungen über die herrliche Landschaft. Mr. Barton seinerseits antwortete genauso höflich, aber mit knappen Sätzen. Die Limousine schoß jetzt pfeilschnell zwischen einem Ochsenkarren und einem Bus voller zypriotischer Bauern hindurch, die sich auf dem Weg zum Markt befanden. Beide wurden nur um Haaresbreite verfehlt. Dann brausten sie an einer kleinen Kamelkarawane vorbei, und weiter ging es über eine schmale Brücke. Einen auf einem Esel reitenden kleinen Jungen verfehlten sie ebenfalls nur um Millimeter.

Amanda kniff noch einmal die Augen zu, und Mr. Barton fragte, ob sie eine angenehme Reise gehabt habe.

»Nein«, sagte Amanda aus tiefstem Herzen. »Sie war entsetzlich!« Dann erzählte sie ihm von Julia Blaines Tod. Mr. Barton drückte förmlich sein Mitgefühl aus, zeigte sich aber keineswegs überrascht.

»Haben Sie schon davon gehört?« fragte Amanda.

»Ja, wir exportieren einen Großteil unserer Weine über Limassol. Deshalb sind immer einige unserer Angestellten auf den Schiffen oder den Docks, und so habe ich davon erfahren. Es wurde natürlich viel darüber gesprochen. Die Blaines waren im letzten Jahr schon einige Wochen hier. Sie wohnten bei Claire und George Norman. Ich glaube, sie sind sogar verwandt. Ich habe sie allerdings nicht kennengelernt, weil ich auf einer Geschäftsreise war, aber meine Frau kannte sie flüchtig.« Er schwieg wiederum für eine Weile und fügte dann entschuldigend hinzu: »Ich habe allerdings nicht gewußt, daß Mrs. Blaine in Ihrer Kabine gestorben ist. Sonst hätte ich Ihnen keine solch taktlose Frage gestellt. Es muß ein äußerst unerfreuliches Erlebnis für Sie gewesen sein. Es tut mir aufrichtig leid, daß die Überfahrt so unangenehm war.«

Er sah Amanda von der Seite an, und sein unglückliches Gesicht verzog sich zu einem Lächeln. Amanda empfand dieses Lächeln als außerordentlich freundlich, und sie erwiderte es offen und herzlich.

Eigentlich ist er wirklich nett, dachte sie. Aber irgend etwas scheint ihn zu quälen. Er ist müde und abgehetzt und macht sich schreckliche Sorgen. Zu all dem Ärger, den er schon hat, muß er auch noch mich abholen und den guten Gastgeber spielen.

»Es ist sehr liebenswürdig von Ihnen und Ihrer Frau, mich bei sich aufzunehmen«, sagte Amanda schnell. »Ich hoffe, ich falle Ihnen nicht zu sehr zur Last. Mir ist gar nicht wohl bei dem Gedanken, mich Ihnen so aufzudrängen. Und ich befürchte, Onkel Oswin hat Ihnen keine andere Wahl gelassen, nicht wahr?«

»Nun, ja, Sie haben recht«, sagte Glenn Barton mit schwachem Lächeln, und die besorgte Furche auf seiner Stirn kehrte wieder. »Aber...«

Er drosselte die Geschwindigkeit und sagte spontan: »Wie wäre es mit einem kleinen Imbiß? Gleich da vorn ist ein Gasthaus. Wenn Sie möchten, können wir etwas Brot mit Käse und Oliven essen und Ziegenmilch dazu trinken.«

»Das ist eine gute Idee!« sagte Amanda. Erst jetzt wurde ihr klar, daß sie ja noch nicht einmal gefrühstückt hatte. Mr. Barton nahm den Fuß vom Gaspedal und hielt vor einem kleinen, schäbigen Gebäude, das halb verdeckt unter Bäumen stand.

Das kleine Gasthaus bestand aus einem einzigen großen Raum und war mit schlichten Holzstühlen und Tischen eingerichtet. Bilder des griechischen Königspaars, die offensichtlich aus alten Illustrierten herausgerissen waren, schmückten die Wände. Aus einem grünen Laubkranz lugte das zarte Gesicht der sympathischen Königin Friederike hervor. Amanda kam zu Bewußtsein, daß sie sich auf einer Insel befand, auf der viele Einwohner etwas gegen die britische Besatzung einzuwenden hatten und viel lieber zu Griechenland gehören wollten.

In dem Raum befanden sich viele schwarzhaarige, dunkeläugige Einheimische. Es roch nach schalem Wein, und in der Luft hing eine Knoblauchwolke. Die Inhaberin, eine mollige, rotwangige Frau, wies ihnen einen Platz an einem der Tische zu. Sie servierte knuspriges Brot, Weintrauben, Feigen und Käse, der aus Ziegenmilch gemacht war. Sie schien Mr. Barton gut zu kennen und redete in schnellem Griechisch auf ihn ein. Auf Mr. Bartons Wunsch stellte sie eine Flasche farbloser Flüssigkeit auf den Tisch, die wie Gin aussah, dazu eine Karaffe mit Wasser und zwei Gläser.

Amanda aß mit Appetit. Glenn Barton goß etwas von der Flüssigkeit in jedes Glas und fügte Wasser hinzu. Daraufhin ergab sich eine milchigweiße Mischung.

»Was ist das?« wollte Amanda wissen.

»Ouzo. Das Nationalgetränk. Sehen Sie den alten Mann da drüben?« Amanda drehte sich um und sah einen alternden, gebrechlichen, graubärtigen Mann, der gemütlich auf seinem Stuhl vor sich hin döste. »Das ist der Mann der Inhaberin. Als ich damals nach Zypern kam, war er noch ein ganzer Kerl, dann aber hat er das Zeug hier nur noch pur getrunken. Es wird gesagt, daß man überschnappt, wenn man zuviel davon trinkt. In kleinen Mengen ist es aber völlig harmlos. Probieren Sie doch einmal.«

Amanda erhob das ihr angebotene Glas, roch daran und rümpfte vielsagend die Nase. Glenn Barton konnte sich das Lachen nicht verkneifen. »Er riecht ziemlich stark und stechend. Das kommt vom Anis. Schmeckt er Ihnen nicht?«

»Nein«, sagte Amanda offen heraus. »Ich kann Anis nicht riechen. In meiner Kindergartenzeit saß neben mir ein kleiner Junge, der ununterbrochen Anisbonbons lutschte. Ich konnte ihn nicht ausstehen und seine Bonbons ebensowenig.«

»Der Ouzo schmeckt aber besser, als er riecht«, sagte Glenn Barton. Er erhob sein Glas. »Auf Ihren ersten Besuch in Zypern. Möge es ein angenehmer Aufenthalt werden.«

»Danke«, sagte Amanda und lächelte ihn an.

Mr. Barton trank aus und schob das Glas von sich. Von neuem erschien die tiefe Furche auf seiner Stirn. Amanda fiel auf, daß seine Hände stark zitterten. Er bot ihr eine Zigarette an, aber Amanda lehnte dankend ab. Dann zündete er sich selbst eine an und sagte mühsam und mit stockender Stimme: »Es ist mir wirklich unangenehm, aber ich kann Sie leider nicht in meinem Haus aufnehmen. Sehen Sie, meiner Frau geht es nicht gut, und ich könnte Ihnen nicht zumuten, bei uns zu wohnen, während...«

Er unterbrach den Satz und fuhr sich mit der Hand durch das Haar.

Diese Geste wirkte auf der einen Seite jungenhaft, auf der anderen Seite aber verzweifelt.

»Das ist völlig in Ordnung«, sagte Amanda und verspürte dabei plötzlich Mitleid mit diesem Mann. »Denken Sie nicht länger darüber nach. Es tut mir leid, daß es Ihrer Frau so schlecht geht. Kann ich Ihnen vielleicht irgendwie behilflich sein?«

»Nein, vielen Dank!« sagte Glenn Barton mit kläglichem Ton. »Ich bin sehr erleichtert, daß Sie die Nachricht so gut aufnehmen. Es ist mir wirklich furchtbar unangenehm. Zuerst zu sagen, daß wir Ihnen Unterkunft bieten, und dann zu warten, bis Sie hier sind, um Sie einfach im Stich zu lassen.«

»Unsinn!« sagte Amanda aufmunternd. »Es macht mir überhaupt nichts aus. Ich gehe gern in ein Hotel.«

»Nein, auf keinen Fall. Das könnte ich nicht zulassen. Ich habe schon alles arrangiert.« Glenn Barton hob die Augen und sah Amanda ernst an. »Eine Freundin von mir in Kyrenia, eine gewisse Miß Moon, wird Sie aufnehmen. Sie ist zwar leicht exzentrisch, aber sehr nett. Ich bin sicher, daß sie Ihnen gefallen wird.«

Amanda erwiderte empört: »Aber ich kann mich doch nicht einfach Ihren Freunden aufdrängen. Es war schon schlimm genug, daß Onkel Oswin so aufdringlich war, aber...«

»Ich bitte Sie«, unterbrach Glenn Barton mit gequältem Lächeln. »Sie sind sehr freundlich und behandeln mich besser, als ich es verdient habe. Ich wäre Ihnen wirklich dankbar, wenn Sie mir den Gefallen tun würden, bei Miß Moon zu wohnen. Mir wäre dann viel wohler. Außerdem erwartet sie Sie schon. Sie ist eine sympathische Person und begeistert von der Idee, Sie bei sich aufzunehmen. Sie mag junge Leute, besonders wenn sie auch noch hübsch sind.«

Sein Lächeln unterstrich das Kompliment. Amanda lachte und gab resigniert auf. Ursprünglich war sie enttäuscht darüber gewesen, daß sie anstatt an der Küste in Nikosia wohnen sollte. Persis und Toby waren ja schließlich auch in Kyrenia. Lieber wäre sie völlig unabhängig gewesen und hätte in einem Hotel gewohnt. Aber um nicht unhöflich zu erscheinen, mußte Amanda das Angebot wohl oder übel annehmen.

»Dann ist das also erledigt«, sagte Mr. Barton. »Ich muß noch kurz in meinem Büro in Nikosia vorbeischauen. Aber zum Mittagessen werden wir trotzdem pünktlich in Kyrenia sein. Wenn Sie den Ouzo tatsächlich nicht kosten möchten, sollten wir uns besser auf den Weg machen.«

5

Die korpulente Wirtin legte die Rechnung vor und begann eine angeregte Unterhaltung mit Glenn Barton. Aus ihrem Lachen schloß Amanda, daß sie selbst Gegenstand der Unterhaltung war.

»Was hat sie gesagt?« fragte Amanda neugierig.

»Sie wollte wissen, woher Sie sind. Außerdem findet sie Sie sehr schön und möchte wissen, ob Sie, wenn Sie das Haar lösen, darauf sitzen können«, sagte Glenn Barton lächelnd.

Amanda mußte lachen. »Sie können ihr sagen, es geht gerade so.«

»Sie mit ›Orantares‹ kommen, ja? Von Port Said?« fragte die Frau in gebrochenem Englisch. »Meine Mann auch, ist schöne Schiff.«

Sie schenkte Amanda ein breites Lächeln und nahm mit geschickter Handbewegung rasch die Handvoll Münzen an sich, die Mr. Barton auf den Tisch gelegt hatte. Dann schwirrte sie von dannen, um sich um einen ungeduldigen Gast zu kümmern.

»Sind die Menschen hier alle so freundlich und vergnügt?« fragte Amanda.

»Die meisten. Warum? Sie klingen so, als hätten Sie das nicht erwartet.«

»Ja, das stimmt«, gab Amanda zu. »Das einzige, was man bei uns aus den Zeitungen über Zypern erfährt, ist, daß die Bevölkerung mit der britischen Besatzung unzufrieden ist.«

Glenn Barton lächelte und sagte: »Ich bin sicher, daß Sie sie als freundliche Menschen kennenlernen werden.«

Er ließ den Zigarettenstummel in Amandas Glas fallen, wo er unter heftigem Zischen erlosch. Er betrachtete für eine geraume Zeit das Schauspiel, wobei sein Gesicht alles andere als fröhlich wirkte. Schließlich seufzte er tief und erhob sich.

»Wollen wir gehen?«

Draußen schien die helle Sonne. Sie stiegen wieder in das Auto und setzten mit einer weniger tollkühnen Geschwindigkeit die Fahrt in Richtung Nikosia fort. Der Zwischenaufenthalt in dem Gasthof schien Glenn Bartons Nervosität und Spannung verringert zu haben. Er war jetzt gesprächiger und etwas entkrampft. Die Krankheit seiner Frau erwähnte er allerdings mit keiner Silbe mehr. Amanda schloß daraus, daß er darüber auch nicht mehr sprechen wollte.

Amanda dachte darüber nach, was für eine Frau diese Mrs. Barton wohl sein mochte und ob sie sie wohl kennenlernen würde. Dann schoß ihr plötzlich Steven Howard wieder durch den Kopf. Sie fragte sich, ob sie ihn wiedersehen würde und warum sie sich überhaupt Gedanken darum machte. Mr. Howard war ihr gegenüber brüsk, launenhaft und grob gewesen. Er hatte sogar die Unverschämtheit besessen, anzudeuten, sie, Amanda, habe eventuell den Mord an Julia Blaine geplant, weil sie ein Verhältnis mit Julias Ehemann Alastair gehabt habe. Er hatte zwar nicht gesagt, daß er selbst das glaube, aber allein die Tatsache, daß er überhaupt so etwas denken konnte, machte sie wütend und ärgerlich. Eigentlich sollte sie dankbar dafür sein, ihn nicht mehr sehen zu müssen, ihn sich aus dem Kopf schlagen zu können und ihn einfach zu vergessen.

Amanda konnte aber nicht verhindern, ständig an ihn zu denken. Wer war er? Warum war er auf der ›Orantares‹ gewesen? Was hatte er in Fayid zu suchen gehabt? Wem war er nach Zypern gefolgt?

Die Straße wand sich abwärts durch die sonnengebleichten Hügel und führte schließlich auf die weite, flache, staubbedeckte Ebene im Inneren der Insel. Es wurde Mittag, bis schließlich vor ihnen die grünen Bäume, enggedrängten Dächer, byzantinischen Kirchen und die Moscheen von Nikosia auftauchten.

Die Hitze flimmerte in den engen, belebten Straßen. Die Sonne strahlte auf die Minarette und Dome, die für die Insel typischen Balkone, die Betonwände, die Dächer der zahllosen, monotonen Neubauten, die Tankstellen, die Jeeps, die Armeelastwagen und auf die knarrenden, von Ochsen gezogenen Karren.

Dann bog der Wagen in eine Einfahrt ein, die von weißgetünchten Torpfosten und Oleander eingefaßt war. Schließlich hielten sie vor einem kleinen Bungalow.

»Das hier ist unser Büro in Nikosia«, erklärte Glenn Barton. »Möchten Sie mit hineinkommen? Es wird nicht lange dauern.«

Die Büroräume hatten kahle, weißgetünchte Wände, und auf dem Fußboden lagen große Läufer. Grüne, hölzerne Läden vor den Fenstern hielten die Mittagshitze draußen, machten die Räume kühl und erfüllten sie mit einem dämmrigen Licht. Eine Frau, die an einem papierübersäten Schreibtisch gesessen hatte, erhob sich sofort, als sie eintraten und Glenn Barton sagte: »Darf ich vorstellen, Miß Ford, meine Sekretärin. Monica, das ist Miß Derington.«

Miß Ford war eine unscheinbare Frau mittleren Alters. Sie hatte leicht vorstehende Zähne, und ihr Haar war von einer undefinierbaren Farbe. Es war lose zurückgebunden und im Nacken zu einem kleinen Knoten geschlungen.

Glenn Barton fuhr fort: »Monica, ich hatte Sie heute eigentlich gar nicht hier erwartet. Geht es Ihnen besser? Sie hätten wirklich nicht zu kommen brauchen.« Besorgnis klang aus seiner Stimme. Dann legte er eine Hand auf die Schulter seiner Sekretärin und drückte sie liebevoll. Sich wieder an Amanda wendend sagte er: »Sie müssen nämlich wissen, Monica ist nicht nur meine Sekretärin. Sie ist meine rechte Hand – meine linke übrigens auch. Ich wüßte nicht, was ich ohne sie tun würde. Sie schmeißt praktisch den Laden.«

Auf Miß Fords blassem Gesicht zeigte sich eine freudige Röte und ließ sie einen Augenblick lang geradezu mädchenhaft erscheinen. »Das stimmt natürlich nicht«, sagte sie zu Amanda. »Glenn arbeitet wie ein Tier. Ich sage ihm immer, daß er seine Gesundheit ruinieren wird, wenn er sich nicht etwas mehr schont. Wie geht es übrigens Ihrem Onkel? Ich habe ihn schon seit über einem Jahr nicht mehr gesehen. Er hat mir diese Stellung hier besorgt, wissen Sie. Ich habe früher in seinem Londoner Büro gearbeitet.«

»Ach, Onkel Oswin geht es gut«, sagte Amanda. »Er eilt durch den Nahen Osten und sorgt dafür, daß seine Angestellten in der Furcht des Herrn leben, was für ihn die höchste Seligkeit bedeutet.«

Glenn Bartons Mund verzog sich zu einem Lächeln. »Dann können wir ja heilfroh sein, daß er uns eine so reizende Stellvertreterin geschickt hat, statt uns selber zu beehren.«

»Ich bin gar nicht seine Stellvertreterin«, sagte Amanda und lächelte zurück. »Ich verbringe lediglich meinen Urlaub auf Zypern. Onkel Oswin wäre selbst gekommen, wenn er es hätte einrichten können. Aber es ging nicht. Und wenn er erst einmal ein Programm aufgestellt hat, kann ihn nichts dazu bewegen, es auch nur um eine Stunde zu ändern, geschweige denn um einen ganzen Tag. Darum hat er sich schweren Herzens dazu durchgerungen, Sie für dieses Mal noch zu verschonen.«

»Es ist wirklich schade, daß er nicht kommen konnte«, seufzte Glenn Barton. »Wir müssen hier mit vielen Problemen fertig werden, die Ihr Onkel nur verstehen kann, wenn er sie vor Ort sieht. In einem offiziellen Arbeitsbericht klingt das alles nicht so dramatisch. Deshalb wäre es gut, wenn Ihr Onkel für ein paar Tage hierherkäme. Er könnte sich dann ein ganz anderes Bild von unserer Problematik machen.

Vielleicht können Sie ihn dazu überreden, auf dem Rückweg vorbeizukommen.«

»Das glaube ich nicht«, sagte Amanda unbesonnen. »Zur Zeit ist er in Kenia, und am Wochenende fliegt er für einige Tage nach Tripolis. Von dort aus fliegt er dann zu einer Konferenz nach London. Und ich befürchte, er würde seine Pläne nicht einmal bei Bombendrohung ändern. Es sei denn, Sie würden sich einen tollen Köder für ihn ausdenken. Zum Beispiel Beweise für offenkundige Schamlosigkeit der Angestellten. Auf solche Dinge ist Onkel Oswin ganz wild. Die Moral der Firma ist sein Hobby.«

Amanda lachte, fand aber bei ihren Gesprächspartnern keinerlei Resonanz. Im Gegenteil, sie hatte offensichtlich eine ausgesprochen taktlose Bemerkung gemacht. Denn Glenn Barton kniff schon wieder den Mund zusammen, während Miß Fords farbloses Gesicht sich mit einer tiefen Röte überzog, was ihr diesmal aber gar nicht so gut stand.

Der kurze Moment unangenehmen Schweigens wurde von Miß Ford unterbrochen, die sich eilig an Mr. Barton wandte:

»Übrigens, Glenn, Kostos ist hier. Er ist kurz vor Ihnen hier eingetroffen. Ich verstehe gar nicht, daß er Sie nicht in Limassol getroffen hat, um sich den langen Weg zu sparen. Ich glaube, die werden es nie mehr lernen mitzudenken.«

»Er konnte mich dort gar nicht treffen, weil es auf dem Schiff Schwierigkeiten gegeben hat. Ein weiblicher Passagier ist gestorben, und alles hat sich etwas verzögert. Ich werde gleich mit ihm sprechen. Kümmern Sie sich inzwischen um Miß Derington?«

»Ja, natürlich. Möchten Sie sich nicht etwas frisch machen, Miß Derington? Diese Straße ist schrecklich staubig. Darf ich Ihnen etwas zu trinken anbieten? Orangensaft, einen Sherry oder sonst etwas? Vielleicht einen eisgekühlten Kaffee? Glenn wird in zehn bis fünfzehn Minuten fertig sein, vermute ich. Es liegen da noch ein paar Rechnungen, die er sich ansehen muß.«

»Eisgekühlter Kaffee klingt prima«, sagte Amanda. »Ich würde mich auch gern ein wenig frisch machen.«

Glenn Barton sagte: »Ich werde mich beeilen«, und ging.

Miß Ford zeigte Amanda den Weg zum Bad und sagte: »Kommen Sie auf die Veranda, wenn Sie fertig sind. Durch die Tür dahinten. Ich werde Ihnen einen Kaffee bereitstellen.«

Die Veranda war groß und schattig. Aber nach dem gedämpften Licht im Inneren des Hauses schien sie unerträglich hell. Monica hatte zwei Sessel herausgestellt und schenkte aus einem beschlagenen Krug eisgekühlten Kaffee ein.

»Das tut gut«, bemerkte Amanda und trank in großen Zügen. »Es ist genau das, was ich jetzt brauche.«

Sie lächelte Miß Ford dankbar an. Im vollen Sonnenlicht der Veranda wirkte ihr blasses, sachliches Gesicht älter und irgendwie krank. Unter den Augen hatte sie tiefe Schatten, die auch durch das breite rosa Plastikgestell ihrer Brille nicht verborgen blieben. Amanda vermutete, daß Miß Ford geweint hatte. Das eckige, unscheinbare Gesicht mit den blaßblauen Augen und den hellen Wimpern ohne jedes Make-up wirkte nüchtern und arbeitsam. Die Wahl ihrer Kleidung machte diesen Eindruck aber zunichte. Miß Ford trug nämlich ein Baumwollkleid in fröhlich bunten Farben, dessen Schnitt ihre rundlichen Hüften unvorteilhaft hervorhob. Ihr ungeschminktes Gesicht wirkte durch die Farben noch blasser. Um das Maß ihrer Geschmacklosigkeit voll zu machen, hatte sie sich eine Plastikkette und Blumenohrringe angelegt und sich großzügig mit einem billigen Parfüm besprüht, das einen aufdringlichen Duft verbreitete.

Amanda nahm an, daß zumindest die Ohrringe eine neue Errungenschaft sein mußten, denn Miß Ford fingerte ständig an ihnen herum. Sie schien Probleme damit zu haben. Während sie sprach, lockerte sie ständig die Schräubchen und zog sie dann wieder an. Ihre kräftigen Hände, mit den dicklichen Fingern und den kurzen, unlackierten Fingernägeln bildeten einen deutlichen Kontrast zu den glitzernden, durchsichtigen Blütenblättern der Plastikblumen.

Wie sie Amanda erzählte, war Miß Ford vor knapp einem Jahr nach Zypern gekommen. Und zwar auf Drängen Mr. Oswin Deringtons, in dessen Büro sie zuvor fünf Jahre lang gearbeitet hatte. »Er war der Meinung, daß Mr. Barton Hilfe brauchte«, erklärte sie Amanda. »Anfangs lief das Geschäft hier nicht so gut, und diese kleinen, einheimischen Stenotypistinnen sind meistens nicht nur unfähig, sondern verursachen eher noch mehr Schwierigkeiten. Sie können sich gar nicht vorstellen, womit Glenn zu kämpfen hatte. Probleme mit den Arbeitern, mit dem Zoll, mit Vorurteilen und Nationalstolz. Niemand half ihm oder ermutigte ihn auch nur. Er hat es wirklich schwer gehabt. Jetzt sollte er endlich einmal einen Urlaub machen. Aber er weigert sich strikt und arbeitet lieber bis zum Umfallen. Er kann sich nicht schonen. Manche Männer sind nun mal so. Bobby war auch so…«

Miß Fords Stimme versagte plötzlich, und sie hielt inne. Zu ihrem

Entsetzen sah Amanda, daß sich Monicas Augen mit Tränen gefüllt hatten.

Dann fummelte sie in einer der großen Taschen herum, die ihren Rock verzierten, holte ein feuchtes Taschentuch hervor und schneuzte sich heftig. »Entschuldigen Sie, mir geht es heute nicht sehr gut. Wissen Sie, dieser Heuschnupfen.«

»Wie furchtbar für Sie«, sagte Amanda höflich. »Bei dem überwältigenden Blütenmeer wundert mich das allerdings nicht.«

»Ja, das ist traumhaft, finden Sie nicht?« sagte Miß Ford und beruhigte sich allmählich. »Komisch, wenn ich bedenke, daß ich überhaupt nicht nach Zypern kommen wollte.«

»Dann gefällt es Ihnen hier jetzt?«

»Und ob!« sagte Miß Ford mit überzeugender Geste. »Es ist einfach himmlisch hier. Ich möchte auf jeden Fall hierbleiben. Auf jeden Fall! Ich werde sicher nicht... Ich...«

Sie beendete den Satz nicht. Schon wieder stieg die Röte in ihre bleichen Wangen. Nach einem kurzen, peinlichen Schweigen sagte Amanda mitfühlend: »Will Onkel Oswin Sie etwa nach London oder Liverpool zurückholen? Er ist und bleibt nun einmal ein Tyrann. Machen Sie sich keine Sorgen. Ich selbst habe auch jahrelang vor ihm gebibbert; ich habe mich mit Erfolg widersetzt. Jetzt läßt er mich in Ruhe. Sie müssen lernen, sich gegen ihn durchzusetzen. Und Sie werden sehen, daß Sie prima mit ihm zurechtkommen können.«

Monica Ford lächelte unsicher, dann fragte sie: »Möchten Sie noch etwas Kaffee, Miß Derington?«

»O ja, sehr gern.« Amanda reichte ihr das Glas hinüber und sagte: »Ich habe gehört, daß Mrs. Barton krank ist. Was fehlt ihr eigentlich? Ich wollte Mr. Barton nicht danach fragen, weil er sich offensichtlich große Sorgen um sie macht. Geht es ihr wirklich so schlecht?«

Amanda stellte mit Staunen fest, daß sich die Röte auf Miß Fords unauffälligem Gesicht noch mehr vertiefte. Sie hantierte so ungeschickt mit dem Krug, daß sich der Kaffee in einem bräunlichen Strom über ihr buntgemustertes Kleid ergoß. Sie sprang auf, das Gesicht purpurrot, und sagte mit erstickter Stimme: »Ach, du meine Güte! Das gibt entsetzliche Flecken. Wenn Sie mich für einen Moment entschuldigen wollen.« Damit eilte sie von der Terrasse.

Amanda sah ihr konsterniert nach. Was war nur mit Mrs. Barton los? War sie am Ende vielleicht übergeschnappt? Oder hatte sie sich gar mit einer schlimmen Krankheit wie Kinderlähmung infiziert und versuchte dies den Behörden aus Angst vor einer Panik zu vertuschen? Amanda kam das alles etwas rätselhaft vor, und sie empfand plötzlich tiefes Mitgefühl für Glenn Barton. Er hatte so viel Arbeit und Sorgen. Eine kranke Frau und eine Sekretärin, die ganz offensichtlich unter hysterischen Anfällen litt, denn die Geschichte mit dem Heuschnupfen glaubte Amanda nicht. Für Glenn Barton mußte Amanda doch der sprichwörtliche Tropfen sein, der das Faß zum Überlaufen bringt.

Am anderen Ende der Veranda öffnete sich eine Tür, und Mr. Barton kam mit raschen Schritten zu Amanda herüber.

»Tut mir leid, daß ich Sie habe warten lassen. Hoffentlich hat Miß Ford Sie gut unterhalten. Wo ist sie überhaupt?«

»Sie hat sich Kaffee auf ihr Kleid geschüttet und wäscht es sich gerade aus«, sagte Amanda und erhob sich. »Ich glaube, sie fühlt sich nicht wohl.«

Glenn Bartons Gesichtsausdruck veränderte sich. Er blickte rasch zur Tür und sagte mit gesenkter Stimme:

»Ich weiß, die Ärmste. Sie hat Schreckliches durchgemacht. Aber sie hält sich tapfer und beherrscht sich großartig. Erst gestern hat sie erfahren, daß ihr Bruder von Mau-Mau-Terroristen in Kenia erschossen wurde. Er besaß dort eine Farm. Sie wurde dem Erdboden gleichgemacht. Die Bewohner wurden angegriffen und getötet. Monica hat keine weiteren Angehörigen mehr, soweit ich informiert bin. Ihr Bruder war ihr ein und alles.«

»Das ist ja entsetzlich!« sagte Amanda wie erschlagen. »Wie grausam für Miß Ford. Kein Wunder, daß es ihr schlechtgeht.«

Sie drehte sich um, um sich den sonnenüberfluteten Garten mit all seiner Blütenpracht anzusehen. Ganz plötzlich, als wäre ihr kalt, erschauerte sie trotz der glühenden Mittagshitze.

»Fehlt Ihnen etwas?« fragte Glenn Barton mit freundlicher Stimme.

»Nein, es geht schon wieder. Ich dachte nur darüber nach, daß es eigentlich ein so schöner Tag ist. Man kann sich kaum vorstellen, daß so entsetzliche, tragische Dinge geschehen können. Aber sie geschehen, und das Schicksal macht auch nicht halt vor so lieben Menschen wie Alastair Blaine oder Miß Ford.«

»Ich hätte Ihnen das gar nicht erzählen sollen«, sagte Glenn Barton reuevoll. »Entschuldigen Sie. Sie haben in der letzten Nacht selbst genug mitgemacht. Der Jugend sollte man nicht mit Tragödien kommen. Sie sollte ihr Leben genießen. Vergessen Sie, was ich Ihnen von Monica Ford erzählt habe. Denn der Tag ist wirklich schön.«

Er nahm Amanda am Arm und sagte: »Kommen Sie, wir müssen gehen. Sonst kommen wir zu spät zum Mittagessen, und das würde mir Miß Moon nie verzeihen.«

6

Die Straße von Nikosia nach Kyrenia führt ein paar Meilen über die Ebene und führt dann die schmale, lange Hügelkette hinunter, die wie ein Schutzwall zwischen der Ebene und der Nordküste der Insel aufragt.

Der Wagen überquerte den Paß. Die Straße wand sich kurvenreich bergab. Unter ihnen lag das Meer und schimmerte in den herrlichsten Blautönen – von Himmelblau über Saphir, bis hin zu einem tiefen Grün. Der wunderbare weiße Strand verlor sich am Horizont, wo Himmel, Meer und Küste zu verschmelzen schienen.

In den Olivenhainen standen Baumstämme, die so knorrig und altersschwach waren, daß sie womöglich noch das Kommen und Gehen der Kreuzfahrer auf der Insel miterlebt hatten. Nun hoben sie sich dunkel von der glitzernden Fläche ab, und unter ihnen in der sengenden Mittagshitze lag die kleine, weiße Stadt Kyrenia. Der Anblick erweckte den Eindruck, als habe das Meer eine Handvoll Perlen und Kieselsteine angeschwemmt.

Sie fuhren eine lange, gewundene Straße entlang, zwischen Olivenbäumen, Zypressen, Johannesbrotbäumen, Bergkiefern und Maulbeerbäumen. Der Weg führte direkt zum Meer.

Etwa eine Viertelmeile vom Hafen entfernt bog der Wagen in eine Seitenstraße ein und hielt vor einem großen quadratischen, zweistökkigen Haus, das durch eine weiße Mauer, eine Reihe Zypressen und Oleandersträucher von der Straße abgetrennt war.

»Da wären wir«, sagte Glenn Barton. »Dies ist die Villa Oleander. Andreas wird Ihr Gepäck hineintragen.«

Es war ein hohes, altes Haus. Die Jahre hatten ihre Spuren hinterlassen und es dadurch nur noch schöner gemacht. Von den Wänden blätterte teilweise die rosa Farbe ab, oder sie war unregelmäßig aprikosenfarben verblichen. Die schmiedeeisernen Balkone und die hölzernen

Fensterläden waren von einem blassen, staubigen, zarten Smaragdgrün. Die Dachziegel stammten vermutlich aus Südfrankreich. Sie waren nicht rot, sondern von einem wundervollen, tiefen Rosa. Jeder einzelne Ziegel war herrlich geschwungen und mit einem Herzen verziert.

Ein kurzer Kiesweg und sechs flache Steinstufen führten zu einer gewaltigen Haustür, deren schwerer Bronzetürgriff schon grün vom Alter war. Der Garten bestand aus einem verwilderten Durcheinander von Orangen-, Zitronen-, Feigen- und Pflaumenbäumen. Ferner befanden sich hier Oleander, Rosen und Kaskaden gelben und weißen Jasmins. Ein Weinstock rankte von der Haustür zum schmiedeeisernen Balkon. Aus dem Maul eines bronzenen Delphins rann Wasser in ein tiefes Becken voller Wasserlilien und Schilf. Das Plätschern des Wassers mischte sich mit dem Gurren der Tauben auf dem alten Olivenbaum.

Amanda stand, die Hände am Tor, ehrfürchtig da. Mit Staunen in den Augen sah sie sich um. Es war wie aus dem Bilderbuch, eine heitere Verzauberung.

Glenn Barton beobachtete sie und sagte etwas besorgt: »Leider ist es hier alles etwas heruntergekommen. Aber Miß Moon sagt, sie könne sich nicht auch noch um den Garten kümmern und ihr gefalle es so, wie es ist.«

»Ja, mir auch«, sagte Amanda außer sich vor Entzücken. »Es ist wunderschön! Genauso habe ich mir die Häuser am Mittelmeer immer vorgestellt. Aber ich hatte schon Angst davor, enttäuscht zu werden. Ein traumhaft schönes Haus.«

Glenn Barton sah erleichtert aus, schien jedoch wenig Verständnis für Amandas Begeisterung aufzubringen. Er selbst empfand wenig für dieses verkommene Haus und den verwilderten Garten. Schließlich geleitete er Amanda die Steintreppe zur Haustür hinauf und betätigte den Türklopfer. Es waren eilige Schritte zu vernehmen, und die Tür öffnete sich lautlos. Vor ihnen stand eine südländische, untersetzte Frau. Sie trug eine ziemlich schmutzige Schürze und hatte ein auffallend buntes Tuch um ihr graues Haar gebunden.

»Ah, Kyrie Barton! Kalossorisis. Ti habaria. Kopiase messa!«

»Euridice«, stellte Mr. Barton die Frau vor. »Sie ist Köchin, Haushälterin und Hausmädchen in einer Person.«

Amanda lächelte sie an. Die Frau strahlte zurück und redete ununterbrochen in einer für Amanda unverständlichen Sprache. Sie führte sie durch die große Halle, in ein riesiges, dunkles Wohnzimmer, in dem sich altes, wunderschönes Mobiliar befand. Es war wie ein staubbedecktes Kuriositätenkabinett. Die Fensterläden waren wegen der Hitze geschlossen.

»Spricht sie kein Englisch?« flüsterte Amanda irritiert.

»Ziemlich gut sogar. Sie werden sehen, daß sie gut damit zurechtkommt. Aber Miß Moon hat es schlichtweg abgelehnt, griechisch mit ihr zu sprechen. Deshalb hat Euridice, die schon seit dreißig Jahren im Haus ist, sich geweigert, englisch zu sprechen. Es ist wohl auf beiden Seiten Patriotismus.«

»Und wie verständigen sie sich?«

»Sie sprechen sehr langsam, und so laut sie nur können miteinander, in jeweils ihrer Muttersprache. Aber, ich glaube, hier kommt Ihre Gastgeberin.«

Das Geklapper von hochhackigen Schuhen war von der Treppe in der Halle zu vernehmen. Dann hörte man das Geräusch von Schmuck und ein penetranter Parfümgeruch machte sich breit. Miß Moon war bei ihnen.

Sie war von kleiner Gestalt, knochig und zierlich wie ein Vögelchen. Sie sah aus wie ein Spatz, der sich für einen Kostümball als Pfau verkleidet hatte. Ihr dünnes Haar, von dem sie glaubte, daß es kräftig rot gefärbt schick sei, trug sie in steifen Löckchen. Es wurde von einer koketten, lila Seidenschleife geschmückt. Ihr Kleid war ebenfalls in Violett und Mauve gehalten. Vom Schnitt her war es früheren Generationen wohl als Gesellschaftskleid bekannt. Über der Hüfte hielt sie es mit einem breiten Silberfiligrangürtel zusammen, den eine Emailleschließe mit Irisornamenten zierte. Sie hatte sich mit etlichen Halsketten und Armbändern behängt, die aus silbernem Filigran, Amethysten und Opalen gearbeitet waren. Dazu passend trug sie ein Paar Ohrringe mit Amethysten im Rokokostil.

»Glenn, guter Junge. Wie ich mich freue, Sie wiederzusehen. Ist das Amanda? Lassen Sie sich anschauen. Wunderschön! Eine Augenweide! Schön, daß Sie mich mit Ihrem Besuch beehren. Es gibt heutzutage leider nur wenige junge Menschen, die alten Leuten eine Freude bereiten. Es wird gut sein, Sie im Hause zu haben. Das Haus braucht eine Aufmunterung und ich auch. Wie ich sehe, schauen Sie sich mein Kleid an. Es ist nicht unbedingt passend, Besuch damit zu empfangen. Rosa wäre da angebrachter. Rosa drückt Freude aus. Aber heute ist Dienstag, und deshalb mußte es Mauve sein. Mauve trage ich dienstags immer. Montags trage ich Rosa. Ich kann es nicht leiden, wenn die Leute vom blauen Montag reden. Warum auch, der Montag ist ein neuer Anfang! Eine Woche beginnt, alles mögliche kann passieren. Deshalb trage ich also montags immer Rosa. Zur Begrüßung der neuen Woche sozusagen. Ich glaube, daß Farben sehr bedeutsam sind. Aber was mache ich eigentlich? Ich rede und rede, während Sie halb verhungert sind. Glenn, wollen Sie Ihre Meinung nicht ändern und doch zum Essen bleiben?«

»Das würde ich wirklich sehr gern, aber es geht nun mal nicht. Ich muß Gavriledes im Dome-Hotel treffen. Er hat mich zu einem Geschäftsessen eingeladen.«

»Schade. Haben Sie übrigens gewußt, daß Lumley Potter die obere Etage eines der Häuser unten am Hafen gemietet hat? Er kommt heute an.«

»Potter? Woher wissen Sie das?« Glenn Bartons Gesicht wurde plötzlich kreidebleich.

»Dann haben Sie es also nicht gewußt? Ich dachte, Anita habe es Ihnen vielleicht erzählt. Es wäre doch unangenehm, wenn Sie sich träfen. Lady Cooper-Foot hat es mir erzählt. Die Wohnung, wenn man es so nennen kann, gehört dem Cousin ihres Kochs. Mr. Potter will ein Studio daraus machen.«

»Aber ich dachte, er wolle noch in Famagusta bleiben.«

»Nein, er bleibt jetzt in Kyrenia. Famagusta hat nicht genügend *genius loci.* Das hätte ich ihm gleich sagen können.«

Glenn Bartons Augen wurden groß und ausdruckslos. Er wandte sich Amanda zu, als wolle er etwas sagen, biß sich aber statt dessen auf die Lippen und schwieg. Kurz darauf sagte er in unsicherem, förmlichem Ton: »Ich muß jetzt gehen. Ich hoffe, Sie bald wiederzusehen. Wenn Sie Ihrem Onkel schreiben sollten, geben Sie mir den Brief, und ich werde dafür sorgen, daß er mit der Büropost zusammen abgeschickt wird. Dann kommt er früher an. Ich werde veranlassen, daß man Sie täglich anruft, für den Fall, daß Sie Post haben. Darüber hinaus wird Miß Moon sich sicher um Sie kümmern. Ich sage nicht auf Wiedersehen, sondern bis bald.«

Dann nahm er Miß Moons faltige, beringte Hand, küßte sie mit liebevoller Geste, die keineswegs gespielt war, und ging eilig fort.

Miß Moon seufzte vielsagend: »Armer Mann, wie kann diese Frau auch nur... Aber ich will hier nicht herumstehen und klatschen. Kommen Sie, ich zeige Ihnen Ihr Zimmer. Andreas wird Ihr Gepäck schon hinaufgeschafft haben. Dann wollen wir essen und uns gegenseitig allerhand erzählen. Es gibt doch nichts Schöneres.«

Sie gingen durch die hohe, dunkle Halle und dann eine große, flache Treppe hinauf. »Das hier ist das Badezimmer, Amanda, und dort ist die Toilette. Das da ist mein Zimmer, und in diesem werden Sie wohnen.«

Miß Moon öffnete die Tür, und Amanda sah in einen großen, hohen Raum hinein, der zartgrün gestrichen und mit schlichten Läufern ausgelegt war. In großen Vasen standen Blumen. Das Mobiliar war, wie schon im Wohnzimmer, alt und schön, aber auch staubig und vernachlässigt. An der einen Wand hing das Bild eines Mädchens mit grünem Satinkleid aus der Zeit der Restauration. Ein riesiger, silberner Spiegel befand sich an einer anderen Wand. Er war vom Alter blind und mit Girlanden, vergoldeten Schriften und Amoretten geschmückt. Unter dem Spiegel stand ein kleiner bemalter, französischer Sekretär, der als Toilettentisch diente. Ein wunderschöner, venezianischer Kronleuchter aus Glas, allerdings nicht ganz ohne Spinnweben, schmückte die Decke. Nur das Bett paßte einfach nicht dazu. Es hatte ein schmales billiges, eisernes Bettgestell. Verschieden lange Stangen waren mit Bindfäden daran befestigt und hielten ein ziemlich geflicktes Moskitonetz. Die Fensterläden waren wegen der Hitze des Tages geschlossen. Im Zimmer lag ein grünliches Halbdunkel. Es duftete nach Lilien und Flieder, nach Moder und Staub.

Mit glänzenden Augen wandte sich Amanda an ihre Gastgeberin. »Ich freue mich, daß ich Ihr Gast sein darf. Dies ist das schönste Haus, das ich je gesehen habe.«

»Es freut mich, daß es Ihnen gefällt.« Miß Moon umarmte Amanda plötzlich. »Ich wußte in dem Augenblick, als ich Sie sah, daß Sie ein guter Kerl sind und daß das Haus Sie mögen würde. So viele Leute verstehen einfach nicht, daß auch Häuser eine Seele haben. Das ist jammerschade. Denn das Haus ist wirklich wunderschön, wie die ganze Insel. Ich bin vor dreiundvierzig Jahren mit meinem lieben Papa hierhergekommen. Eine lange Zeit, nicht wahr? Damals war ich wahrscheinlich in Ihrem Alter. Er ist hier gestorben. Eigentlich wollte ich nach Norfolk zurückgehen. Irgendwie habe ich es aber nie geschafft. Ich war wie Alice im Wunderland durch den Spiegel gegangen und konnte nicht zurückfinden. Ich war wie verzaubert. Dann habe ich dieses Haus gekauft und bin geblieben. Wenn ich sterbe, werde ich im Garten unter den Zitronenbäumen und Olivenbüschen begraben. Ich habe schon alles arrangiert. Oh, Kyrenia! Schon der Name klingt wie Musik, finden Sie nicht auch? Es wäre großartig, wenn Sie das auch so empfänden. Nun, mein liebes Kind, Euridice wartet schon mit dem Mittagessen.«

Aus dem Eßzimmerfenster sah man über einige Zitronenbäume auf eine dicke, alte Mauer mit Bogenfenstern, die sich bereits im fortgeschrittenen Stadium des Verfalls befanden. In den Nischen trippelten und gurrten Tauben. Als Vorspeise gab es Obst. Tiefrote und grüne Feigen, Melonen, Orangen, Weintrauben und winzige Pflaumen. Das Obst war eisgekühlt. Es war nachlässig auf flache, venezianische Glasteller gehäuft und bot ein pittoreskes Bild. Ferner standen große grüne venezianische Gläser auf dem Tisch, von denen die Vergoldung abgeblättert war. In eines dieser Gläser schenkte Miß Moon Weißwein ein, der in der Umgebung gekeltert worden war.

»Er ist ganz leicht. Sogar ein Kind könnte ihn trinken. Glenn bringt ihn mir immer. Die Firma exportiert ihn in Flaschen. Aber man sagt, daß das Abfüllen das Aroma verdirbt. Dieser hier kommt direkt aus dem Faß und ist wirklich angenehm. Das hat man mir zumindest versichert. Ich trinke nämlich ausschließlich Kräutertee. Euridice brüht ihn mir stets frisch auf.«

Amanda sagte: »Wissen Sie, ich glaube, ich werde Mrs. Barton noch sehr dankbar dafür sein, daß sie krank ist.«

»Krank?« fragte Miß Moon scharf. »Wer hat Ihnen denn erzählt, daß sie krank ist?«

»Mr. Barton. Deshalb wohne ich ja bei Ihnen. Ursprünglich sollte ich bei den Bartons in Nikosia wohnen. Mein Onkel hatte das so arrangiert. Aber sie konnten mich nicht unterbringen, weil Mrs. Barton krank ist. Hat er Ihnen das denn nicht erzählt?«

»Doch, ja, jetzt, wo Sie es sagen, erinnere ich mich. Ich hätte aber nie gedacht, daß er das tun würde. Vorzutäuschen, daß sie krank ist. Ich meine, es ist doch sehr viel besser, einfach bei der Wahrheit zu bleiben. Wenngleich es auch unangenehm sein mag. Es gibt doch keinen vernünftigen Grund dafür, daß er seine Frau auf seine Kosten schützt. Er bat mich, Ihnen nichts davon zu erzählen, aber jetzt, wo Potter und Glenns Frau zusammen in Kyrenia sein werden, werden sie es ja sowieso herausfinden.«

»Was werde ich herausfinden?« fragte Amanda verwirrt. »Ist Mrs. Barton denn nicht wirklich krank?«

»Höchstwahrscheinlich ist sie nicht krank!« sagte Miß Moon und klimperte ungehalten mit ihren Armbändern. »Im Gegenteil, ihr Ehemann scheint mir einem Nervenzusammenbruch nahe. Ich verstehe das einfach nicht. Sie war doch so ein nettes Mädchen. Als ich jung war, hatte man für Frauen wie Anita einen bestimmten Ausdruck. Wissen Sie, was eine Schlampe ist?«

»Anita?« Amanda kam der Name bekannt vor. Sie begann sich zu erinnern.

»Ja, so heißt sie«, sagte Miß Moon mit einem Seufzer in der Stimme. »Das hätte ich ihr nie zugetraut. Ich nehme an, sie hat sich mit Glenn gelangweilt. Er war völlig überarbeitet, und sie ist außergewöhnlich attraktiv. Wahrscheinlich brauchte sie mehr Abwechslung, Aufmerksamkeit und Anerkennung, als er ihr bieten konnte. Nein, sie ist nicht krank. Sie hat Glenn einfach verlassen und ist mit einem Maler namens Potter durchgebrannt. Sie besaß nicht einmal soviel Taktgefühl, Zypern zu verlassen. Sie leben ganz frech zusammen, und sie hat versucht, ihr schamloses, unmoralisches Leben zu rechtfertigen, indem sie ihrem Mann und seiner Sekretärin Miß Ford ein Verhältnis anhängte.«

»Das darf doch nicht wahr sein!« Amanda schnaufte, und ihre Augen weiteten sich vor Bestürzung. Deshalb also... Sie erinnerte sich an ihre unüberlegte Bemerkung vom Vormittag, als sie über ihren Onkel Oswin und dessen Moralvorstellungen gesprochen hatte. Hatten Glenn Barton und Monica Ford etwa angenommen, sie habe das Thema angeschnitten, um ihnen absichtlich weh zu tun? Ihre Wangen färbten sich rot bei dem Gedanken, welches Mißverständnis sie durch ihre Bemerkung eventuell provoziert hatte.

»Amanda, was ist denn los mit Ihnen?«

»Ach, nichts«, sagte Amanda eilfertig. »Ich mußte nur daran denken, was ich heute zu Miß Ford gesagt habe.«

»Dann haben Sie sie schon kennengelernt?«

»Ja, auf dem Weg nach Nikosia waren wir kurz in Glenn Bartons Büro.«

»Dann werden Sie ja auch verstehen, wenn ich behaupte, daß Anita nicht mehr ihrer fünf Sinne mächtig ist. Wenn sie schon glaubt, daß sie Glenn Übles nachsagen muß, um ihr eigenes unentschuldbares Betragen zu rechtfertigen, sollte sie sich wenigstens eine glaubhaftere Geschichte ausdenken. Monica Ford ist eine nette, vernünftige Person und eine ungeheuer tüchtige Sekretärin. Außerdem verehrt sie Glenn geradezu. Aber, ohne ihr Böses nachsagen zu wollen, sie hat nicht den mindesten weiblichen Charme. Es gibt jede Menge hübscher Mädchen auf Zypern, und wenn Glenn es darauf anlegte, hätte er sich schon längst eine aussuchen können. Aber ausgerechnet Monica Ford.«

Amanda dachte plötzlich an Julia Blaine und deren genauso grundlose Verdächtigungen. Sie schob den Gedanken schnell beiseite und sagte beiläufig: »Ja, sie ist nicht gerade umwerfend.«

»Nicht umwerfend? Das arme Mädchen ist schlicht und einfach farblos. Wenn sie wenigstens häßlich wäre, dann hätte sie womöglich noch eine Chance gehabt. Häßlichkeit ist zumindest ein Blickfang. Glenn Bartons Problem ist, daß er zu gutmütig ist. Wenn man ein Mädchen wie Anita heiratet, muß man hart sein, genauso hart, wenn nicht härter als sie. Sie hat ihm vorgeworfen, daß er sich mit allen möglichen Leuten einläßt. Mit Claire Norman zum Beispiel. Ich möchte Claire nichts nachsagen, aber ich weiß ganz genau, daß sie mit ihm anbandeln möchte. Natürlich sehr diskret, Claire ist immer diskret. Sie wird ihm nie vergeben, daß er nicht darauf eingegangen ist. Ach, du meine Güte! Was erzähle ich Ihnen da bloß für Klatschgeschichten. Aber es ist so aufregend. Wissen Sie, liebes Kind, es gibt eine ganze Menge Frauen, die einen Eid darauf schwören würden, daß sie niemals tratschen und daß sie jeden Klatsch aus tiefstem Herzen verabscheuen. Es stimmt so gut wie nie; am schlimmsten sind nämlich diejenigen, die sagen, daß sie niemals klatschen. Aber wenn es wahr wäre, würde ihnen sehr viel entgehen. Stellen Sie sich nur vor, was uns allen entgangen wäre, wenn es Somerset Maugham für unter seiner Würde gehalten hätte, auf Klatschgeschichten zu achten. Übrigens, was möchten Sie heute nachmittag unternehmen?«

»Ich möchte nur noch schlafen«, erwiderte Amanda prompt. »Das klingt, als wäre ich desinteressiert, aber ich könnte jetzt wirklich endlos schlafen. Es ist inzwischen soviel passiert. Und... und außerdem habe ich in der letzten Nacht nicht sehr viel geschlafen.«

»Es war doch hoffentlich keine stürmische Überfahrt?«

»Nein«, sagte Amanda mit belegter Stimme und erzählte zum dritten Mal an diesem Tag die tragische Geschichte von Julia. Natürlich ließ sie dabei wieder einige Details aus.

»Armes Kind«, rief Miß Moon erschüttert. »Wie schrecklich. Das ist einfach entsetzlich. Was für ein Glück, daß heute Dienstag ist. Du lieber Gott, ich hätte es mir nie verziehen, wenn ich bei Ihrer Ankunft Orange oder Gelb getragen hätte. Das sind so aufregende Farben. Blau vielleicht, Blau ist beruhigend. Aber sicher nicht Orange! Natürlich müssen Sie jetzt schlafen. Das ist in dieser Situation das einzig Vernünftige.«

Sie begleitete Amanda nach Beendigung der Mahlzeit zu ihrem Zimmer. »Kommen Sie einfach herunter, wenn Sie aufgewacht sind«, sagte Miß Moon. »Wir leben hier nicht nach der Uhr. Wir lassen uns nicht zu Sklaven der Zeit machen. Die Zeit ist unser Sklave, Amanda. – Amanda! So ein hübscher Name. Und so ungewöhnlich. Amanda, allein der Name ist es wert, geliebt zu werden.«

Amanda sagte plötzlich einer Eingebung folgend: »Haben Sie jemals von jemandem namens Amarantha gehört?«

»Ich möchte gerne wissen, wer Sie so genannt hat«, strahlte Miß Moon. »Natürlich ein Mann. Ein Mann, der es versteht, Komplimente zu machen. Nicht Glennister Barton, der hat leider überhaupt nichts für Literatur übrig. Amarantha war die Heldin eines bezaubernden Liebesgedichts, von einem gewissen Richard Lovelace. Er überschrieb ein Gedicht ›An Amarantha, damit sie ihr Haar löse!‹ Ich bin nicht sicher, ob ich es noch richtig zitieren kann. Mein Gedächtnis ist nicht mehr das, was es einmal war. Aber probieren wir es doch einfach:

›Amarantha, Märchenfee, zart und wunderbar,
feßle nicht länger dein glänzendes Haar.
Wenn meine Hände sich an dich schmiegen,
laß deine güldenen Locken fliegen‹

… ungefähr so. Aha, Sie werden ja verlegen. Es ist aber auch ein bezauberndes Kompliment. Wenn Sie ausgeschlafen haben, müssen Sie mir alles über ihn erzählen.«

Miß Moon zog sich zurück. Der Geruch ihres auffälligen Parfüms mischte sich mit dem Duft der Lilien und des Flieders und dem Geruch nach Moder und Staub. Amanda machte sich kaum die Mühe, aus ihrem Kleid zu schlüpfen und ihre Schuhe auszuziehen. Sie kroch sofort unter das Moskitonetz und fiel augenblicklich in einen tiefen Schlaf.

7

Als Amanda endlich aufgestanden war, war es schon zu spät gewesen, um sich noch in Kyrenia umzusehen. Aber gleich am nächsten Morgen, kurz nach dem Frühstück, stand Toby Gates vor der Tür der Villa Oleander.

»Ich habe erfahren, daß Sie jetzt hier wohnen«, erzählte er Amanda. »Mrs. Norman hat es erzählt. Wir waren gestern abend alle bei ihr zum Abendessen eingeladen. Ich meine, diejenigen von uns, die auf dem Schiff waren. Von Limassol sind wir im Wagen der Normans hierhergefahren. Das Hotel hatte zwar einen Wagen geschickt, aber kurz vor Nikosia stieß er mit einem Jeep zusammen. So mußten wir uns dann alle in das Auto der Normans quetschen.«

»Wer ist wir?« wollte Amanda wissen. Sie sog genießerisch den Duft des Jasmins ein, der durch die weitgeöffneten Fenster des Wohnzimmers hereinströmte.

»Claire, Persis, Howard und ich. Claire, ich meine Mrs. Norman, sagte, sie sei sich ganz sicher, daß Sie nicht bei den Bartons wohnen könnten, weil Mrs. Barton mit diesem Maler durchgebrannt ist. Es war ihr klar, daß Sie nicht gut allein mit Mr. Barton in dessen Haus wohnen könnten. Komisch, daß wir die beiden schon auf dem Schiff getroffen haben.«

Also war auch Steven Howard in Kyrenia. Amanda sagte schnell: »Und wo war Mr. Norman? Ist er mit dem Bus gefahren?«

»Oh, er ist noch in Limassol geblieben, um Alastair Blaine zur Seite zu stehen. Sie sind erst am späten Abend eingetroffen. Soweit ich unterrichtet bin, wurde die Leiche zur Obduktion in ein Krankenhaus nach Nikosia gebracht. Alastair muß heute nachmittag noch einmal nach Nikosia fahren, um irgendwelche Fragen zu beantworten. Das Begräbnis war aber schon gestern abend.«

»So schnell?« sagte Amanda überrascht und bekümmert. Sie konnte sich nicht genau erklären, warum, aber irgendwie kam es ihr so vor, als sei Julia Blaine erst in diesem Moment wirklich tot, jetzt, nachdem sie begraben war, begraben in fremder Erde, in einem fernen Land. Diese Endgültigkeit rief in Amanda einen neuen Schock hervor.

»Nun, es ist sehr heiß hier«, fügte Toby unbehaglich hinzu. »In diesem Klima muß man die Menschen ziemlich schnell beerdigen.«

»Was will er denn jetzt machen, ich meine Alastair?«

»Er bleibt vorerst bei den Normans. Mehr ist wohl noch nicht geplant. Alastair und George Norman sind gegen 22 Uhr angekommen und sofort zu Bett gegangen. Barton hat Claire gestern nachmittag in der Stadt getroffen und ihr erzählt, daß Sie jetzt in der Villa Oleander wohnen. Dann haben wir dort angerufen, um Sie zu fragen, ob Sie sich uns anschließen wollten. Diese Miß Moon sagte aber, Sie schliefen noch und sie wolle sie nicht wecken.« Toby senkte seine Stimme und sagte unter verschwörerischem Flüstern: »Ich hatte den Eindruck, daß sie etwas merkwürdig ist. Stimmt das? Das erste, was sie mir sagte, war, ich solle kein blaues Hemd tragen, weil Mittwoch sei. Glauben Sie, sie ist ganz bei Verstand?«

»Sie ist völlig ungefährlich, falls Sie das meinen sollten.« Amanda lachte. »Sie hat ihre eigenen Ansichten darüber, welche Farbe man an welchem Wochentag trägt. Wären Sie in Kirschrot erschienen, hätten Sie ihren Geschmack genau getroffen.«

Toby schaute erleichtert. »Ich verstehe, ich dachte schon, die alte Dame sei etwas verwirrt. Dann fragte sie mich nämlich noch, ob ich anrufe, um Amarantha zu sprechen. Eigentlich wollte ich Miß Derington sprechen, sagte ich zu ihr, und sie: ›Das hätte mich auch sehr gewundert; Sie erwecken nicht den Eindruck, als wollten Sie goldene Locken im Winde fliegen lassen.‹ Ich dachte, ich sei an die hiesige Klapsmühle geraten. Was um alles in der Welt kann sie damit gemeint haben?«

»Keine Ahnung«, log Amanda schamlos.

»Übrigens«, sagte Toby etwas eingeschüchtert, »ich habe sie gefragt, ob sie etwas dagegen habe, wenn ich Sie zum Mittagessen ausführe. Sie war damit einverstanden. Also, was meinen Sie? Es werden aber leider noch andere Leute dabeisein. Wir haben gestern abend ausgemacht, daß wir heute alle zusammen im Dome-Hotel zu Mittag essen. Claire, also Mrs. Norman, meinte, es würde Alastair Abwechslung verschaffen. Außerdem hat ihr Koch heute seinen freien Tag. Ich habe ihr gesagt, daß ich Sie auch dazu einladen werde. Also, kommen Sie mit?«

»Ja, sehr gern.«

»Das ist prima«, sagte Toby überschwenglich. »Gehen wir jetzt.«

»Es ist ja noch nicht einmal zehn Uhr«, stellte Amanda fest. »Und ich möchte heute vormittag noch viel erledigen. Ich würde gern etwas herumstöbern und die Gegend erforschen.«

»Ich werde Sie begleiten. Ich muß mir auch noch ein Auto besorgen. Howard hat sich eines gemietet. Es kostet, glaube ich, ein Pfund pro Tag, ohne Chauffeur. Wissen Sie, für einen Künstler ist er ein erstaunlich netter Typ.«

»Was meinen Sie damit, ›für einen Künstler‹?« fragte Amanda. Sie wußte selbst nicht, warum sie sich plötzlich ärgerte.

»Ach, ich weiß nicht so recht. Die meisten sehen doch so aus wie dieser bärtige Kerl mit den Sandalen. Wie der, mit dem Bartons Frau durchgebrannt ist. Was ich damit sagen will, ist, daß sich ein guter Künstler nicht in ein Faschingskostüm werfen muß, um damit seine Fähigkeiten unter Beweis zu stellen.«

»Unsinn!« sagte Amanda scharf. »Sehen Sie sich doch einmal selbst an, wenn Sie im Dienst sind. Sie tragen doch auch eine merkwürdige Khaki-Uniform mit all diesen Rangabzeichen, Schulterklappen und einen lächerlichen Hut mit Federn daran. Jeder Mann würde sich totlachen, wenn seine Frau solch einen Hut tragen würde. Wenn Sie in einem solchen Aufzug herumlaufen können, nur um zu zeigen, was Sie sind, warum sollte Lumley Potter nicht das gleiche tun dürfen? Da fällt mir ein, ich muß noch schnell meinen Sonnenhut holen. Ich bin gleich zurück.«

Den Vormittag über schlenderten sie durch Kyrenia, und gegen zwölf Uhr mittags gingen sie zu dem kleinen Hafen hinunter. Die pastellfarbenen Häuser, die uralten, schimmernden Mauern des Kastells, das Minarett einer Moschee und die weißen Mauern der griechisch-orthodoxen Kirche spiegelten sich im klaren Wasser des Hafenbeckens. Das Ganze erweckte den Eindruck, als habe ein Künstler ein Wandgemälde vom sonnigen Süden entworfen.

Jemand grüßte Amanda mit lauter Stimme von der anderen Straßenseite herüber. Draußen vor einem Café am Kai saß Persis an einem kleinen Tisch. Sie war so schön wie der junge Tag.

»Hallo, Amanda! Ich habe gehört, daß Sie nun doch hier in Kyrenia gelandet sind. Gut gemacht! Das bißchen, das ich von Nikosia gesehen habe, hat mir auch gereicht. Eine schreckliche Stadt. Aber hier, das ist wirklich ein entzückendes Städtchen. Ich werde einen Liebesroman darüber schreiben, der ein absoluter Bestseller wird. Das hier ist genau die richtige Szenerie dafür. Ich muß mir nur noch einen Liebhaber anlachen.«

»Reicht denn deine Phantasie nicht dazu aus?« fragte Toby spitzbübisch.

»Ich habe wirklich reichlich Phantasie, was aber die Liebe angeht, bevorzuge ich echte Männer.«

»Wie wäre es denn mit mir?« bot Toby sich großzügig an.

»Das ist wirklich nett von dir. Aber ich möchte, daß mein Liebhaber ganz bei der Sache ist. Und wenn du immer mit einem Auge nach Amanda schielst, verdirbt mir das den Spaß. Außerdem gibt es hier genügend junge Talente, dafür aber auch eine ziemlich starke weibliche Konkurrenz.«

»Meinen Sie etwa mich?« fragte Amanda verschmitzt.

»Natürlich, wen sonst? Obwohl ich, ehrlich gesagt, mehr an Mrs. Norman gedacht habe. Die weiß, wie man es anstellen muß. Ich bin zwar selbst nicht gerade unerfahren, und ich achte natürlich auch auf meine Linie. Aber in Claires Gegenwart fühle ich mich wie ein häßliches Entlein. Darüber hinaus hat sie Heimvorteil. Das hier ist ihr Spielfeld, und es sieht ganz danach aus, als habe sie sich bisher tapfer geschlagen. Können Sie sich an diesen bärtigen Paradiesvogel erinnern?«

»Sie sprechen sicher von Lumley Potter«, sagte Amanda.

»Ja, so heißt der Mann. Das ist der, der ein Verhältnis mit der Frau Ihres Freundes Barton hat. Nun, wer, glauben Sie, hat vorgestern nacht an Deck unseres Schiffes um zwei Uhr noch mit ihm gesprochen? Es war Claire Norman und sonst niemand.«

Toby sagte mit scharfer Stimme: »Das ist doch nicht möglich. Woher wissen Sie denn das?«

»Woher ich das weiß? Wofür habe ich meine großen Augen im Kopf? Die winzige Kabine, in der ich übernachtete, war so heiß wie der Broadway im Sommer. Ich ging also etwas frische Luft schnappen und kam an der Kabine Nummer einunddreißig vorbei. Die Normans hatten sie gemietet. George schnarchte so laut, daß er die Schiffsmaschinen übertönte. Ich hatte wirklich Mitleid mit der Frau, die Tisch und Bett mit ihm teilt. Das war aber, wie sich herausstellen sollte, völlig überflüssig. Denn seine kleine Frau befand sich an Deck und schien sich rasend für Kunst zu interessieren. Ein Teufelsweib, das muß man schon sagen.«

»Aber er ist doch mit Bartons Frau durchgebrannt!« sagte Toby indigniert.

»Vielleicht ist er polygam.«

Amanda sagte langsam: »Ach so, deshalb wußte sie also schon...«

»Von Julias Tod? Ja, das nehme ich auch an. Dieser Potter hatte es wahrscheinlich schon vom Ersten Offizier, dem Arzt oder sonst jemandem erfahren. Es wurde ja auch viel darüber getuschelt, denke ich mir. Denjenigen Passagieren, die noch nicht zu Bett gegangen waren, wird es wohl noch nachts zu Ohren gekommen sein. Ja, Claire ist mit Sicherheit eine harte Konkurrenz. Ich glaube, ich muß meine Strategie ändern.«

»Und mit wem wollen Sie anfangen?« fragte Toby interessiert.

»Mit Major Blaine zum Beispiel. Wenn es auch geschmacklos erscheint, einem trauernden Witwer nachzusetzen, so hat unsere Gastgeberin gestern abend doch ausdrücklich darauf hingewiesen, daß wir uns bemühen sollten, Alastair nicht in Depressionen verfallen zu lassen. Deshalb sollte ich mich vielleicht einmal als Trösterin versuchen. Dann wäre da noch Steven Howard. Der scheint mir auch passabel. Er sieht einfach umwerfend aus, und außerdem hat er dieses gewisse Etwas. Claire scheint er auch schon aufgefallen zu sein.«

»Er sieht nicht gut aus!« entfuhr es Amanda. »Er hat ein total unregelmäßiges Gesicht.«

»Nun, für meinen Geschmack kann es so bleiben, wie es ist.«

Toby sagte: »Persis, es ist mir bislang noch gar nicht aufgefallen, daß du mit so starkem amerikanischen Einschlag sprichst. Hast du schon immer so gesprochen?«

»Wenn ich in den Staaten bin, nicht«, antwortete Persis gelassen. »Das bewahre ich mir für meine Reisen auf. Es belustigt die Eingeborenen.«

Toby lachte: »Du bist wirklich ein Original, und ich himmle dich an.«

Persis warf ihm einen komischen, schrägen Blick zu und sagte dann: »Wirklich, Toby? Das war vielleicht einmal. Oder bist du etwa auch wie dieser Potter – oder die meisten anderen Männer – im Grunde deines Herzens polygam?«

Aus Persis Hallidays schneidender Stimme klang für einen Augenblick ein Anflug von Bitterkeit. Toby sagte schnell: »Was trinkst du da eigentlich? Sieht aus wie Ammoniak.«

»Vielleicht ist es das auch. Der Mann mit der kleinen Schürze da nennt es Ouzo oder so ähnlich. Es schmeckt ekelerregend! Aber ich probiere alles einmal aus. Nehmt euch doch einen Stuhl und setzt euch zu mir.«

»Soll das heißen, daß du dir hier allein, ohne Begleitung, einen antrinkst?« fragte Toby verdutzt.

»Nein, nicht so ganz. Ich habe noch immer nicht vergessen, was man von mir erwartet. Meine Begleitung ist dahinten. Er versucht gerade, etwas unter der Hand zu kaufen, glaube ich. Aber da kommt er ja. Alles in Ordnung, George?«

George Norman kam aus dem Café und hielt eine Flasche Bier in der Hand. »Ich habe es geschafft!« verkündete er triumphierend. »Dachte ich mir doch, daß sie etwas beiseite geschafft haben. Guten Morgen, Miß Derington! Morgen, Gates! Ich zeige Mrs. Halliday die Sehenswürdigkeiten dieses Städtchens.«

Toby sagte: »Ist Ihre Frau auch hier?«

»Sie muß jeden Moment kommen. Alastair mußte noch einige Telegramme aufgeben, und sie hat ihn zur Post begleitet. Aber da kommen sie gerade.«

Claire Norman trug noch immer Schwarz. Sie hatte sich einen breitkrempigen, schwarzen Hut aufgesetzt, der ihr kleines Gesicht vorzüglich zur Geltung brachte. Claire und Alastair bogen gerade unten am Kai um die Ecke, und Claire hatte sich bei Alastair untergehakt. Major Blaine sah müde und finster drein, so als ob er besonders wenig, wenn überhaupt während der letzten zwei Tage und Nächte geschlafen habe.

»Amanda, das ist aber eine Überraschung«, sagte Claire mit ihrer zarten, hohen Stimme. »Schön, Sie hier zu sehen. Hallo, Toby! Haben Sie sich die Hafengegend schon angesehen?«

»Nein, wir sind in der Stadt herumspaziert. Den Hafen möchte ich mir jetzt gern einmal vom Pier aus ansehen«, sagte Amanda.

»Ich werde Sie begleiten«, sagte Toby.

»Nein, das möchte ich aber nicht, Toby«, sagte Amanda störrisch. »Ich möchte mich allein dort hinsetzen, mir die Gegend ansehen und mit niemandem reden. Ich bin bald zurück.« Sie drehte sich auf dem Absatz um und ging eilig davon.

Toby machte eine Geste, als wollte er ihr folgen. Aber Claire Norman legte eine Hand auf seinen Arm und bat ihn höflich, ihr einen Stuhl zu holen. Als er das erledigt hatte, war Amanda bereits gegangen. Ein langer Steinwall mit einem Leuchtturm schirmte den kleinen Hafen gegen das Meer hin ab. Amanda wanderte darauf entlang und blickte über das glasklare Wasser zu den hochragenden Wällen des alten Kastells, das wohl aus der Zeit der Kreuzzüge stammte. Die wunderschön geschwungene Küstenlinie verlor sich im Sonnenglast jenseits der uralten Stützpfeiler.

Es waren noch mehrere Leute auf dem Wall. Einer von ihnen, ein Mann, saß zum Hafen gerichtet auf der Mauerkante und ließ seine Beine über dem Wasser baumeln. Er wurde von neugierigen Kindern umringt und skizzierte schwungvoll mit raschen, kühnen Strichen auf einem großen Zeichenblock. Amanda blieb unwillkürlich stehen. Das helle, muntere Kinderlachen hatte sie angezogen.

»Guten Morgen, Amarantha«, sagte der vor sich hin zeichnende Mann, ohne sich umzudrehen.

»Woher um alles in der Welt wußten Sie, daß ich hier bin?« fragte Amanda verblüfft.

Steven drehte sich jetzt zu ihr um und grinste sie an. »Ich habe auch Augen in meinem Hinterkopf, wußten Sie das noch nicht? Vielleicht bin ich aber auch nur wie dieser Kerl in ›Maud‹, der da sagte: ›Egal wie leicht ihr Fuß sie trug, sein Herz erspäht' sie, und es schlug.‹«

Amanda errötete und wandte den Kopf beiseite. Mr. Howard sagte etwas in schnellem Griechisch, und Amandas Weg wurde augenblicklich von einem halben Dutzend Kindern versperrt, während drei weitere sich ihr an den Arm und den Gürtel ihres grünen Leinenkleides hängten. Amanda ließ sich von der allgemeinen Fröhlichkeit anstekken und lachte mit.

»Ist das eine Sperre?«

»Sehr wohl. Nun kommen Sie schon endlich von Ihrem hohen Roß herunter, Amarantha. Setzen Sie sich, und atmen Sie tief durch. Ich muß mit Ihnen sprechen. Sie können sich auf...«

Er riß ein Blatt Papier von seinem Zeichenblock und legte es an den Rand der Hafenmauer. Amanda ergab sich der Übermacht und ihrer eigenen Neugier. Sie setzte sich neben Steven Howard. Dann sah sie in das klare Hafenwasser hinunter und baumelte ebenfalls mit den Füßen. Plötzlich erspähte sie ihr eigenes und das Spiegelbild der Kinder im Hintergrund im Wasser.

»Das sind also Ihre Augen im Hinterkopf. Sie haben mein Spiegelbild gesehen.«

»Sehr richtig«, stimmte Steven zu.

Amanda setzte sich so, daß sie ihn sehen konnte. Dabei fiel ihr Blick auf den Zeichenblock in seiner Hand. Das Blatt war, zu ihrem Erstaunen, mit schnellen, lebhaften Skizzen von Elefanten, Tigern, einem Seemann in Uniform, einer auf einem Besen reitenden Hexe, einem angsteinflößenden Drachen, einer riesigen Seeschlange und einem säbelschwingenden Piraten bemalt.

Mr. Howard sah immerhin verlegen aus. »Das ist zwar nicht unbedingt das, was man unter ernsthafter Arbeit versteht, aber meinen Zuschauern gefällt es«, bemerkte er.

Amanda sagte mit offener Begeisterung in der Stimme: »Aber Sie können ja tatsächlich malen!«

»Was soll diese wenig schmeichelhafte Ungläubigkeit? Oder sehe ich etwa aus wie mein hochtalentierter Kollege, dieser feurige Ehebrecher Potter?«

Amanda errötete erneut und biß sich auf die Lippen.

»Nein, aber ich dachte...«, begann sie und brach ab.

»Sie haben wohl gedacht, ich tue nur so, als ob. Aber man sollte den Leuten nur dann ein Schauspiel vorführen, wenn man damit auch überzeugen kann.«

Er warf mit ein paar nachlässigen Strichen Gesicht und Figur eines Mädchens aufs Papier. Plötzlich entpuppte sich Amanda daraus. Sie sah genauso aus wie in der Nacht auf der ›Orantares‹. Bekleidet mit einem Nachthemd, fiel ihr langes Haar bis zur Hüfte. Die Augen waren weitgeöffnet und drückten Angst aus.

Die Kinder erkannten Amanda und waren begeistert. Amanda griff nach dem Bleistift, entwand ihn ihm und sagte abrupt: »Worüber wollten Sie denn mit mir reden?«

Steven wandte sich an seine jungen Zuschauer und erhielt begeisterte Zustimmung.

Amanda wollte wissen: »Was haben Sie zu ihnen gesagt? Und wie kommt es, daß Sie die griechische Sprache so gut beherrschen?«

»Nun, ich habe unendlich viele Talente«, sagte Steven Howard leichthin. »Wenn Sie es aber wirklich wissen wollen, ich habe ihnen erzählt, daß ich dieser wundervollen Dame eine Liebeserklärung machen möchte. Sie werden uns warnen, falls einer unserer englischen Freunde auftauchen sollte. Wir können jetzt also in Ruhe miteinander sprechen, ohne befürchten zu müssen, belauscht zu werden.«

»So ist das«, sagte Amanda mit leiser Stimme.

Steven lachte. »Keine Angst. Liebesgeschichten wickele ich immer bei Mondschein ab. Im Moment, schlage ich vor, sollten wir uns über den Mord unterhalten.«

Er nahm sich den Bleistift zurück. Erneut schlug er eine Seite seines Zeichenblocks um und machte sich daran, die Häuser am anderen Ende des Hafens zu zeichnen. Jetzt aber lachte er nicht mehr. Er sprach kurz und bündig und mit tieftönender Stimme.

»Die Obduktion hat ergeben, daß Mrs. Blaine Gift genommen hat. Übrigens, mit dem Glas in Ihrer Kabine hatte ich recht. Es sind nur zwei verschiedene Fingerabdrücke darauf. Und zwar Ihre und die von Mrs. Blaine. Auf dem Röhrchen befanden sich nur die Fingerabdrücke einer Person, nämlich Ihre. Das bedeutet also, daß es, bevor es unter das Kissen gelangte, sorgfältig abgewischt wurde. Wahrscheinlich benutzte die Person sogar Handschuhe. Die Tabletten in dem Röhrchen waren die gleichen wie die in dem Glas aufgelösten. Es handelt sich um Pilocarpin, ein in dieser Dosierung schnellwirkendes Gift.«

»Aber woher wollen Sie so genau wissen, daß außer Zitronenwasser noch etwas anderes in dem Glas war?« fragte Amanda. Dabei stieß sie die Worte mit belegter Stimme hervor. »Ich habe das Glas doch noch einmal mit Wasser gefüllt und es über Julia geschüttet.«

»Ja, ich weiß. Die Reste der ursprünglichen Flüssigkeit waren in den Teppich eingedrungen, und ich habe etwas davon mit einem Taschentuch aufgewischt. Es war zwar nicht viel, aber mit ein wenig Zitronenschale ausreichend. Die Laboruntersuchung hat ergeben, daß Pilocarpin darin enthalten war. Die Menge hätte wahrscheinlich ausgereicht, um eine ganze Fußballmannschaft zu töten. Ein einziger Schluck aus diesem Glas hätte schon gereicht, Mrs. Blaine zu töten. Obwohl es dann etwas länger gedauert hätte.«

Amanda sagte: »Aber das Röhrchen! Nein, das kann nicht wahr sein. Denn wenn ich die Kabine nicht mit Julia getauscht hätte, hätte es überhaupt keine Fingerabdrücke darauf gegeben. Das hätte doch auffallen müssen.«

»Ich weiß nicht so recht. Wie haben Sie es denn gefunden?«

»Ich habe etwas Hartes unter dem Kopf gespürt, als ich mich hinlegte.«

»Dann haben Sie es quasi sofort entdeckt, als Sie das Kissen berührten. Höchstwahrscheinlich hätte Mrs. Blaine dasselbe gemacht. Auch sie hätte es dann berührt, genauso wie Sie, und vermutet, daß es von einem früheren Kabinenbewohner liegengelassen wurde. Für Sie hatte das Röhrchen nur eine Bedeutung, weil Sie Mrs. Blaine an Gift sterben sahen. Selbst wenn Julia es nicht gefunden hätte, können Sie darauf wetten, daß mehrere Leute es in die Hand genommen hätten, bevor auch nur irgendwer daran gedacht hätte, daß sich darauf eventuell interessante Fingerabdrücke befinden könnten. Aber erzählen Sie noch einmal. Und zwar von Anfang an. Gab es irgend etwas, das Ihnen in Fayid an den Leuten aufgefallen wäre? Wissen Sie, warum Sie hier auf

Zypern sind? Woran können Sie sich noch erinnern? Was haben Ihre Mitreisenden gemacht? Ist Ihnen irgend etwas aufgefallen? Vielleicht auf dem Weg nach Port Said oder auf dem Schiff? Erzählen Sie mir einfach alles.«

Amanda schaute Steven ins Gesicht. Es schien, als sei seine ganze Aufmerksamkeit der Zeichnung, die er gerade machte, gewidmet. Es formte sich unter bedachten, sicheren Strichen ein Bild daraus.

Amanda sagte unsicher: »Dann sind Sie also...«

Steven warf einen kurzen Blick auf das Café am Kai. Persis Halliday, die Normans, Major Blaine und Toby Gates saßen an einem kleinen Tisch. Dann sagte er kurz angebunden: »Schnell, Amanda.«

Es gab eigentlich nicht viel zu erzählen. Und das, was es zu berichten gab, hatte sich hauptsächlich an dem Abend im Club von Fayid zugetragen, an dem Abend, an dem ihre Tante sie mit Steven Howard bekanntgemacht hatte. Amanda hatte irgendwie das eigentümliche Gefühl, daß des Rätsels Lösung noch weiter zurückliegend gesucht werden mußte. Sie glaubte auch, daß Steven aus ganz bestimmten Gründen in Fayid gewesen war. Und zwar aus Gründen, die mit Kunst überhaupt nichts zu tun hatten. Auch seine Anwesenheit im Offiziersclub von Fayid konnte nicht zufällig gewesen sein.

Sie erzählte alles, was sie wußte, und dachte sich dabei, daß ihr das alles sehr trivial und unwichtig erschien. Steven aber fragte und fragte. An einigen Punkten schien er besonders interessiert. Zum Beispiel daran, daß Toby Gates Persis Halliday bereits aus den Vereinigten Staaten kannte. Er hatte sie kennengelernt, als er seine dort verheiratete Schwester besuchte, deren Mann bei der Botschaft in Washington beschäftigt ist. Dann wiederholte sie, wie sie an Julia Blaines Kabine geraten war und wie die letzte Unterhaltung mit Julia verlaufen war.

Steven sagte: »Wann sind Sie in Ihre Kabine hinuntergegangen? War Julia Blaine noch an Deck, als Sie gingen?«

»Nein, sie ging schon sehr früh. Ungefähr gegen 22 Uhr. Irgend jemand legte plötzlich eine Schallplatte auf, und es wurde getanzt. Alastair tanzte mit Mrs. Norman, und ich glaube, Julia ging dann bald. Sie sagte, sie habe Kopfweh, und machte viel Aufhebens darum. Dann ging sie in ihre Kabine.«

»Und wann sind Sie selbst hinuntergegangen?«

»So gegen 23 Uhr. Ich kann mich an die Uhrzeit deshalb so genau erinnern, weil ich meine Armbanduhr aufgezogen habe, als ich sie abnahm, um mich zu waschen.«

»Und Mrs. Blaine kam dann fünf oder zehn Minuten später, richtig?«

»Ja!«

Steven war für einen Moment ruhig. Dann sagte er: »Wußten alle von Mrs. Blaines Angewohnheit, ungesüßtes Zitronenwasser zu trinken?«

»Ja, sie hat ja auch geradezu eine Tugend daraus gemacht. Sie trank es, um abzunehmen. Mir ist schon des öfteren aufgefallen, daß die Leute alle über ihre jeweiligen Diäten reden müssen. Julia jedenfalls trank niemals Gesüßtes. Andererseits aß sie tonnenweise Eis, Desserts und Schokolade.«

»Sind Sie ganz sicher, daß Sie mir alles erzählt haben, was Sie wissen?« fragte Steven inquisitorisch.

»Bestimmt! Oh, doch, da ist noch eine Sache, aber sie kann damit eigentlich nichts zu tun haben.«

»Trotzdem, erzählen Sie.«

»Persis erzählte, daß sie spät in der Nacht noch einmal an Deck ging, weil es in ihrer Kabine so heiß war, und dabei habe sie Mrs. Norman und Lumley Potter zusammen an Deck gesehen.«

Steven hielt für einen Moment inne. Er hörte auf zu zeichnen, saß ganz unbeweglich da und starrte über den herrlichen Hafen hinweg. Seine Augen schienen die Schönheit der Landschaft aber nicht wahrzunehmen.

Nach kurzem Zögern zuckte er die Schultern und nahm seine Arbeit wieder auf. Plötzlich rief eines der Kinder etwas für Amanda Unverständliches zu ihnen herüber. Steven sah sich um.

»Ich befürchte, daß man einen Suchtrupp nach Ihnen ausgeschickt hat. Wir sollten jetzt deutlich und verständlich von etwas anderem reden. Was machen Sie überhaupt in Kyrenia?«

»Sie wissen doch schon, weshalb ich jetzt hier wohne«, sagte Amanda vorwurfsvoll. »Sie haben doch gestern abend auch bei Mrs. Norman zu Abend gegessen, und sie hat die ganze Geschichte doch schon gründlich verbreitet.«

»Ja, natürlich! Sie hätten doch auch unmöglich ohne Anstandsdame bei dem Geschäftsführer Ihres Onkels wohnen können. Zu unser aller Vergnügen hat Sie dieser Barton jetzt also bei Miß Moon untergebracht. Hatten Sie eine angenehme Fahrt von Limassol hierher?«

Amanda begann eine ausführliche Erzählung über die Autofahrt, den Aufenthalt in Nikosia und ihre Ankunft im Hause von Miß

Moon. Sie sprach noch immer, als sich plötzlich ein Schatten über sie warf und Claire Normans flötende Stimme erklang: »Ach, Sie sind es, Steven. Ich hatte keine Ahnung, daß Sie sich hier mit Amanda unterhalten. Wir haben uns schon gefragt, was sie so lange hier macht. Sind Sie den ganzen Morgen hier gewesen? Sie wollten uns doch um dreizehn Uhr am Dome-Hotel treffen, und jetzt ist es schon fünf Minuten nach eins. Haben Sie das etwa vergessen?«

Steven klappte den Zeichenblock zu, steckte den Bleistift in die Tasche und stand auf:

»Hallo, Mrs. Norman! Guten Tag, Gates! Ja, ich bin meiner Berufung gefolgt. Miß Derington hat mich beraten.«

Er lehnte sich zu Amanda hinunter und half ihr auf die Beine.

»Lassen Sie mal sehen«, bat Claire Norman. »Sie können sich gar nicht vorstellen, wie sehr ich wirklich kreative Menschen beneide. Zeigen Sie uns doch einmal, was Sie gezeichnet haben.«

Steven hielt ihnen das Blatt mit der Hafenzeichnung hin. Toby Gates entfuhr es unwillkürlich: »Mensch, das ist verdammt gut! Sie machen sicher eine Stange Geld damit.«

»Leider nein!« seufzte Mr. Howard bedauernd. »Ich werde auch wohl nie sehr viel damit verdienen. Meine Bilder haben nämlich einen entscheidenden Fehler. Man kann sofort erkennen, was sie darstellen. Heutzutage kann man mit Kunst aber nur Geld verdienen, wenn man seine Kreativität so einsetzt, daß die potente Kundschaft die Bilder verkehrt herum aufhängen kann, ohne daß es irgendwer bemerkt. Geschweige denn der Künstler selbst.«

Eine plötzliche, unerwartete Brise bewegte das ruhige Wasser und schlug dabei eine Seite des Zeichenblocks um. Nur kurz, aber lange genug, hatten sowohl Claire Norman als auch Toby Gates die Möglichkeit, das schöne Portrait eines Mädchens mit gelöstem Haar zu betrachten.

Toby Gates sagte wie vom Donner gerührt: »Das ist ja Amanda. Wie um Himmels willen...« Er hielt mit gerötetem Gesicht inne und blickte finster. Claire Norman lachte laut und sagte: »Na, Steven. Das haben Sie aber geschickt verheimlicht! Ich wußte ja gar nicht, daß Sie Amanda so nahestehen.«

Steven schloß das Skizzenbuch, klemmte es unter den Arm und lächelte Claire mit gespielter Freundlichkeit zu. Amanda wurde plötzlich bewußt, daß sie ohne jeden erkennbaren Grund wütend war.

»Ich befürchte«, sagte Steven sanft, »daß es sich bei dem Bild nur um das handelt, was man allgemein als künstlerische Freiheit bezeichnet. Ich kenne Miß Derington nicht sehr gut. Das läßt sich aber, Gott sei Dank, ändern. Aber jetzt wollen wir essen.«

Claire Normans Blicke schweifte geschwind von Mr. Howards lachendem Gesicht zu Amandas ausgesprochen trostloser Miene, dann wanderte er weiter zu Captain Gates finsterem Ausdruck. Sie lachte erneut. Diesmal klang ihr Gelächter jedoch weniger gelöst.

»Ja, wir wollen etwas essen. Ich sterbe vor Hunger.«

Sie hakte sich bei Steven Howard und Toby ein. In einer Reihe gingen sie zum Dome-Hotel. Die Sonne warf ihre verkürzten Schatten auf die heißen Steine.

8

Der Speisesaal des Dome-Hotels war großzügig angelegt und gut belüftet. Eine erfrischende Brise wehte durch die Fensterreihe, von der aus man das strahlend blaue Meer und den Himmel sehen konnte.

Amanda sah sich interessiert um und stellte fest, daß die meisten Gäste Touristen waren. Die Einheimischen machten nur einen verschwindend kleinen Anteil aus. Die Normans und Alastair Blaine hatten sich an einen kleinen Tisch gesetzt. Er befand sich direkt neben dem von Persis, Steven Howard, Toby und Amanda. Claire Norman hatte nämlich gemeint, daß es sich für einen erst seit kurzem verwitweten Mann nicht gezieme, sich an einen langen Tisch mit fröhlicher Gesellschaft zu setzen. Das hätte Gerede verursachen können.

Amanda verstand nicht, warum Claire unter diesen besonderen Umständen nicht dafür gesorgt hatte, daß Alastair in ihrem Hause aß, wo es nicht soviel Unruhe gegeben hätte. Aber Claire ließ sich nun einmal nichts sagen, und Alastair, der völlig in sich gekehrt und niedergeschmettert war, ließ in seiner Verfassung alles mit sich geschehen.

Amandas Blick blieb an einem trägerlosen, am Rücken weit ausgeschnittenen weißen Strandkleid hängen, das mit scharlachroten Rosen übersät war. Sie fragte sich, wie es wohl seinen Halt erhielt. Über das Geheimnis dieses Kleides, das alle Blicke auf sich zog, grübelte sie gerade noch nach, als sie plötzlich erkannte, wer dessen Trägerin war. Die Dame in dem äußerst gewagten Kleid war niemand anderes als Mr. Glennister Bartons untreue Gattin. Ihr Begleiter, der zeitweise durch einen gerade beschäftigten Ober verdeckt wurde, war vermutlich ihr Geliebter, dieser komische Potter.

Amanda war sowohl neugierig als auch überrascht. Sie hatte nicht erwartet, daß Anita Barton ihre Liaison in aller Öffentlichkeit zur Schau tragen würde. Jetzt aber saß sie hier ganz ungeniert mit ihrem Liebhaber im Speisesaal des Dome-Hotels. Der Ober entfernte sich, und Amanda konnte ungehindert zu dem Tisch der beiden hinübersehen. Sie beobachtete das Paar mit steigendem Interesse.

Lumley Potter, hatte sie den Eindruck, amüsierte sich ganz und gar nicht. Er erweckte einen mürrischen und mehr als besorgten Eindruck. Seine Blicke streiften fortwährend den Tisch der Normans. Anita Barton hingegen wirkte völlig entspannt. Sie lachte und erzählte, schien allerdings dabei eine Nuance zu laut.

Mrs. Barton war eine etwa fünfundzwanzigjährige dunkelhaarige Frau. Sie hatte eine ausgezeichnete Figur und war ungewöhnlich hübsch. Das äußerst üppig aufgetragene Make-up machte sie noch auffallender. Sie sah absolut nicht so aus, wie man sich die Ehefrau Glenn Bartons, dieses so ruhigen und feinfühligen Mannes, vorgestellt hätte.

Als hätte sie Amandas Blicke gespürt, drehte sie sich um und sah Amanda gerade ins Gesicht. Sie sah sie mit weit geöffneten Augen an und versprühte dabei kühle und überlegene Unverschämtheit. Ihr leuchtendroter Mund verzog sich belustigt. Plötzlich bemerkte Amanda, daß Anita nicht mehr sie, sondern jemand anderen, der hinter ihr saß, ansah, und drehte sich unwillkürlich um.

Glenn Barton stand im Eingang und sah mit bekümmerten Augen um sich. Aber er bemerkte seine Frau nicht. Als er Amanda erspähte, ging er schnell zwischen den Tischen hindurch auf sie zu.

»Glenn!« Claire Normans Stimme hielt ihn fest, obwohl er schon beinahe an ihr vorbei war. Sie sah mit großen, leuchtenden Augen zu ihm auf und sagte vorwurfsvoll: »Glenn, Sie sind ja schon wieder völlig überarbeitet. Sie sehen aus, als hätten Sie seit Wochen nicht mehr geschlafen. Kennen Sie Major Blaine? Nein, Sie waren, glaube ich, auf Geschäftsreise im Libanon, als die Blaines im letzten Jahr hier waren.«

»Nein, wir haben uns noch nicht kennengelernt. Aber ich habe natürlich schon von Ihnen gehört und von...«

Glenn hielt plötzlich inne, und Claire sagte: »Bleiben Sie doch, und essen Sie etwas. Wir haben gerade erst begonnen.«

»Das geht leider nicht. Ich habe schrecklich viel zu tun.«

»Dann kommen Sie doch auf dem Rückweg zum Tee vorbei.«

»Ja, ich werde mal sehen«, sagte Mr. Barton zögernd.

»Wir erwarten Sie«, sagte Claire mit einem freundlichen Lächeln.

Er nickte abwesend und steuerte auf Amanda zu. Claires Lächeln verstummte, und ihre großen Kinderaugen waren plötzlich verengt und nachdenklich.

Amanda wandte sich ihm zu: »Guten Tag, Mr. Barton. Haben Sie mich gesucht? Persis, darf ich vorstellen – Mr. Barton. Er hat mich freundlicherweise in Limassol abgeholt.«

»Ja, wir haben uns schon gesehen«, sagte Persis und setzte ihr blendendes Lächeln auf. »Es freut mich, Sie wiederzusehen, Mr. Barton. Amandas Freunde sind auch meine Freunde. Warum holen Sie sich nicht einfach einen Stuhl und setzen sich zu uns?«

Mr. Barton blinzelte, und auf seinem versteinerten Gesicht machte sich ein entspanntes Lächeln breit.

»Das würde ich gern, aber ich habe leider keine Zeit.«

»Dann ein anderes Mal«, sagte Persis herzlich.

Als gehörnter Ehemann war Glenn Barton eine lokale Berühmtheit geworden. Persis, die sich insbesondere wegen der ungewöhnlichen Verhältnisse für Mr. Barton interessierte, war entschlossen, seine nähere Bekanntschaft zu machen. Wäre er allerdings nebenbei nicht auch noch ein stattlicher Mann gewesen, hätte sich ihr Interesse sicher in Grenzen gehalten.

»Ein anderes Mal gern«, tröstete Glenn Barton sie und zu Amanda gewandt sagte er: »Ich bin eigentlich gekommen, um Sie zu fragen, ob Sie heute nachmittag zu Hause sind. Ich meine, in der Villa Oleander. Hätten Sie gegen fünfzehn Uhr eine halbe Stunde Zeit für mich? Ich...« Er zögerte, bemerkte die ungeniert lauschenden Tischgenossen und ergänzte: »Ich habe einen Brief von Ihrem Onkel. Er wünscht, daß ich Ihnen eine Nachricht zukommen lasse.«

»Natürlich«, sagte Amanda. »Ich erwarte Sie gegen fünfzehn Uhr.«

»Ich werde versuchen, mich nicht zu verspäten.«

Persis mischte sich noch einmal ein: »Sagen Sie, Mr. Barton, ich habe gehört, daß Sie einen Weinhandel leiten. Ich sehe die Weinberge direkt vor mir. Die Weinlese mit den großen Bottichen und schönen Weinpflückerinnen...«

»Ja, er leitet einen Weinhandel«, sagte Amanda. »Miß Moon hat mich gestern von seinem Produkt kosten lassen. Der Wein ist vorzüglich.«

Glenn Barton lachte. »Freut mich, daß er Ihnen geschmeckt hat. Sie können Gott dafür danken, daß Sie keinen Kräutertee trinken mußten. Ich dachte, das sei das einzige, was Miß Moon trinkt.«

»Das stimmt auch. Aber mit ihren Gästen hat sie Erbarmen.«

Persis wechselte das Thema: »Um noch einmal auf die Weinberge zurückzukommen, Mr. Barton, ich interessiere mich wahnsinnig dafür. Wären Sie so liebenswürdig, einer unwissenden Ausländerin einmal eine Führung zu geben?«

»Ja, sehr gern.«

»Wie wäre es morgen?«

»Du kannst dir die Weinberge morgen nicht anschauen, Persis«, sagte Toby bestimmt. »Wir wollten doch alle zusammen ein Picknick in St. Hilarion machen. Hast du das nicht erst heute morgen mit George Norman arrangiert?«

»Ach ja, richtig! Und wie wäre es, wenn Sie auch zu unserem Picknick kämen, Mr. Barton? Dann könnten wir bei der Gelegenheit auch einen Termin für unsere Weinbergführung ausmachen. Also, morgen um 14.30 Uhr. Sie könnten mich übrigens nach St. Hilarion mitnehmen. Ist das ein Angebot?«

»Nein, das geht leider nicht«, sagte Glenn Barton mit bedauerndem Lachen. »Ich bin im Moment ziemlich beschäftigt. Aber ich werde trotzdem kommen. Nur werde ich Sie nicht mitnehmen können. Ich könnte frühestens gegen 16 Uhr in St. Hilarion sein, wenn Sie damit einverstanden sind.«

»Ja, sicher, bis dann.«

Glenn Barton lächelte sie an, drehte sich um und hielt plötzlich inne. Amanda folgte seinem Blick und sah, daß er seine Frau erblickt hatte. Bisher hatte er sie offensichtlich noch nicht entdeckt, und er hatte wohl auch nicht damit gerechnet, daß sie öffentlich mit Lumley Potter im Dome-Hotel speisen würde.

Anita Barton hatte sich so gesetzt, daß sie ihm direkt ins Gesicht schauen konnte. Ihre Augen waren feindselig und abweisend, ihr geschminkter Mund hart und häßlich. Der Raum war erfüllt von Stimmengemurmel, dem Klirren von Gläsern und dem Klappern von Geschirr. Vor lauter Verlegenheit und Neugier war es an Amandas und Claires Tisch still geworden.

Glenn Bartons hageres, sonnengebräuntes Gesicht bekam eine seltsam graue Tönung. Seine Lippen waren fest aufeinandergepreßt. Er schluckte, und seine Hände waren zu Fäusten geballt, so daß die Knöchel weiß durchschimmerten.

Wohl für eine volle Minute stand er so da. Dann drehte er sich ruckartig um und verließ eiligen Schrittes und unsicher den Raum.

»Hat man so was schon gesehen?« unterbrach Persis die Stille. »Haben Sie sein Gesicht gesehen? Wie oft habe ich in meinen Büchern geschrieben: ›Fahle Blässe überzog sein Gesicht.‹ Wenn ich für jedes Mal auch nur einen einzigen Dollar bekäme, könnte ich mir den berühmten Kohinoor kaufen. Aber so wahr ich hier sitze, mit eigenen Augen hatte ich es noch nie gesehen. Die besten Geschichten schreibt doch noch immer das Leben.«

»Sind alle Amerikanerinnen so erbarmungslos wie Sie, Miß Halliday?« wollte Steven Howard wissen.

»Persis für Sie, Steven. Warum erbarmungslos? Ich war doch ausgesprochen reizend zu dem armen Mann.«

»Genau das meine ich ja«, sagte Steven lächelnd. »Aber was werden Sie mit ihm machen, wenn Sie ihn sich erst einmal geangelt haben? Werden Sie ihn braten, oder werden Sie ihn wieder ins kalte Wasser zurückwerfen?«

»Aber, Steven, ich möchte ihn doch nur kennenlernen. Sehen Sie denn nicht, was für ein seltsames Exemplar er ist?«

»Doch, das sehe ich. Sie sind ein grausamer Vamp, Persis, und sollten hinter Schloß und Riegel gehalten werden. Und schauen Sie mich nicht so verführerisch an. Ich reagiere auf so etwas nämlich äußerst empfindlich.«

»Das ist ja hervorragend«, sagte Persis herzlich. »Dann haben wir ja vieles gemeinsam. Sie dürfen mich nach St. Hilarion fahren.«

»Abgemacht«, sagte Mr. Howard.

Toby begleitete Amanda nach dem Essen zur Villa Oleander zurück, und sie verabschiedeten sich am Tor. Amanda war unzufrieden, ruhelos und erschöpft. Jetzt spürte sie die Verzauberung, die sie bei der Ankunft in der Villa Oleander so stark empfunden hatte, nicht mehr. Miß Moon spähte schon über das Treppengeländer, als Amanda die Tür hinter sich schloß.

»Ah, da sind Sie ja wieder. Glenn Barton hat nach Ihnen gefragt. Ich habe ihm gesagt, Sie seien wahrscheinlich zum Mittagessen im Dome-Hotel.«

»Wir haben uns noch getroffen. Danke, Miß Moon. Er kommt heute nachmittag hier vorbei. Ich hoffe, es ist Ihnen recht. Mein Onkel hat ihm geschrieben. Er muß sich ja immer in meine Angelegenheiten mischen.«

»Es ist völlig in Ordnung, daß Glenn Barton Sie hier besucht. Ich schlafe nachmittags sowieso immer. Dann haben Sie das Wohnzimmer für sich. Ich werde um 16 Uhr aufstehen. Bitten Sie Glenn doch, zum Tee zu bleiben. Er findet auch allein herein. Euridice ist für eine Stunde außer Haus.«

Miß Moon zog sich zurück, und Amanda hörte die Schlafzimmertür ins Schloß fallen. In der Halle schlug die Uhr dreimal. Draußen ging jemand mit raschen Schritten den gepflasterten Steinweg entlang, und pünktlich auf die Minute erschien Glenn Barton. Er atmete hastig, als habe er sich sehr beeilt.

»Hoffentlich habe ich Sie nicht warten lassen!« sagte er besorgt.

»Etwa zwei Sekunden«, sagte Amanda lachend. Sie führte ihn ins Wohnzimmer und setzte sich auf einen der Stühle mit den hohen Lehnen. Sie waren vergoldet und mit verblichenem, grünem Samt bezogen. Glenn Barton sah auf Amanda hinunter. Zwischen den Brauen zeigte sich eine tiefe Falte. Er sagte nichts.

»Nehmen Sie doch Platz. Was ist denn los? Hat mein Onkel Sie etwa auf mich gehetzt?« fragte Amanda schließlich.

Glenn Barton setzte sich auf das Sofa und fuhr sich mit der Hand durch das Haar. Es war dieselbe jungenhafte und verzweifelte Geste, die Amanda noch vom Tag zuvor in Erinnerung geblieben war.

Dann sagte er plötzlich auffahrend: »Ich habe von Ihrem Onkel nichts gehört. Ich brauchte nur einen Vorwand, um mit Ihnen sprechen zu können. Ich muß Ihnen unbedingt etwas erzählen.«

Er sah auf und schaute Amanda unglücklich an. Glennister Barton war wenigstens fünfzehn Jahre älter als Amanda, und seine Schläfen waren bereits graumeliert. Aber in dieser Situation hatte Amanda ganz überraschend das Gefühl, doppelt so alt wie er zu sein. Es schien ihr, als habe sie es mit einem kleinen Jungen zu tun, der in Schwierigkeiten geraten war.

Sie sagte warmherzig und schnell: »Aber was ist denn nur los? Was quält Sie denn?«

»Ich muß es Ihnen sagen...«, seine Stimme klang abgehackt. »Ich muß Ihnen etwas erzählen. Über Anita, meine Frau. Wissen Sie, ich hatte wirklich keine Ahnung davon, daß sie hiersein würde. Ich hatte gehofft, daß Sie es nicht erfahren würden. Deshalb habe ich Ihnen gesagt, sie sei krank. Das war natürlich eine Lüge.«

»Hören Sie, Glenn«, sagte Amanda, ohne sich darüber im klaren zu sein, daß sie ihn beim Vornamen genannt hatte. »Das macht doch nichts. Sie wollten sie doch nur in Schutz nehmen. Was hätten Sie sonst auch tun können? Ich verstehe das nur zu gut. Machen Sie sich darüber keine Gedanken.«

Glenn stützte seinen Kopf in die Hände und sagte mit leiser, unregelmäßiger Stimme: »So ein Ärger. Ich hätte nie gedacht, daß sie das tun würde. Aber sie hat es getan. Was die anderen Leute darüber denken, ist mir egal. Aber der gute Ruf der Firma steht auf dem Spiel. Und Sie sind schließlich eine Derington. Ich hätte es gerne vertuscht, aber das ist jetzt nicht länger möglich. Ich habe getan, was ich konnte.«

»Ja, das glaube ich Ihnen doch auch«, tröstete Amanda Glenn Barton. Betrübt fügte sie hinzu: »Aber, warum um alles in der Welt, sollten Sie Ihre Frau in Schutz nehmen, wenn sie selbst überhaupt nichts um das Gerede der Leute gibt?«

»Ich verstehe das einfach nicht«, sagte Glenn Barton müde. »Warum benimmt sie sich nur so? Vielleicht ist es eine Art Schutzmechanismus. In Wirklichkeit ist sie noch ein Kind. Und zwar ein verwöhntes Kind, das versucht, seine eigenen Unzulänglichkeiten zu verteidigen, indem es anderen Leuten den Schwarzen Peter zuschiebt.«

»Sprechen Sie die Geschichte mit Miß Ford an?« fragte Amanda.

Glenn sah auf und sagte mit versteinertem Gesicht: »Sie sind davon auch schon unterrichtet?«

»Miß Moon hat es mir erzählt. Machen Sie sich aber deshalb keine Sorgen. Sie sagte auch, daß niemand die Geschichte glaubt.«

»Woher will sie das wissen? Es gibt Leute, die glauben einfach alles«, sagte Glenn Barton bitter.

Erneut stützte er seinen Kopf mit den Händen. Nach einer Pause sagte er in fast unhörbarem Ton, so, als habe er Amandas Anwesenheit vergessen und verschaffe sich Erleichterung, indem er seine Sorgen laut aussprach:

»Anita kann Monica nicht ausstehen. Sie mochte sie noch nie. Monica ist ausgesprochen tüchtig und intelligent. Aber sie besitzt keinerlei Taktgefühl. Anita ist ein fröhlicher Mensch. Geldangelegenheiten und Haushaltsführung interessieren sie überhaupt nicht. Was sie mag, sind teure Kleider, Partys bis spät in die Nacht und die Bewunderung der Leute. Sie ist noch sehr jung, da ist das nur natürlich. Ich glaube, ich war einfach zu schwer von Begriff. Es gab hier immer viel Arbeit, und zu allem Überfluß machte Monica auch noch ausgesprochen taktlose Bemerkungen. Anita wurde wütend. Eines Tages fuhr sie aus der Haut, und die beiden gerieten in einen fürchterlichen Streit. Einen dummen und ziemlich kindischen Streit.«

Glenn Barton seufzte und fuhr sich mit der Hand durch das Haar. »Anita hat mich vor die Alternative gestellt: Entweder Monica Ford geht, oder sie selbst würde diesen Schritt unternehmen. Sie wollte einfach nicht einsehen, daß ich Monica nicht von heute auf morgen gehen lassen konnte. Schließlich hat Mr. Derington sie persönlich für den Posten bestimmt. Bevor sie kam, ging es im Büro drunter und drüber. Monica hat alles in Ordnung gebracht und wie verrückt gearbeitet. Ich hätte sie nicht ersetzen können, ohne die Interessen der Firma aufs Spiel zu setzen. Ich habe versucht, Anita zu erklären, daß sie sich aus dem Weg gehen könnten. Ich hätte schon dafür gesorgt, daß sie sich nicht begegnet wären und daß sie nicht miteinander hätten sprechen müssen. Aber Monica mußte bleiben. Es gab keinen Ausweg. Denn neben meiner vielen Arbeit hätte ich unmöglich auch noch Monicas Teil mitverrichten können. Das war völlig ausgeschlossen. Anita hat das nicht eingesehen. Sie beharrte weiterhin darauf, daß, wenn Monica bleibe, sie gehen werde. Ich hätte nie gedacht, daß es ihr wirklich ernst mit ihrer Drohung war. Aber sie ging tatsächlich. Jetzt, nachdem sie mich verlassen hat, ist sie zu stolz und wohl auch noch zu jung, sich die Wahrheit einzugestehen. Deshalb hat sie überall verbreitet, sie sei gezwungen worden zu gehen, weil ich eine Affäre mit Monica Ford hätte. Ich und eine Affäre mit Monica Ford! Ausgerechnet mit Monica Ford! Mein Gott, das Ganze ist so komisch, daß man schon fast wieder darüber lachen kann.«

Amanda sah Glenn mit schmerzendem Herzen an. Sie empfand tiefes Mitleid mit diesem Mann und mußte plötzlich wieder an Julia Blaine denken. Julias eifersüchtige Liebe hatte sie auch dazu getrieben, ihrem Mann alle möglichen Abenteuer mit allen nur denkbaren Frauen anzuhängen. War Mrs. Barton genauso? Liebte auch sie ihren Mann mit demselben Egoismus, derselben krankhaften Eifersucht, wie Julia es getan hatte? Hatte Glenn seine Frau wegen der vielen Arbeit vernachlässigt und sie dadurch zu demselben hysterischen Verhalten getrieben wie seinerzeit Julia? Geschahen so fürchterliche Dinge unter dem Deckmantel der Liebe? Konnte die Liebe tatsächlich so erbarmungslose Wege nehmen?

Amanda sagte schnell: »Glenn, jetzt hören Sie mir einmal zu! Ohne überheblich zu sein, darf ich doch wohl sagen, daß ein jeder, der Monica Ford einmal gesehen hat, weiß, daß die Geschichte völlig aus der Luft gegriffen ist. Niemand kann das wirklich glauben!«

Glenn hob den Kopf und sah zu Amanda hinüber.

»Nein«, sagte er mit schiefem Lächeln. »Das glaube ich auch nicht. Aber es gibt genügend Leute, die sie noch nicht gesehen haben. Die Geschichte ist einfach geschmacklos. Obwohl ich Monica momentan eigentlich gar nicht entbehren kann, habe ich versucht, sie zu veranlassen, selbst zu gehen. Ich kann sie doch nicht auf der ganzen Insel zum Gespött der Leute werden lassen. Das wäre ihr gegenüber nicht fair. Ich bin der Frau in gewisser Weise verpflichtet und Ihrem Onkel natürlich auch. Aber sie will einfach nicht gehen. Sie sagt, wenn sie jetzt gehen würde, käme das einem Schuldgeständnis gleich. Und sie lasse sich auf keinen Fall wegen dieses unhaltbaren Geredes zwingen zu gehen. Ich habe versucht, sie davon zu überzeugen, daß es besser für sie wäre zu gehen, aber ohne Erfolg.«

»Sie hat ja auch recht«, sagte Amanda liebevoll. »Es wäre vielleicht noch verständlich gewesen, wenn Sie sie nach der Auseinandersetzung mit Ihrer Frau entlassen hätten. Jetzt aber gibt es keinen plausiblen Grund mehr für sie, die Flucht zu ergreifen. Oder sollte sie etwa, nur weil Ihre Frau behauptet, Sie hätten eine...« Amanda brach abrupt ab und errötete.

»Liebschaft«, beendete Glenn Barton den Satz. »Ich stimme Ihnen zu. Aber sie ist die einzige, um die ich mir Sorgen mache. Die anderen können sich selbst wehren.«

»Welche anderen?« rätselte Amanda.

»Hat Miß Moon Ihnen das noch nicht erzählt?« fragte Glenn bitter. »Miß Ford ist doch nicht die einzige, mit der ich angeblich eine Affäre habe. Anita ist sehr großzügig mit ihren Anschuldigungen. Mir wird von ihr unterstellt, noch mit etwa einem halben Dutzend anderer Frauen etwas gehabt zu haben. Mit Mrs. Norman zum Beispiel. Es hat den Anschein, als sei keine Frau sicher vor mir. Ich sehe eigentlich gar nicht danach aus, oder hätten Sie das vermutet?«

Er lachte erneut. Es war ein schrilles und verbittertes Lachen.

»Warum erwürgen Sie sie nicht einfach?« fragte Amanda entrüstet.

»Wen, Anita?«

»Ja, ich glaube, das alles würde einen Totschlag rechtfertigen.«

Glenn lächelte verschämt. »Sie verstehen das nicht. Wissen Sie, sie meint es nicht so. Sie ist ein verwöhntes Kind, das gerade festgestellt hat, daß sich nicht alles nach ihrer Nase dreht. Außerdem trinkt sie unmäßig viel, und das löst ihre Probleme auch nicht. Sie verteilt nur Schläge, weil sie sich langweilt und enttäuscht ist. Enttäuscht von mir, von der Ehe und von Zypern.«

»Das klingt so, als ob sie einmal eine gehörige Tracht Prügel benötigte. Schade, daß Sie es noch nicht ausprobiert haben«, sagte Amanda aufrichtig.

»Vielleicht haben Sie gar nicht so unrecht«, sagte Glenn und zog eine Grimasse. »Aber jetzt ist es ohnehin zu spät. Anita will sich von mir scheiden lassen.«

Amanda sagte: »Sie werden doch einwilligen?«

Glenn Barton stand plötzlich auf und ging zu den geöffneten französischen Fenstern hinüber. Von dort hatte man einen herrlichen Blick auf die kleine Veranda, die mit Jasmin und Kletterrosen bepflanzt war. Den Rücken Amanda zugewandt, die Hände in den Hosentaschen, sprach er weiter mit Amanda, ohne sich umzudrehen.

»Das kann ich nicht.«

»Aber warum denn nicht, Glenn? Etwa wegen Ihrer Arbeit? Onkel Oswin ist zwar im allgemeinen entschieden gegen Scheidungen. In diesem Fall aber ist es doch nicht Ihre Schuld.«

»Nein, nicht wegen der Arbeit«, sagte Glenn Barton, ohne sich umzusehen. »Darum gebe ich nicht sehr viel. Es ist wegen Anita. Ich liebe sie nun einmal.«

Plötzlich drehte er sich ruckartig um, sah Amanda ins Gesicht und sagte mit hartem Ton: »Das können Sie wahrscheinlich nicht nachvollziehen. Es ist absurd, ich weiß. Jemanden zu lieben, der so viel Unheil angerichtet hat. Es ist zwar unlogisch, aber ich kann es nicht ändern. Ich möchte, daß sie zu mir zurückkommt. Koste es, was es wolle. Ich glaube einfach nicht, daß sie Lumley Potter wirklich liebt. Es ist nur ein dummer Seitensprung! Wenn ich mich nicht scheiden lasse, wird sie ihn eines Tages vergessen und zu mir zurückkehren.«

Er sah Amanda beschwörend an. Seine müden, verzweifelten Augen flehten um ihre Zustimmung. Amanda erhob sich und faßte ihn beim Arm:

»Nur Mut, Glenn! Bitte! Es wird sich schon alles wieder einrenken. Vielleicht sollte ich einmal mit ihr reden...«

Sein Gesichtsausdruck veränderte sich ganz plötzlich. Er wirkte geradezu hoffnungsfroh, so, als sei der Kampf noch nicht verloren. Doch schon im nächsten Moment sank er wieder in sich zusammen.

»Nein, das wäre wirklich zuviel von Ihnen verlangt. Ich hätte Ihnen das alles gar nicht erzählen dürfen. Ich wollte Sie da nicht hineinziehen, bestimmt nicht. Aber Sie mußten es früher oder später doch erfahren. Schließlich sind Sie eine Derington. Entschuldigen Sie, daß ich Sie zunächst belogen habe. Es ist unverzeihbar von mir, Sie mit meinen privaten Angelegenheiten behelligt zu haben. Können Sie mir noch einmal verzeihen? Versuchen Sie zu vergessen, was ich soeben gesagt habe.«

Er nahm Amandas Hände in die seinen. Sie waren unruhig und trotz der südländischen Hitze kalt.

»Jetzt seien Sie doch nicht albern«, sagte Amanda mit hellem Lächeln. »Sie wissen doch ganz genau, daß Sie sich nicht zu entschuldigen brauchen. Wenn irgend jemand sich zu entschuldigen hat, dann doch wohl ich. Sie befinden sich in der schlimmsten Krise Ihres Lebens, und da komme ich daher. Mein Onkel setzt Ihnen quasi die Pistole auf die Brust und erwartet von Ihnen, daß Sie mich bei sich aufnehmen und mir die Gegend zeigen. Sie haben mich sicher zum Teufel gewünscht!«

Glenns kalte Hände umschlossen Amandas noch fester. Dann sagte er schnell: »Reden Sie nicht so. Das konnten Sie doch gar nicht wissen. Wenn ich nur etwas mehr Courage hätte, dann hätte ich Ihrem Onkel geschrieben und die ganze Angelegenheit erklärt. Aber ich wollte einfach nicht glauben, daß sie nicht zu mir zurückkommt. Ich konnte an nichts anderes mehr denken. Mein Verstand schien ausgesetzt zu haben. Wenn nicht Monica Ford gewesen wäre, dann hätte ich jetzt wahrscheinlich weder eine Arbeit noch eine Frau. – Es hat mir sehr geholfen, mit Ihnen sprechen zu dürfen. Aber ich darf Sie nicht noch tiefer in die Geschichte verwickeln. Denken Sie an das Zitat aus der Bibel: ›Wer Pech angreift, besudelt sich.‹«

»Unsinn!« sagte Amanda herzlich. »Sie selbst haben doch gesagt, daß der gute Ruf der Firma auf dem Spiel steht. Ich bin nun einmal eine Derington, daran läßt sich nichts ändern. Wenn Sie wirklich möchten, daß ich mit Ihrer Frau spreche, dann werde ich es auch tun.«

Glenn drehte sich erneut um und sah auf den sonnenüberfluteten Garten jenseits der kühlen Veranda.

Er sagte langsam: »Ich weiß es nicht. Ich weiß es wirklich nicht. Sie weigert sich strikt, mich zu sehen. Wahrscheinlich liest sie meine

Briefe nicht einmal. Sie hat gesagt, daß sie so lange nicht mit mir reden will, bis ich in die Scheidung einwillige. Wenn ich doch nur mit ihr reden könnte. Ja, vielleicht würde sie wenigstens mit Ihnen sprechen.«

»Es ist einen Versuch wert«, sagte Amanda. »Schlimmstenfalls wirft sie mich zur Tür hinaus, und nachdem ich von Onkel Oswin erzogen wurde, bin ich solchen Dingen gegenüber praktisch immun.«

Glenn Barton wandte sich wieder Amanda zu und umschloß noch einmal mit festem Griff ihre Hände.

»Sie sind ein famoser Kerl, Amanda. Ich kann Ihnen gar nicht genug danken. Eigentlich sollte ich es nicht zulassen, und es wird auch wohl nichts dabei herauskommen. Ich habe aber ein Stadium erreicht, wo ich so gut wie alles versuchen würde!«

»Dann ist es also abgemacht«, sagte Amanda. »Wann kann ich Anita am besten treffen? Jetzt gleich?«

»Etwas später, würde ich vorschlagen. Mit ziemlicher Sicherheit ist sie jetzt schwimmen gegangen, oder sie sieht Lumley Potter beim Malen zu. Der Haken an der Sache ist natürlich Lumley. Er wird auch anwesend sein.«

»Ich werde heute nach dem Abendessen zu ihr gehen«, sagte Amanda entschlossen. »Ich werde einfach zur Tür hineingehen. Mit Potter haben Sie allerdings recht. Er wird uns furchtbar stören. Wir müssen uns überlegen, wie wir ihn am besten loswerden. Sei es auch nur für eine Stunde.«

Glenn Barton runzelte nachdenklich die Stirn. »Ja«, sagte er mit Zögern. »Ich glaube, ich habe da eine Idee. Ich könnte ihm eine Nachricht zukommen lassen.«

»Genau, das ist es«, sagte Amanda voller Begeisterung. »Wir täuschen einfach vor, daß jemand im Hotel seine Bilder sehen will und vielleicht sogar eines kauft. Darauf geht er sicher ein. Ich werde Toby dazu bewegen, sich unterdessen mit Potter zu beschäftigen.«

Glenn Barton gab zu bedenken: »Das sollte ich besser selbst besorgen. Ich möchte diese unangenehme Geschichte nicht auch noch einem Dritten anvertrauen.«

»Das müssen Sie ja auch nicht. Ihretwegen würde Mr. Potter wahrscheinlich sowieso nicht zum Hotel kommen. Ich werde Toby lediglich sagen, daß ich eine Verabredung mit Ihrer Frau habe und daß ich Lumley Potter nicht dabeihaben möchte. Er möge bitte so gut sein, ihn mir für eine Stunde vom Hals zu halten. Ich bin sicher, daß er das tun wird. Aber wie finde ich das Haus?«

»Es steht am Hafen«, sagte Glenn Barton und gab Amanda genaue Informationen.

»Ich werde gegen 21.30 Uhr hinuntergehen«, sagte Amanda, »und so lange warten, bis Potter das Haus verlassen hat. Dann gehe ich zu Anita. Da Toby sowieso viel zuviel Geld hat, wird es ihm nicht einmal besonders weh tun, wenn er am Ende sogar ein Original von unserem großen Meister kauft.«

Glenn Bartons Mundlinien entspannten sich etwas, und er lachte.

»Wie schön, Sie endlich wieder einmal lachen zu sehen«, sagte eine sich nähernde Stimme. Sie hatten Miß Moon nicht kommen hören. Amanda und Glenn Barton waren etwas aufgeschreckt und schauten schuldbewußt.

»Wie ich sehe, hat unsere kleine Amanda Sie aufgeheitert«, kommentierte Miß Moon hocherfreut. Sie trug heute einen kirschrot gemusterten Leinenrock und eine farblich dazu passende Organzabluse mit einem schmalen Spitzenbesatz. Ihre unmögliche Frisur wurde von einer modischen Tüllschleife in derselben Farbe geziert. Ihr Kostüm vervollständigte ein ellenlanger, durchsichtiger Schal, den sie um den Hals geschlungen hatte und der wie ein Brautschleier hinter ihr herwehte. Die Amethyste und Opale, die sie am Tag zuvor getragen hatte, waren durch Granatschmuck ersetzt, der nicht ganz zu dem vorherrschenden Kirschrot paßte. Die silbernen Filigranketten hatte sie sich auch heute umgelegt, und wieder umhüllte sie eine starke Parfümwolke.

Sie tätschelte Glenn Bartons schmale, sonnengebräunte Wangen mit ihrer von mehreren Ringen glitzernden Hand. »Wie es mich freut, Sie bei guter Laune zu sehen. Amanda, ich hoffe doch sehr, daß Sie Glenn darum bitten, Ihnen die Umgebung zu zeigen. Er muß einfach wieder einmal etwas aus sich herausgehen.«

»Ja, das wird er auch«, sagte Amanda. »Er wird schon morgen mit uns zu einem Picknick nach St. Hilarion kommen. Ich kann aber für nichts garantieren. Glenn wird nämlich von einer bezaubernden amerikanischen Schriftstellerin umworben. Warum kommen Sie nicht auch mit, Miß Moon? Wir gehen doch alle.«

»Das ist sehr lieb von Ihnen«, sagte Miß Moon anerkennend. »Ich hätte auch Lust dazu, obwohl ich mir, ehrlich gesagt, aus Picknicks nie sehr viel gemacht habe. Wegen der Ameisen, wissen Sie. Von den Wespen ganz zu schweigen. Aber ich gehe morgen aus. Lady Cooper-Foot wird eine kleine Bridgeparty geben. Von 15 Uhr bis 18.30 Uhr. Eigentlich ist es völliger Unfug, da Andreas und Euridice beide den ganzen Tag nicht dasind. Sie haben aber versprochen, spätestens bis 19.30 Uhr wieder hierzusein. In Aiyos Epiktitos gibt es einen Jahrmarkt, und sie möchten gern dabei sein. Es gibt laufend irgendwelche Feste, die sie auf keinen Fall verpassen dürfen. Aber andererseits, warum sollten sie sich nicht amüsieren? Deshalb ist es wahrscheinich ganz günstig, wenn wir beide morgen nachmittag auch nicht daheim sind. Da kommt Euridice mit dem Tee. Glenn, leisten Sie uns doch Gesellschaft. Trinken Sie mit uns Tee.«

»Das geht leider nicht. Ich muß ins Büro zurück. Monica hat noch ein oder zwei Sachen in den Ordnern, die erledigt werden müssen, bevor die Post morgen abgeht. Kann ich Briefe für Sie mitnehmen, Amanda?«

»Ich hatte bis jetzt noch gar keine Zeit zu schreiben«, gab Amanda lachend zu.

Mr. Barton küßte zum Abschied Miß Moons Hand. Dies war eine offensichtlich übliche Prozedur, und Miß Moon schien sich sehr zu freuen. Amanda begleitete Mr. Barton zur Tür.

»Nach dem Tee werde ich zu Toby eilen und ihm die Sache mit Potter erklären«, sagte sie noch verschwörerisch.

»Viel Glück.«

Mit diesen Worten machte sich Glenn Barton auf den Weg. Er lief eiligen Schrittes die Eingangsstufen hinunter, und kurz darauf fiel die Tür des Vordertors ins Schloß. Amanda hörte das Auto starten und in Richtung Nikosia davonfahren.

9

Gegen 21.30 Uhr eilte Amanda eine der engen Straßen entlang, die zum Hafen führen. Sie wartete im Schatten in der Nähe des Kais.

Ein milchiges Mondlicht erfüllte die Nacht. In der Luft hing der Geruch von Straßenstaub, Knoblauch, Tang, Fischen und starkriechenden Blumen. Straßen und Kai wimmelten von Bummlern, und niemand wurde auf Amanda aufmerksam. Ihr kurzes kaffeebraunes Popelinekleid mit dem ausgestellten Rock paßte sich dem hellen

Mondlicht ebenso gut an wie den dunklen Schatten an den Häuserwänden. Um ihr Gesicht zu verbergen, hatte sie sich ein farblich abgestimmtes Chiffontuch wie eine Bäuerin lose um den Kopf gewunden.

Eigentlich rechnete sie nicht damit, in dieser engen Gasse, um diese Uhrzeit, noch jemanden zu treffen, den sie kannte. Aber sie wollte nichts riskieren und auf keinen Fall in die peinliche Situation geraten, irgendeinem ihrer Freunde und Bekannten den wahren Grund ihres Ausflugs erklären zu müssen.

Als sie die Hauptstraße überquerte, ging Alastair an ihr vorbei. Er trug keinen Hut und ging sehr langsam, die Hände in den Hosentaschen. Das Straßenlicht fiel auf sein blondes Haar. Amanda glaubte aber nicht, daß er sie bemerkt hatte, denn seine Augen waren leer und ausdruckslos geblieben, und er war, ohne zu zögern, weitergegangen.

Glenn Barton hatte ihr den Weg sehr ausführlich beschrieben. Amanda hatte keine Schwierigkeiten, das Haus am Hafen zu finden, in dem Lumley Potter ein kleines Atelier gemietet hatte. Sie wartete unter den Bäumen einer schattigen Allee, atmete die würzige Luft ein und nahm die Wärme und Schönheit des mondhellen Abends in sich auf.

Schon sehr bald hörte Amanda in der Nähe gedämpfte Schritte eine hölzerne Treppe herunterkommen. Eine Tür knarrte, und kurz darauf eilte Lumley Potter mit einer großen Mappe unter dem Arm an ihr vorüber. Im Mondlicht wirkte sein rotbrauner Bart grau.

Gut gemacht, Toby, dachte Amanda dankbar. Sie wartete, bis Mr. Potter um die Ecke des Kais gebogen war. Dann wagte sie sich aus der schattigen Allee heraus und ging hinauf zu der Tür, die Lumley Potter nicht hinter sich geschlossen hatte.

Die schmale Diele wurde nur schwach von einer einzigen Öllampe erhellt. Der Verputz fiel von den Wänden, und eine morsche Holztreppe führte steil nach oben in die Dunkelheit. Amanda gab sich einen Ruck und begann die Treppe hinaufzusteigen.

Das Haus hatte mehrere Stockwerke. Die Räume waren aber offensichtlich alle unbewohnt, denn unter keiner der Türen drang Licht heraus. Das Mondlicht, das durch die stark verschmutzten Fenster des Treppenhauses fiel, war die einzige Lichtquelle. Glenn hatte gesagt, Anita wohne in der obersten Etage. Dann mußte also das hier Potters Liebesnest sein...

Durch eine schlecht schließende Tür drang ein Lichtstreifen. Eine Schiffslaterne hing an einem eisernen Haken. Die darin flackernde

Kerze spendete schwaches, unruhiges Licht. Von jenseits der Tür war Musik zu vernehmen, die entweder von einem Plattenspieler oder einem Radio stammte. Amanda atmete tief durch und klopfte an die Tür. Sie wartete jedoch die Antwort nicht ab, sondern drückte die Klinke hinunter und trat ein.

Der große, schmale Raum war hell erleuchtet, und Amanda blinzelte. Verglichen mit der Dunkelheit im Treppenhaus und der schwachen Beleuchtung vor der Wohnungstür, war das Licht hier geradezu grell.

Der Raum war in einem lebhaften Lachsrosa getüncht, und am offenen Fenster hingen weiße, handgewebte Gardinen. Auf dem Fußboden lagen rostrote Matten. Riesige Ölbilder, vermutlich die Werke von Mr. Potter, zierten die Wände oder waren reihenweise dagegengelehnt. Mr. Potter hielt offensichtlich viel von seinen Farben, denn er hatte sie pfundweise mit Hilfe eines Spachtels oder sogar einer Maurerkelle aufgetragen. Außerdem schien er dunklen Tönen den Vorzug zu geben.

Dann fragte eine Stimme: *»Pios ine?«* Amanda drehte sich schnell um und erblickte Mrs. Barton.

Mrs. Barton paßte ganz und gar nicht in diese Umgebung. Sie lag der Länge nach auf einem großen Sofa und betätigte den Plattenspieler, der neben ihr auf dem Fußboden stand. Sie drehte sich träge um, doch als sie Amanda sah, sprang sie wie elektrisiert auf.

Anita Barton trug ein dünnes, enganliegendes schwarzes Chiffonkleid, dessen Schnitt sofort verriet, daß es in einem teuren Pariser Salon geschneidert worden war. Sie hatte sich Perlenohrringe und eine Perlenkette angelegt. Ihr glänzendes, dunkles Haar war kurz geschnitten und in weichen Wellen zurückgebürstet. Sie sah aus wie ein Mannequin, das gerade auf den Fotografen wartet.

Sie stand ganz ruhig da und starrte Amanda an. Die Schallplatte war gerade abgelaufen.

»Verdammt noch mal!« rief Anita Barton laut. »Was haben Sie hier zu suchen? Wer hat Sie überhaupt hier hereingelassen?«

»Niemand, ich bin allein hereingekommen«, sagte Amanda entschuldigend. »Ich hoffe, Sie sind mir nicht böse. Die Haustür unten war offen. Ich muß mit Ihnen sprechen.«

»Glenn hat Sie wohl geschickt, wie?« sagte Mrs. Barton. Ihre Stimme klang plötzlich schrill. »Wenn das so ist, können Sie gleich wieder kehrtmachen.«

»Niemand hat mich geschickt«, sagte Amanda beherrscht. »Es war ganz allein meine Idee. Darf ich mich setzen?«

»Wir leben in einem freien Land«, sagte Mrs. Barton. Sie selbst ließ sich förmlich auf das Sofa fallen. Amanda stellte angewidert fest, daß Anita wohl nicht ganz nüchtern war. Sie mußte schon einiges getrunken haben.

»Nun, worum handelt es sich?« wollte Mrs. Barton wissen. »Sie kommen mir doch hoffentlich nicht auf die Mitleidstour. Oder geht es gar um den guten Ruf der Firma? Es würde mich interessieren, was Sie das alles überhaupt angeht.«

Amanda fragte abrupt: »Sind Sie in Mr. Potter verliebt?«

Das hatte sie ursprünglich gar nicht sagen wollen, und sie hätte ihre Worte gern zurückgenommen. Denn Anita Barton warf den Kopf in den Nacken und brach in schallendes Gelächter aus.

»In Lumley?« Mrs. Barton hatte sich wieder unter Kontrolle und sah Amanda mit Stirnrunzeln an.

»Hören Sie – Sie sind doch ein liebes Kind. Ich weiß zwar immer noch nicht genau, was Sie von mir wollen, aber ich könnte wetten, daß Glenn dahintersteckt. So trinken Sie doch etwas, bitte!«

Sie füllte ein Glas und reichte es Amanda. »Ouzo. Schieres Gift. Trinkt hier jeder. Los, trinken Sie schon. Es wird Sie nicht umbringen. Es heißt, daß man ihn nicht trinkt, weil er besonders gut schmeckt, sondern weil man sich daran gewöhnt. Also, fangen Sie an, gewöhnen Sie sich langsam daran.«

Amanda nippte mit Widerwillen an dem Getränk und unterdrückte ihren Ekel.

»Worüber haben wir gerade gesprochen?« fragte Anita und schenkte sich nach. »Ach ja, über Lumley. Der gute Lumley! Ich glaube, niemand kann Lumley wirklich lieben. Seine Mutter eventuell. Wissen Sie, auf welchen Namen sie ihn taufen ließ? Auf Alfred! Alf Potts! Aber er meinte, der Name sei nicht distinguiert genug, und deshalb nennt er sich jetzt Lumley Potter. Würden Sie gern wissen, warum er mich mit sich hat durchbrennen lassen? Aus zweierlei Gründen! Um Claire zu verärgern und um anzugeben. Das freie Leben, zur Hölle mit den Zwängen. Der kreative Künstler steht über den Dingen, die die phantasielosen Massen leiten. Es lebe die Revolution!«

Mrs. Barton gestikulierte lebhaft mit den Händen und verschüttete dabei nahezu den gesamten Inhalt ihres Glases. Den Rest trank sie.

»Nein«, sagte sie mit finsterer Miene. »Ich bin nicht in Lumley verliebt. Lumley liebt Claire. Claire, die Venus! Die Männer werfen alle ein Auge auf sie. Das glaubt sie zumindest. Die wird sich eines Tages noch wundern!«

Sie ließ das leere Glas auf den Boden fallen. Es rollte auf die Matte, und Anita sah ihm für geraume Zeit mit stierem Blick nach. Schließlich sagte sie halb flüsternd: »Ich mußte einfach mit jemandem durchbrennen. Ich mußte Glenn verlassen. Sie können sich gar nicht vorstellen, was das für ein Leben war. Wirklich nicht! Ich möchte leben. Ich muß hier raus. Weg von dieser engen, todlangweiligen kleinen Insel. Abhauen! Ich wollte mich scheiden lassen, aber es gab keinen offiziellen Grund dafür. Es hilft natürlich auch nicht, den Leuten Geschichten zu erzählen. Glenn fühlt sich zwar getroffen, und er ärgert sich schrecklich, aber vor Gericht gibt es keinen Beweis. Deshalb will ich ihn dazu veranlassen, sich von mir scheiden zu lassen. Und er wird sich scheiden lassen.« Sie schien Amanda vergessen zu haben. »Ich muß einfach von hier fort! Einfach fort!«

Amanda versuchte, noch einmal mit Anita zu sprechen. »Wenn Sie das Leben hier so hassen, dann sollten Sie versuchen, Glenn dazu zu bewegen, sich woanders um einen Posten zu bemühen. Wenn Sie zu ihm zurückkehrten, wäre er sicher bereit, mit Ihnen an einen Ort zu ziehen, der Ihnen mehr entspräche. Er hat mir gesagt, daß er sich nichts mehr wünsche, als sie zurückzugewinnen.«

Anita Barton hob den Kopf und starrte Amanda an. Dann sagte sie laut und schrill: »Sie können das nicht verstehen. Ich möchte doch nicht lebendig begraben werden. Ich will einfach leben! Spaß haben! Ich möchte lachen und fröhlich sein. Und das werde ich auch, koste es, was es wolle! Wenn ich wirklich zu Glenn zurückgehen müßte, würde ich eingehen. Eingehen! Glenn ist ein netter, ruhiger, hart arbeitender, aber sterbenslangweiliger Kerl. Er ist nicht zu ertragen.«

Mit einer plötzlichen, spontanen Geste hob sie das Glas auf und schleuderte es gegen die Wand. Es knallte gegen eines von Mr. Potters exzentrischen Ölgemälden und fiel in tausend Scherben auf die rostrote Matte.

»Und jetzt wäre es wohl besser, wenn Sie gehen würden«, sagte Anita und erhob sich schwankend. »Danke für Ihren Besuch! Auf Wiedersehen!«

Amanda erhob sich. Es schien völlig sinnlos, die Unterhaltung fortzusetzen. Mrs. Barton war nicht mehr in der Lage, sich vernünftige Argumente auch nur anzuhören. Amanda hatte aber immerhin einige interessante Informationen erhalten, wenngleich sie Glenn Barton damit kaum behilflich sein konnte. Sie verabschiedete sich und ging.

Die Kerze in der Schiffslaterne war indessen erloschen. Das Treppenhaus lag im Dunkeln. Amanda schwankte und überlegte, ob sie Anita um eine Taschenlampe oder um Streichhölzer bitten sollte. Mrs. Barton hatte bereits wieder eine Schallplatte aufgelegt. Amanda brachte es einfach nicht über sich, nochmals zurückzugehen. Sie blieb kurze Zeit auf dem Treppenabsatz stehen, bis ihre Augen sich an die Dunkelheit gewöhnt hatten. Irgendwie verspürte sie einen unerklärlichen Widerwillen dagegen, dieses enge, dunkle Treppenhaus hinunterzugehen. Sie bewegte sich dann aber doch vorsichtig vorwärts, suchte nach dem Geländer und tastete sich Stufe für Stufe abwärts.

Durch das kleine Fenster über dem nächsten Treppenabsatz fiel schwaches Licht ein. Amanda spähte in der Hoffnung, den Schein der Öllampe im Hauseingang sehen zu können, die Treppe hinunter. Aber es blieb stockdunkel. War das Licht da unten etwa auch erloschen? Oder galt es, noch weitere drei Treppenabsätze zu überwinden? Amanda konnte sich nicht mehr erinnern.

Sie hielt inne. Aus Mrs. Bartons Plattenspieler ertönte ein bekanntes französisches Chanson: *La Mer: ›Voyez – ces oiseaux blancs – et ces maisons rouillées…‹*

Eigentlich war es ein fröhliches und aufmunterndes Lied. Aber merkwürdigerweise empfand Amanda das Gegenteil. Aus unerklärlichen Gründen zitterte sie plötzlich, und ihr Herz schlug unregelmäßig, als sei sie schnell gelaufen. Sie sah sich um, aber abgesehen von dem schwachen Mondlicht herrschte im Treppenhaus tiefste Finsternis. Wenn irgend jemand sich darin aufgehalten hätte, sie hätte nichts und niemanden erkennen können. Aber natürlich war niemand da. Es war absurd, sich so etwas einzubilden. Warum sollte sie sich davor fürchten, durch ein dunkles Treppenhaus zu gehen? Das war einfach lächerlich und kindisch!

Sie hatte überhaupt keine Veranlassung, Angst zu empfinden. Sie mußte sich nur mit einer Hand am Geländer festhalten und geradewegs hinuntergehen. Schon in weniger als einer Minute würde sie sich im vollen Mondschein am offenen Kai befinden. Amanda gab sich einen Stoß, ergriff das wacklige Geländer, tastete mit dem Fuß nach der obersten Stufe und bewegte sich in der Dunkelheit weiter vorwärts.

Sie zählte die Stufen – vier – fünf – sechs – sieben. Ganz plötzlich blieb sie wie erstarrt stehen.

Irgend jemand befand sich hinter ihr auf den Stufen. Sie war sich ganz sicher. Amanda horchte gespannt, jede Faser ihres Körpers in Alarmbereitschaft. Aber alles, was sie hören konnte, war die Musik aus der obersten Etage, die aus Anitas Plattenspieler kam. Eigentlich konnte niemand hinter ihr stehen. Es war wohl nur ein Echo oder gar Einbildung gewesen. Sie zwang sich weiterzugehen – acht – neun – zehn.

›*... La Mer – a bercé mon cœur – pour la vie ...*‹. Die Schallplatte lief schließlich mit einem letzten, langgezogenen Takt aus. Amanda hörte hinter sich in der Stille das leise Knarren von Fußtritten. Ohne Zweifel folgte ihr jemand die Treppe hinunter.

Amanda kämpfte innerlich gegen einen Anfall von Panik an. Wie viele Stufen waren es noch bis zum nächsten Stockwerk? Würde es dort wenigstens ein Fenster geben? Sobald sie stehenblieb, verstummten auch die Schritte hinter ihr. Im Haus war es totenstill. Sie hörte jemanden atmen. War es am Ende ihr eigener Atem? Ein Mann, der den Kai entlangging, sang mit Tenorstimme laut und melodisch das Liebesduett aus Madame Butterfly. Es hatte den Anschein, als sei der Sänger, wenn auch nicht gerade betrunken, so doch wenigstens vom Alkohol beflügelt. Der Gesang machte Amanda neuen Mut. Es waren also Leute draußen auf dem Kai, und es würde ihr nichts Böses geschehen. Sie mußte nur den Kai erreichen.

Sie ging schnell weiter, und in der Dunkelheit stolperte sie. Augenblicklich folgten ihr auf leisen Sohlen verstohlene Schritte. Sie wurden jetzt schneller, näherten sich ihr, und jetzt wußte sie ganz sicher, daß es nicht ihr eigener kurzer und schwerer Atem war, den sie hörte. Amanda wurde verfolgt. Der Atem klang wie das lechzende Schnaufen eines Tieres. Die Person hinter ihr würde jeden Moment ausholen und sie ergreifen.

Amanda stolperte und stieß heftig gegen den Treppenpfosten. Sie drehte sich um, preßte sich mit panischem Entsetzen in eine Mauernische und versuchte, die Luft anzuhalten. Eine im Dunkeln tastende Hand streifte den brüchigen Verputz der Wand und verfehlte Amanda nur um Millimeter. Plötzlich, wie eine Erlösung, öffnete sich unten im Flur die Tür, und das Treppenhaus wurde vom Schein einer Taschenlampe erhellt. Amanda vernahm, daß jemand über ihr heftig nach Luft schnappte. Dann hörte sie jemanden mit schnellen Schritten in der Dunkelheit verschwinden.

Sie drehte sich schnell um, sah aber, daß die Treppe menschenleer war. Wer auch immer gerade zur Tür hereingekommen war, ging die Treppe hinauf und summte leise vor sich hin. Es war komischerweise dieselbe Melodie, die noch vor wenigen Minuten aus Anitas Plattenspieler gedrungen war:

›*... Et d'une chancon d'amour – la mer – a bercé mon cœur.*‹ Der Lichtstrahl einer Taschenlampe schien Amanda direkt ins Gesicht, blendete sie, und das Summen verstummte.

»Amarantha! Schau an! Und wer hat Ihr Haar dieses Mal in Unordnung gebracht?«

Amanda flüsterte schluchzend und atemlos: »Es war jemand hinter mir auf der Treppe. Hinter mir. Ich...«

Mit einem starken Griff, der jedes Wort erübrigte, umfaßte Steven ihr Handgelenk.

Seine Stimme wurde etwas lauter, und er sagte: »Ich nehme an, Sie waren in Potters Atelier. Dann können Sie mich ihm ja vorstellen. Ich habe jemanden in einem Café getroffen, der behauptete, Potter sei der neueste Tip. Er sei fähiger und besser als Picasso. Und weh mir, als ich ihm erklärte, daß Potter vermutlich nicht um der Kunst willen, sondern nur zum Broterwerb malt. Als Kollege, dachte ich mir, ist es meine Pflicht, mich erst einmal persönlich von seinem Können zu überzeugen, bevor ich ihn kritisiere.« Mr. Howard sprach ein wenig undeutlich. »Also, gehen wir doch hinauf und besuchen ihn. Was du tun willst, tue gleich! Napoleon hat das einmal gesagt, oder war es Josephine?«

»Er ist nicht zu Hause«, sagte Amanda noch immer außer Atem.

»Nicht zu Hause! Dann kommen Sie. Wir sollten keine Zeit mehr auf diesen Kerl verschwenden. Seine Bilder sind doch keinen Pfifferling wert. Schauen wir uns statt dessen lieber die Stadt an.«

»Aber...«

»Schweigen Sie!« sagte Steven leise, aber heftig.

Er nahm sie beim Arm, drehte sich auf dem Absatz um und sang mit lauter, froher Stimme: ›*Dolce notte. Quante stella*‹.

Die Tür schlug hinter ihnen zu. Mr. Howard hielt Amanda noch immer am Arm. Sie gingen eilig den Kai entlang, und er setzte seinen Gesang fort.

Anstatt die Richtung zur Stadt einzuschlagen, schwenkte er entgegengesetzt zum Meer hin. Er zog Amanda mit sich. Die Bummler, die Amanda noch am frühen Abend hier gesehen hatte, waren verschwunden. Der Wall war wie ausgestorben. Auf halbem Wege blieb Steven plötzlich stehen und zwang Amanda dazu, ihm direkt ins Gesicht zu sehen. Sein Blick wanderte den Wall entlang. Auf der einen Seite lag das offene Meer vor ihnen, auf der anderen das dunkle Hafenwasser. Kein Boot hatte in der Nähe angelegt. Vor ihnen, im hellen Mondlicht zog sich der Wall weiß und leer dahin.

Steven seufzte erleichtert. Seine Stimme war jetzt nicht mehr laut oder undeutlich, sondern leise und schneidend:

»Jedenfalls können wir hier nicht belauscht werden. In der Stadt ist man ja vor nichts sicher. Für den Fall, daß uns aber doch irgendwer mit einem Fernglas beobachten und neugierig sein sollte, wäre es ratsam, den Eindruck zu erwecken, daß ich nicht auf Konversation aus bin. Halten Sie still!« Er umschlang sie mit den Armen und lehnte eine Wange an Amandas Kopf.

»Und jetzt sollten Sie mir vielleicht einmal erzählen, was, um alles in der Welt, Sie in diesem Haus zu suchen hatten.« Steven sprach barsch, ohne jeden gefühlvollen Unterton, und seine Stimme war hart und kurz angebunden. »Toby Gates hat mir erzählt, daß Sie Mrs. Barton besuchen wollten. Ich bin, so schnell ich nur konnte, zu dem Haus gekommen. Also, was wollten Sie dort?«

Seine Schultern waren warm und fest. Der Duft einer wohlriechenden Rasierseife strömte von ihm aus, vermischt mit dem Geruch eines frischen Hemdes und türkischer Zigaretten. Amanda hatte damit zu kämpfen, sich nicht bei ihm anzulehnen und in Tränen auszubrechen. Vielleicht hatte Mr. Howard sie schon durchschaut, denn er sagte scharf: »Reißen Sie sich zusammen, Amanda!«

Amanda beherrschte sich mit äußerster Mühe und sagte dann:

»Ich wollte Glenn helfen!«

»Glenn? Ach, Sie meinen Mr. Barton. War er auch da?«

»Nein. Aber er hat mich aufgesucht und mir von Anita erzählt. Er hatte mir gesagt, sie sei krank. Als er dann aber erfahren hat, daß sie in Kyrenia ist, wußte er, daß ich die Wahrheit herausfinden würde...«

Amanda berichtete, was Glenn ihr am Nachmittag über Anita erzählt hatte, daß sie ihm angeboten hatte, mit seiner Frau zu sprechen, und daß sie Toby Gates dazu überredet hatte, Lumley Potter aus dem Haus zu locken, damit sie sich allein mit Anita unterhalten konnte.

»Und was ist in dem Atelier vorgefallen?« fragte Steven brüsk.

Er lauschte ihren Worten ohne Unterbrechung. Amanda schilderte ihm das unbefriedigende Ergebnis des abgebrochenen Gespräches mit Anita Barton. Als sie damit fertig war, sagte er:

»Was haben Sie doch gleich von jemandem auf der Treppe erzählt?«

»Es war jemand hinter mir«, flüsterte Amanda und zitterte.

Steven umarmte sie heftiger und sagte:

»Erzählen Sie weiter.«

Dann begann sie ihm von dem kurzen gräßlichen Zwischenfall in dem dunklen, baufälligen Treppenhaus zu berichten, der ihr solch panischen Schrecken eingejagt hatte. »Und Sie sind ganz sicher, daß Sie sich das nicht nur einbilden?«

»Ja, ganz sicher«, sagte Amanda unter erneutem Zittern.

»Haben Sie eine Ahnung, wer es gewesen sein könnte?«

»Nein!«

»Könnte es möglicherweise Mrs. Barton gewesen sein?«

»Nein«, sagte Amanda bestimmt.

»Wie können Sie da so sicher sein?«

»Ihr Plattenspieler lief. Und wenn sie die Tür geöffnet hätte, hätte ich die Musik doch lauter hören müssen.«

»Hm, vielleicht haben Sie recht. Andererseits gibt es möglicherweise zwei Ausgänge aus dem Atelier.«

Steven grübelte einen Moment und drückte Amanda geistesabwesend noch fester an sich. Dann sagte er abrupt: »Wer wußte davon, daß Sie diesen Besuch geplant hatten?«

»Niemand. Nur Glenn, ich meine Mr. Barton, und Toby natürlich. Sonst niemand.«

»Toby hat es mir erzählt und sich dabei ausgerechnet einen Platz ausgesucht, wo jeder es hören konnte. Wahrscheinlich hat er es sowieso noch etlichen anderen Leuten zugetragen. Das hilft uns also nicht weiter.«

Mit Zittern in der Stimme sagte Amanda: »Was stimmt denn nicht mit dem Haus?«

Sie konnte spüren, wie Stevens Körper vorübergehend in Abwehr ging. »Das kann ich Ihnen auch nicht sagen; mir ist darüber nichts bekannt.«

»Warum sind Sie dann sofort gekommen, als Toby Ihnen erzählte, ich sei zu Potters Wohnung gegangen?«

Mr. Howard erwiderte mit lobenswerter Zurückhaltung: »Ich glaube, es ist nicht gut für Sie, nach Eintritt der Dunkelheit hier allein herumzulaufen. Ich habe Sie schon einmal gewarnt und Ihnen geraten, vorsichtig zu sein. Damit war es mir Ernst. Übrigens, falls Sie es noch nicht wissen sollten, heute nachmittag wurde mangels anderer Beweise Julia Blaines Todesursache festgestellt: Selbstmord in geistiger Umnachtung.«

»Das bedeutet also, daß jetzt alles ausgestanden ist«, sagte Amanda. »Wenn die Polizei glaubt, es sei Selbstmord gewesen, dann wird doch jetzt niemand mehr...«

»Verstehen Sie denn nicht?« unterbrach Steven sie mit rauhem Ton. »Mrs. Blaine wurde umgebracht. Der Mörder muß annehmen, Sie seien die einzige Person, die etwas ahnen könnte. Wenn Sie ausgepackt hätten oder es jetzt noch tun würden, wäre das Ergebnis der Untersuchung nicht mehr gültig. Benutzen Sie doch Ihren Verstand, Amanda!«

»Dann glauben Sie also, daß mich jemand in dem Haus mundtot machen wollte, indem er mich...« Amandas Stimme versagte.

»Ich kann das natürlich nicht beschwören. Nur weil Sie behaupten, jemanden auf der Treppe hinter sich gehört zu haben, kann man natürlich noch nicht sagen, daß es jemand gewesen sein muß, der Ihnen etwas antun wollte. Oder, daß die Person wußte, wer Sie waren. Es ist genausogut möglich, daß jemand anderes Mrs. Barton auch einen Besuch abstatten wollte und daß Sie in der Dunkelheit mit jemandem verwechselt wurden.«

»Mit jemandem, der..., jemand, der wieder töten wollte? Noch ein Mord? Das... das darf doch nicht wahr sein!«

»Es wäre immerhin möglich. Sagen wir, ein Mordversuch.«

»Das glaube ich einfach nicht. Warum denn?«

»Das weiß ich auch nicht genau. Es ist nur eine Theorie. Der Zwischenfall im Treppenhaus könnte aber dafür sprechen. Es gibt natürlich noch diverse andere Möglichkeiten.« In Steven Howards Stimme lag ein seltsamer Unterton.

Amanda unterbrach ihn mit bitterem Ausdruck: »Ja, ich weiß. Eine davon wäre, daß ich Julia Blaine umgebracht und die Geschichte mit dem Treppenhaus nur erfunden habe, um vorzutäuschen, daß ich es nicht gewesen sein kann.«

»Ja, zum Beispiel!« Steven Howard nickte zustimmend. »Sie kommen noch immer in Betracht. Und das hatte ich auch nicht vergessen.«

Amanda schnappte wütend nach Luft, und Steven fuhr nachdenklich fort: »Gift ist nämlich die Waffe der Frau, wissen Sie. In der Regel benutzen Frauen keine Pistolen und Messer schon gar nicht. Lärm oder Blut ist nichts für sie. Frauen benutzen lieber Gift oder schubsen ihre Opfer eine Klippe hinunter. Sie töten sozusagen aus sicherer Entfernung. Männern macht die Knallerei nichts aus, und Blut irritiert sie auch nicht sonderlich.«

»Sie, Sie...!« Amanda war außer sich. »Sie wagen es, zu denken, daß ich...« Sie versuchte sich aus seiner Umarmung zu lösen, aber Steven hielt sie um so fester.

»Es gibt überhaupt keine Veranlassung für Sie, so aufzubrausen, Amarantha. Man muß die Sache von allen Seiten betrachten. Es ist eine Möglichkeit. Und wie ich bereits sagte, gibt es noch mehr.«

Amanda stemmte sich gegen ihn und starrte außer sich vor Wut zu ihm auf. Der Mond stand direkt hinter Steven, und Amanda konnte sein Gesicht nicht erkennen. Es hob sich als dunkler Schatten gegen den blassen Himmel und das silberne Meer ab. Atemlos und unter zornigem Flüstern sagte sie:

»Da ist noch etwas, das auch ich nicht vergessen habe. Sie haben mir doch geraten, nichts von dem Röhrchen zu erwähnen. Und Sie haben es schließlich an sich genommen, ebenso das Glas! Woher soll ich überhaupt wissen, ob Sie das nicht getan haben, weil Ihre Fingerabdrücke darauf waren? Ich glaube einfach nicht, daß Sie in Fayid oder auf dem Schiff nichts anderes als Ihre Kunst im Kopf hatten. Ihre Anwesenheit muß einen anderen Grund gehabt haben. Hier geht irgend etwas Schreckliches vor sich, und Sie stecken bis zum Hals in der Sache!«

Dann schwieg sie, am ganzen Leib zitternd und völlig außer Atem. Steven sagte nachdenklich: »Sie sind hübsch, wenn Sie sich ärgern. Sie gleichen dann einer in Rage geratenen kleinen Katze.«

Amanda machte erneut den Versuch, sich aus seinen Fängen zu befreien, blieb aber erfolglos. Seine Arme umschlossen sie plötzlich so fest, daß sie ihr Schmerz verursachten. Aus seiner Stimme klang nun keinerlei Leichtfertigkeit mehr. »Halten Sie sich da raus, Amanda. Ich meine es wirklich ernst. Ein Mord ist schließlich kein Kinderspiel, sondern eine teuflische Sache. Mischen Sie sich nicht in die Privatangelegenheiten von Leuten ein, die auf dem Schiff waren. Das ist zu riskant.«

»Warum denn?« fragte Amanda unsicher.

»Weil Sie unter keinen Umständen den Eindruck erwecken dürfen, Sie seien mißtrauisch oder kümmerten sich um Dinge, die Sie nichts angehen. Es ist gemeinhin bekannt, daß Sie mit Julia Blaine zusammen waren, als sie starb. Es gibt eine Person, die weiß, daß sich ein Röhrchen mit Gift unter dem Kissen in Ihrer Kabine befand. Diese Person muß sich einfach fragen, warum Sie dieses Röhrchen nie erwähnt und was Sie damit gemacht haben. Ein Mörder hat immer ein schlechtes Gewissen. So einem eiskalten Killer kann es egal sein, ob er zwölf oder zwanzig Leute auf dem Gewissen hat. Schließlich kann man ihn nur einmal hängen.«

Amanda flüsterte mit erstickter Stimme: »Aber, ich weiß doch nichts, und ich will auch gar nichts wissen!«

»Aber Sie wissen von dem Röhrchen«, sagte Steven finster. »Außerdem haben Sie die Stewardeß nach dem Glas gefragt. Ich habe es selbst gehört, und andere Leute könnten es ebenso gehört haben. Darum könnte jemand, allein schon aus Furcht, Interesse daran haben, Sie sehr sorgfältig im Auge zu behalten. Diese Person könnte es leicht in die falsche Kehle bekommen, wenn Sie sich so wie heute abend verhalten. Es könnte ziemlich unangenehme Folgen für Sie haben.«

»Ich habe doch nur Mrs. Barton besucht. Was sollte daran denn verdächtig sein?«

»Macht es etwa keinen verdächtigen Eindruck, wenn Sie Toby Gates dazu antreiben, Mr. Potter aus dem Haus zu locken? Dann schleichen Sie sich auch noch nach Einbruch der Dunkelheit allein aus dem Haus. Ich gehe jede Wette ein, daß man etwas Verdächtiges dahinter vermutet. Sie verbergen sich in dunklen Ecken, vermummen sich mit einem Tuch, warten, bis Potter gegangen ist, und stehlen sich in das Haus wie der geheimnisvolle Verschwörer in einem Bühnenstück, der eine Zeitbombe im Aktenkoffer des Premierministers deponieren soll. War das gut beobachtet?«

»Nun ja...«, versuchte Amanda sich zu verteidigen.

»Dachte ich mir doch«, sagte Steven Howard matt. »Hören Sie mal, Amanda. Ich warne Sie eine letztes Mal. Sie befinden sich in der unglücklichen Lage, beweisen zu können, daß das, was bisher als Selbstmord gilt, in Wirklichkeit Mord war. Wenn Sie jetzt auch noch einer Frau, die Sie zuvor gar nicht kannten und die eine Mitreisende auf der ›Orantares‹ war, heimliche Besuche abstatten, wird sich ein Mensch mit schlechtem Gewissen und wenig Phantasie vielleicht fragen, warum Sie sich wie der ›geheimnisvolle Verschwörer‹ aufspielen, wenn Sie Mrs. Barton tatsächlich nur aus menschlichem Interesse besuchen. Dieser Mensch wird sich dann fragen, ob es nicht möglich ist, daß Sie eventuell geheime Nachforschungen unter den Passagieren betreiben. Und wenn ja, was Sie damit bezwecken wollen. Vorausgesetzt, Sie benähmen sich völlig unauffällig, könnte der Mörder andererseits auch denken, daß Sie sich überhaupt keine Gedanken über das Röhrchen gemacht haben, sondern es einfach ins Meer geworfen und die Sache längst vergessen haben. Verstehen Sie jetzt?«

»Ja«, sagte Amanda erschauernd.

»Also, denken Sie darüber nach, und lassen Sie die Finger davon!«

Amanda warf stockend ein: »Aber, wenn Julia... Ich meine, wenn sie wirklich vergiftet wurde, dann wäre es ein Unrecht, den Mörder ungeschoren davonkommen zu lassen, nur weil ich nicht den nötigen Mut aufgebracht habe, die Sache aufzudecken.«

»Machen Sie sich darum keine Sorgen. Man wird ihn schon noch erwischen«, sagte Steven grimmig. »Das verspreche ich Ihnen. Außerdem war es keine Frage des Mutes, daß Sie nichts erzählt haben. Wenn ich Sie nicht daran gehindert hätte, hätten Sie ja alles aufgedeckt.«

»Warum haben Sie mich eigentlich daran gehindert?«

»Mrs. Blaine hätte es nichts mehr genützt. Ich hatte da so meine eigenen Ideen, die ich aber erst noch weiterverfolgen wollte. Nach Ihrer Aussage hätten sich vermutlich alle wie die aufgescheuchten Hühner benommen, wenn sie das Wort ›Mord‹ auch nur gehört hätten.«

»Was für Ideen hatten Sie?«

»Ach, über Zitronen, die Zeit und mondhelle Nächte«, sagte Steven leichthin. »Bevor ich einen Krampf bekomme, sollten wir dieses zärtliche Intermezzo besser beenden. Schauen Sie mich mal an!«

Amanda sah verblüfft zu ihm auf. Steven beugte seinen Kopf zu ihr herunter und küßte sie.

Es war, um mit Persis zu sprechen, durchaus ein Kuß! Mr. Howard bewies damit, daß er diesbezüglich wohl schon einige Abenteuer erlebt haben mußte. Amanda, sie war schließlich unter der Obhut ihres Onkels Oswin von Anstandsdamen erzogen worden, fehlte jede Erfahrung. Sie fühlte den Boden unter den Füßen wanken. Für einen langen Moment kreisten Mond und Sterne über ihrem Kopf.

»Das war für den heimlichen Beobachter«, sagte Mr. Howard und gab sie frei.

»Was sagen Sie?« fragte Amanda noch immer ohne Atem. »Dann haben Sie mich nur...«

Steven fing ihre Hand gerade noch rechtzeitig ab.

»Das hätte Sie mehr geschmerzt als mich«, bemerkte er tadelnd. »Das nächste Mal benutzen Sie anstelle der flachen Hand lieber die Faust und zielen aufs Kinn. Wollen wir es noch einmal versuchen?«

»Was, das mit dem Kinnhaken?« fragte Amanda stürmisch.

»Hinreißend weiblich!« lautete Mr. Howards Kommentar. Er sah zu ihr herunter und lachte.

»Entschuldigen Sie, aber ich konnte einfach nicht widerstehen. Seien Sie bitte nicht böse mit mir, Amarantha.« Dann gab er ihr noch einen Handkuß und schob ihren Arm unter den seinen. »Gehen wir, es wird Zeit, daß Sie nach Hause kommen. Sonst wird Miß Moon sich fragen, ob Sie auch wirklich ein anständiges Mädchen sind.«

Sie schlenderten gemeinsam in Richtung Stadt, gingen den Wall entlang, durchquerten die mondhelle Stadt und gelangten schließlich an das Tor der Villa Oleander.

10

Am folgenden Morgen machte Amanda einen weiten Bogen um die Hafengegend. Die heißen, glitzernden Sonnenstrahlen drangen durch die offenen Fenster der Villa Oleander und überfluteten die staubigen, anmutigen Zimmer. Die Vorkommnisse des Vorabends schienen Amanda unglaubhaft und unwirklich, wenn nicht sogar etwas lächerlich. Amanda fragte sich bereits, ob die Schritte im Treppenhaus nicht vielleicht doch ihrer Einbildung entsprungen waren. Hatte sie am Ende doch nur das Echo ihrer eigenen Schritte gehört? Oder waren ihre Nerven durch die Dunkelheit und das ihr unbekannte leere Haus so angeschlagen gewesen? Eine Sache aber wußte sie ganz sicher, nämlich, daß Steven Howard sie geküßt hatte.

Amanda stand im hellen Sonnenschein des Gartens. Sie brachte sich diesen Kuß und die damit verbunden gewesene Benommenheit noch einmal in Erinnerung. Inzwischen war sie schon wieder geneigt, Mr. Howards Ermahnungen beiseite zu fegen. Sie vermutete, er habe einfach ein großes Vergnügen an ihrer Naivität gefunden, die sie so lange zum hilflosen Gegenstand seiner Umarmung gemacht hatte. Hatte er denn nicht erst am gestrigen Vormittag eine flachsige Bemerkung über Liebesgeschichten bei Mondschein gemacht? Ich traue ihm sogar zu, daß er es wegen einer Wette getan hat, dachte Amanda plötzlich verbittert. Er spielt wahrscheinlich nur mit den Frauen, und ich nehme an, daß er Persis auch schon geküßt hat.

Dieser Gedanke verärgerte sie ziemlich. Während sie über Steven Howards empörendes Verhalten nachgrübelte, vergaß sie eine viel wichtigere, entsetzliche Tatsache: Mit an Sicherheit grenzender Wahrscheinlichkeit war Julia tatsächlich ermordet worden. Obwohl am Rande in das Geschehen verwickelt, hatte sie noch gar keine Zeit gehabt, Angst zu haben. Vielleicht hatte Steven Howard bewußt darauf hingewirkt, ihr die Furcht zu nehmen, als er ihrer beider Unterhaltung auf so frivole Weise beendete.

Amanda stand unter den schattenspendenden Zitronenbäumen. Hinter sich, in dem Torbogen der verfallenen Mauer, hörte sie die Tauben gurren. In dieser vom Rosen- und Fliederduft durchwehten Idylle dachte sie überhaupt nicht mehr an Julia Blaine, sondern nur noch an Steven Howard…

Miß Moon, heute ganz in Smaragdgrün, erschien auf der efeubewachsenen Veranda, die sich an das Wohnzimmer anschloß. Sie rief zu Amanda hinüber, Toby Gates sei am Telefon und wolle Amanda zu einem Badeausflug einladen.

»Sagen Sie ihm einfach, ich sei nicht zu Hause«, rief Amanda, die sich plötzlich nach der Einsamkeit des Gartens sehnte. Sie sah sich völlig außerstande, mit Toby Gates oder sonst jemandem Konversation zu treiben. Mit einer Ausnahme vielleicht…

Sie lief durch den Garten auf die Straße hinaus und bog um die nächste Ecke. Dann spazierte sie stadtauswärts.

Nur noch wenige Häuser säumten jetzt ihren Weg. Die Straße zog sich zwischen Olivenhainen, schlanken dunkelgrünen Zypressen, steinigen, sonnenverdorrten Feldern, wo nur Ziegen die harten Gräser und mageren Kräuter abweideten, hin. Ein knarrender Ochsenkarren kam ihr entgegen. Auf einem Esel saß ein barfüßiger Knirps mit pechschwarzem Haar und ebensolchen Augen. Er winkte Amanda freundlich grinsend im Vorbeireiten mit einem Zweig zu. Die Straße war heiß und staubig. Amanda ärgerte sich, keinen Sonnenhut mitgenommen zu haben. Ein Auto raste vorbei und hüllte Amanda in eine Staubwolke. Plötzlich, in einiger Entfernung, bremste es scharf und fuhr im Rückwärtsgang bis zu der Stelle, an der Amanda erschreckt in den Straßengraben gesprungen war.

»Amanda?« fragte Alastair, sich aus dem Fenster lehnend. »Was, zum Teufel, tun Sie da?«

»Spazierengehen«, sagte Amanda. »Guten Tag, Persis. Was haben Sie denn vor?«

»Wir erfüllen nur unsere Pflicht als ordentliche Touristen«, sagte Persis. »Im Reiseführer heißt es nämlich, man solle sich auf keinen Fall das Kloster von Bellapais entgehen lassen. Und wir befinden uns auf dem Weg dorthin.«

»Steigen Sie ein, Amanda«, sagte Alastair Blaine und lehnte sich aus der offenen Hintertür. »Kommen Sie! Sie werden noch einen Hitzschlag oder einen Sonnenbrand, wenn nicht beides bekommen, wenn Sie bei dieser Hitze in der Sonne herumspazieren. Da Sie sich die Sehenswürdigkeiten ja auch irgendwann einmal ansehen müssen, können Sie doch gleich damit anfangen und mit uns kommen.«

Amanda sah auf die heiße, staubige Straße zurück und gab nach. Sie sagte: »Werden Sie mich um dreizehn Uhr bei der Villa Oleander absetzen?«

»Ja, natürlich! Länger als eine halbe Stunde halte ich es in Ruinen nie aus. Also, steigen Sie ein.« Er knallte die Tür hinter ihr zu und fuhr an.

Persis hatte die Einladung mit keinem Wort unterstützt. Deshalb hatte Amanda plötzlich das ungute Gefühl, daß Persis nicht gerade begeistert war, einen Gast im Auto zu haben. Es war aber schon nichts mehr daran zu ändern, da sie sich bereits auf der Fahrt befanden.

Die staubige weiße Straße führte am Meer entlang. Auf der anderen Seite wurde sie von dem langen, steilen Gebirgszug der Kyrenia-Berge begleitet. In der heißen Luft schimmerten die Berge blau. Nahezu durchsichtig und schwerelos schienen sie am Horizont zu schweben. Der gesamte gezackte Kamm des Gebirges erinnerte in seiner einzigartigen Schönheit an jene Berge, die den Hintergrund zu Leonardo da Vincis Mona Lisa bilden.

Eine leichte Brise wehte vom offenen Meer her, bewegte die Zweige der Olivenbäume und ließ die Blätter silbern aufleuchten. Amanda verlor sich in Tagträume und beteiligte sich nicht an der Unterhaltung. Selbst die sonst eher durchdringende Stimme von Persis Halliday klang heute gedämpft, als habe die Schönheit des Morgens auch sie bezaubert. Amanda war froh, nicht auf das Gespräch zwischen ihr und Alastair Blaine achten zu müssen und ganz ihren eigenen Gedanken nachhängen zu können. Schließlich wand sich die Straße zu einem Dorf hinauf, welches sich an den Hang schmiegte. Es war eines dieser Dörfer, mit weißen Häusern und rosafarbenen Dächern, Glockentürmen und Minaretten, umgeben von Olivenhainen, die der Wind silbern aufleuchten ließ. Dazwischen immer wieder Gruppen schlanker, dunkelgrüner Zypressen.

Persis sagte: »Ist das nicht der entzückendste Ort, den man je gesehen hat? Wo ist die Karte?... Aiyos Epiktitos. Das muß es sein. Alastair anhalten! Ich möchte ein Foto machen.«

Major Blaine sah auf die Uhr und sagte: »Aber nur fünf Minuten, und fang nur nicht an, überall herumzuwandern, wenn du das Kloster noch sehen willst und wir um dreizehn Uhr zurück sein wollen.«

Die Straßen wimmelten von Menschen im Festgewand. Selbst die Häuser waren festlich herausgeputzt. Es hingen grüne Zweige und fröhlich flatternde Papierfähnchen daran. Plötzlich entdeckte Amanda in der Menschenmenge ein vertrautes Gesicht. Es war Euridice, das Faktotum der Villa Oleander. Amanda erinnerte sich, daß Miß Moon ein Fest in Aiyos Epiktitos erwähnt hatte und sowohl Euridice als auch Andreas, ihr Neffe, der für die Gartenarbeiten und kleinen Reparaturen zuständig war, den Tag dort verbringen wollten.

Euridice machte jedenfalls überhaupt nicht den Eindruck, als sei sie in festlicher Stimmung. Sie sprach mit einer Gruppe schwarzgekleideter Frauen, von denen eine laut klagte. Ihr sonst so fröhliches Gesicht war vom Kummer gezeichnet. Sie sah auf, erkannte Amanda und eilte dem Auto entgegen.

»Die Vorsehung hat Sie geschickt!« erklärte sie. Euridice sprach nur mühsam Englisch und vermischte es immer wieder mit ihrer Muttersprache. Aber Amanda konnte ihrem aufgeregten Wortschwall entnehmen, daß weder sie noch Andreas in der Lage sein würden, am heutigen Tag zur Villa Oleander zurückzukehren, und daß sie Amanda bat, Miß Moon davon zu unterrichten. Es täte ihnen beiden sehr leid.

»Morgen früh für Frühstück ich komme«, sagte Euridice. »Heute nein!« Ein Verwandter sei verstorben, erklärte sie. Der Mann einer Cousine, der eine Taverne an der Straße nach Nikosia betrieben habe. Anscheinend war er in einer Kneipe in Nikosia in eine Schlägerei geraten und schließlich mit einem Messer im Rücken auf der Straße tot aufgefunden worden.

»Ach, wenn Männer fahren auf Meer!« sagte sie und warf mit theatralischer Geste die Hände in die Höhe. Auf den Schiffen würden sie wie die Ochsen vor dem Pflug schuften, aber an Land gingen sie nur ihrem Vergnügen nach und führten sich auf wie die Wilden. Die arme Almena! Euridice wischte sich die Tränen fort. Wie furchtbar, auf so eine Weise seinen Mann zu verlieren. Dies hier sei ihr Geburtsort. Ihre Familie würde in Kürze zusammen mit Euridice und Andreas mit dem

Bus nach Nikosia fahren, um der Beerdigung beizuwohnen. Sie könnten am Abend noch nicht zurück sein.

Amanda sprach ihr Beileid aus und versprach, Miß Moon zu benachrichtigen. Euridice dankte ihr unter Tränen und verschwand.

»Sind Sie mit der Dame befreundet?« fragte Persis, als sie zurückkam. Amanda erklärte die näheren Umstände, während Alastair das Auto wieder in Gang setzte und weiterfuhr.

Die Ruine des ehemaligen Klosters von Bellapais lag am Fuße der Berge. Ihre verblaßten, steinernen Mauern mit Torbögen und einem schlanken Glockenturm ragten voller Anmut aus den umliegenden Olivenhainen. Das Ganze bot ein geradezu märchenhaft schönes Bild, als sei es nicht von Menschenhand erbaut und als könne ein bloßer Windhauch es wieder verschwinden lassen.

Der Hintergrund dieser blaßblauen filigranen Mauern war in allen möglichen Schattierungen getönt: Das tiefe Kobaltblau des Meeres wurde ergänzt vom Blau des wolkenlosen Himmels und dem milchigblauen Kamm der Berge von Kyrenia.

Alastair Blaine parkte den Wagen an einem schattigen Platz. Beim Aussteigen sagte Amanda plötzlich: »Ich glaube, daß ich nicht mit hineinkomme. Ich schaue mir die Ruinen lieber von den Hügeln aus an. Drinnen liegen sicherlich Broschüren und illustrierte Führer aus. Aber ich möchte einfach nicht, daß sich mein Traum in eine Ansammlung nüchterner historischer Daten verwandelt. Statt dessen werde ich mich dort unter einen Olivenbaum setzen und die Stätte von außen auf mich wirken lassen.«

Persis lachte. »Wissen Sie, was? Entweder Sie sind romantischer, als Ihnen guttut, oder verliebt. Aber ich glaube, ich kann Sie wirklich nicht dazu überreden hineinzugehen. Außerdem ist man nur einmal jung. Ich für meine Person habe allerdings nicht die Absicht, irgend etwas auszulassen. Wenn ich schon wegen der Sehenswürdigkeiten nach Zypern gefahren bin, sollte ich sie mir schließlich auch ansehen. Selbst wenn ich dabei draufgehe. Wo ist der Reiseführer? Alastair, mein Schatz, wenn du glaubst, du kannst dich gemütlich unter einen Olivenbaum legen und ein Nickerchen halten, hast du die Lage falsch verstanden. Du erinnerst dich doch hoffentlich noch daran, daß du mir eine Führung durch das Kloster versprochen hast. Jetzt mußt du dein Versprechen auch halten. Also, fangen wir gleich an!«

Sie gingen durch einen Torbogen, und sobald Amanda allein war, machte sie sich auf den Weg. Sie erkletterte einen Hang, der über der

Straße lag, ließ sich im Schatten einer Stechpalme nieder und lehnte sich an den rauhen Stamm. Fasziniert betrachtete sie die Aussicht, die sich ihr von dort bot.

Hier würde ich gern leben, dachte Amanda verträumt. Sie erinnerte sich plötzlich daran, was Miß Moon über die Zeit gesagt hatte. Nämlich, daß in der Villa Oleander die Zeit ihr Sklave und nicht sie Sklaven der Zeit seien. Vielleicht traf diese Aussage auf die ganze Insel zu. Ganz gewiß hatte dieser wunderbare Tag, an dem alles blau leuchtete, etwas Zeitloses. Es war wie ein Traum. Aber ein trügerischer Traum. Denn auch hier, genau wie in anderen Ländern, deren Klima rauher und kälter war, lief die Zeit davon. Es war lediglich eine angenehme Illusion, daß die Zeit hier langsamer und träger vorbeizog. Eines Tages würde auch Zypern vom Lauf der Zeit eingeholt werden. Eines Tages würden Politiker und Parteien sich gegenseitig aus Machtgier und Furcht bekämpfen und die verschlafene, verzauberte Insel im Namen des Fortschritts zerstören. Betonbunker würden aus dem Boden gestampft werden und die Landschaft vernichten, wie es schon zuvor in so vielen anderen Landstrichen dieser Welt der Fall gewesen war.

Die Sonne wanderte langsam vorwärts, und der Schatten der Stechpalme verschob sich dadurch gleichermaßen. Allmählich wurde Amanda die Rinde des Baumstammes zu ungemütlich. Denn sie drückte sich hart durch das grüne Baumwollkleid. Eine Ameise kroch ihr den Rücken hinunter, weitere erforschten ihre Knöchel.

Amanda erhob sich widerstrebend und ging zum Auto zurück. Weit und breit war von Persis und Alastair nichts zu sehen. Kurz entschlossen zahlte sie bei dem schläfrigen Aufseher am Tor einen kleinen Obulus und betrat entgegen ihrem ursprünglichen Vorsatz das Kloster.

Von dem anmutigen Gebäude war nur noch das Gerippe erhalten. In dem alten steinernen Kreuzgang war es still und ruhig. Die verfallenen Bögen gaben den Blick auf die graugrünen Olivenhaine frei, die sich den Hang hinaufzogen. Meer und Himmel schienen in einem unendlichen Blau zu verschmelzen.

Amanda wanderte über den smaragdgrünen Rasen, der die Kreuzgänge bedeckte. An einem dieser schattenspendenden Kreuzgänge rankten Kletterrosen empor, und eine einzelne schlanke Zypresse hatte sich dort niedergelassen. Der kurzgeschorene Rasen lud eher zu einer Rast ein, als der steinige Hang draußen, auf dem Amanda es sich zuvor vergeblich bequem zu machen versucht hatte. Sie ließ sich erleichtert in dem von der Sonne angenehm gewärmten Gras nieder. Die duftenden Zweige der Rosen boten ihr genügend Schutz vor der Hitze. Sie brach einen Grashalm ab und begann nachdenklich darauf zu kauen. Plötzlich fühlte sie sich ein wenig schläfrig und schloß die Augen...

Erst als Stimmen vom anderen Ende des Kreuzgangs zu ihr herüberdrangen, wachte Amanda wieder auf. Sie erkannte Alastair Blaines Stimme, obwohl sie ganz fremd, scharf und rauh klang und der vertraute gedehnte Tonfall fehlte.

»Laß mich! Jetzt nicht! Du verstehst das nicht!«

Persis Halliday antwortete ihm, aber auch ihre Stimme hatte einen ganz anderen Klang. Sie schien gekränkt, unsicher und irgendwie verletzlich.

»Ja, das glaube ich auch. Zypern ist nicht London. Es ist jetzt ein Jahr her, aber die Zeit bleibt schließlich nicht stehen. So ist es doch, nicht wahr? Du hast dich verändert und ich mich eben nicht. Es gab eine Zeit, da glaubte ich, du würdest fast alles für mich aufs Spiel setzen, deine Karriere, Julia, eben alles. Und beinahe hätte es auch geklappt, aber nur beinahe!«

»Persis, du weißt doch ganz genau, daß das nicht möglich war.«

»Weil du nur deinen Sold und kein anderes Vermögen hattest? Weil alles Julia gehörte? Das ist doch jetzt alles anders, Alastair. Sie ist tot, und alles gehört dir.«

»Du verstehst das einfach nicht«, sagte Alastair müde.

»Was verstehe ich nicht? Ich bin hierhergekommen, weil ich dich einfach wiedersehen mußte. Und ich wollte sie kennenlernen und herausfinden, wie sie ist. Als ich euch beide zusammen sah, war mir klar, daß du dich nicht für sie interessierst. Aber für mich hattest du auch keinerlei Interesse mehr. Wer ist es, Alastair?«

»Was soll diese Frage?«

»Ich fühle, daß eine andere Frau im Spiel ist. Etwa Claire? Du hast die Normans doch hier besucht, nachdem wir vierzehn Tage zusammen in London verbracht haben. Julia war zwar auch hier, aber vor einer solchen Kleinigkeit wie anderer Männer Ehefrauen würde Claire nicht zurückschrecken. Ich wußte jedenfalls, daß du ohne Julia in London sein würdest. So fair bin ich schließlich noch...«

»Um Himmels willen«, sagte Alastair Blaine. »Jetzt fängst du auch noch an.«

Persis sagte: »Mach dir nichts vor, mein Schatz. Sie ist gar nicht scharf auf dich. Sie braucht einfach Männer um sich. In Wirklichkeit kann aber nur George ihr geben, was sie wirklich braucht. George, der all ihre Launen und Eskapaden erträgt, der sozusagen Netz und doppelter Boden für sie ist und alles für sie tut. Kein anderer würde das ertragen. Ist es Claire?«

»Ich weiß gar nicht, wovon du sprichst«, sagte Alastair erschöpft. »Ich habe an Claire Norman keinerlei Interesse. George ist mein Cousin. Er ist jetzt, nach Julias Tod, sogar mein nächster Verwandter. Du kannst dir also vorstellen, daß ich an eine Affäre mit Claire nicht einmal denke. Also, hör auf damit.«

»Jetzt bist du auch noch verärgert. Aber, wenn es Claire nicht ist, wer ist es dann? Amanda? Hast du dich auch, genau wie Toby Gates, in diese großen, grauen Augen und ihr wunderschönes Haar verliebt? Du und Toby! Noch vor einem Jahr ist er mir nachgelaufen wie ein kleiner Schoßhund. Na, man kann es ja verstehen. Sie ist ein süßes Mädchen. Jeder Mann würde sich gern ein wenig Zeit nehmen, um mit ihr im Mondschein spazierenzugehen.«

»Sei nicht albern!« Alastairs Stimme klang aufgebracht und wütend.

»Wer dann?«

»Niemand! Ich schwöre es dir! Verstehst du denn nicht, nach Julias…«

Persis fiel ihm rücksichtslos ins Wort. »Du hast doch um Julia nichts gegeben. Ich habe beobachtet, wie du sie angesehen hast. Sie konnte dir gar keinen größeren Gefallen tun, als sich umzubringen. Das stimmt doch, oder etwa nicht?«

»Ja«, sagte Alastair Blaine mit schwerer Stimme. »Das stimmt. Aber man kann den Tod eines Menschen doch nicht mit einem einfachen Schulterzucken abtun, Persis. Sie war meine Frau und… Ich möchte nicht darüber sprechen, ja, nicht einmal daran denken. Siehst du denn nicht, daß ich nur meinen Frieden und meine Ruhe haben will? Sie hat mir doch jahrelang Szenen gemacht. Szenen, Tränen und hysterische Anfälle. Ich habe es satt. Dieses ewige Keifen und dann die unsinnigen Vorwürfe…«

»Alastair, mein Schatz…«

»Nenn mich nicht dauernd deinen Schatz!« Vor lauter Erschöpfung und Wut klang Alastairs Stimme plötzlich wie gebrochen. »In Ordnung! Also, wenn du es nicht anders willst! Ich werde dir sagen, warum ich im letzten Jahr in London mit dir geschlafen habe. Nur weil du es unbedingt wolltest. Du hast dich aufgeführt wie ein verzogenes Kind, das mit dem Löffel auf den Tisch schlägt, weil es nicht bekommt, was es will. Außerdem warst du attraktiv und unterhaltsam. Du hast die ganze Sache auf die leichte Schulter genommen. Ich wußte ja schon von vornherein – oh, wie habe ich das gehaßt –, daß Julia mich einer Affäre bezichtigen würde. Selbst wenn ich die verdammten vierzehn Tage in einer Klosterzelle verbracht hätte, sie hätte mir sowieso endlose Vorhaltungen gemacht.«

»Aber, Alastair...«

»Halte den Mund! Jetzt rede ich! Ich habe mich niemals mit anderen Frauen eingelassen. Hast du das gewußt? Julia war meine erste Liebe, und ich habe sie geheiratet. In all unseren Ehejahren war ich ihr nie untreu. Mit einer Ausnahme natürlich. Und willst du wissen, warum ich sie nicht betrogen habe? Weil ich nun einmal nicht so gebaut bin. Ich kann zwar Frauen, die sich alle Mühe geben, nett zu mir zu sein, nicht vor den Kopf stoßen, aber ich will nicht mit ihnen schlafen. Und glaube es, oder glaube es nicht, die meisten wollen auch nicht mit mir schlafen. Julia hat mir das nie abgenommen. Sie zog es vor, sich einzubilden, ich sei ein gefährlicher Don Juan. Sie glaubte einfach nicht, daß ich ein völlig normaler, langweiliger Kerl ohne jeden Sex-Appeal bin. Und jetzt auch noch du! Das halte ich nicht länger aus. Jahrelang habe ich mir endlose, sinnlose und nutzlose Verdächtigungen anhören müssen. Einmal mußte das Faß überlaufen, und...«

»Und dann kam ich.«

»Ja! Nicht, daß du unwiderstehlich gewesen wärst. Nein, so meine ich das nicht. Aber ich wußte schon ganz genau, daß ich mir, sobald ich sie wiedersah, dieselben unnötigen Vorwürfe würde anhören müssen. Ich habe es einfach nicht mehr ertragen.«

»Also hast du dir gedacht: Was soll's? Wenn ich sowieso Vorhaltungen gemacht bekomme, dann sollen sie jedenfalls einmal berechtigt sein!«

»Genau!«

»Und das war alles? Nur ein zehntägiger Flirt mit einer Frau, die du attraktiv und unterhaltsam fandest? Die alles auf die leichte Schulter nahm?«

»Es tut mir leid. Ich habe wirklich nicht gewußt, daß du...«

Persis unterbrach ihn, bevor er seinen Satz zu Ende sprechen konnte:

»Laß gut sein! Du brauchst mir nichts mehr zu erklären. Es gibt also wirklich nicht einmal eine andere Frau.«

Sie lachte verbittert. Alastair antwortete nicht, und für einen Moment herrschte Schweigen. Dann hörte man sie beide langsam weitergehen. Die uralten Torbögen der Klosterzellen ließen ihre Schritte dumpf widerhallen.

Ein Schatten bewegte sich neben Amanda im Gras, und eine ruhige Stimme zitierte Pucks Worte:

»Vater im Himmel, wie töricht diese Sterblichen doch sind!«

Amanda schnellte hoch. »Sie hier!« sagte sie schnaufend. »Was machen Sie denn hier?«

»Dasselbe wie Sie«, sagte Steven Howard liebenswürdig. »Ich lausche!«

Amanda errötete: »Ich habe nicht gelauscht!«

»Vielleicht nicht gerade absichtlich, aber das Ergebnis ist dasselbe. Sehr aufschlußreich, finden Sie nicht?«

»Warum spionieren Sie uns allen nach?« fragte Amanda hitzig.

»Mein Liebes, Sie klingen so, als seien Sie äußerst verärgert. Warum sollte ich denn nicht hierherkommen? Schließlich besuchen viele Leute diesen Ort. Alle Touristen, die auch nur etwas auf sich geben, schauen sich das Kloster an. Aber, um es kurz zu machen, ich bin in meiner Eigenschaft als Künstler hier.«

»Ich glaube Ihnen kein Wort«, sagte Amanda. »Außerdem bin ich nicht verärgert und ›Ihr Liebes‹ schon gar nicht!«

»Dann nehme ich diese Äußerung mit dem Ausdruck des Bedauerns zurück. Ich muß aber leider feststellen, daß Ihr Benehmen heute morgen von Bosheit geprägt ist.«

Amanda öffnete den Mund, schloß ihn aber wieder, ehe sie etwas gesagt hatte. Sie erinnerte sich plötzlich an einen Ratschlag, den ihr Miß Binns, die durch nichts aus der Ruhe zu bringende Haushälterin ihres Onkels Oswin, gegeben hatte. Sie atmete tief ein und zählte bis zwanzig.

»Warum sind Sie dann hier?« fragte Amanda jetzt in vernünftigerem Ton.

»Um ein Auge auf Sie zu werfen.«

»Auf mich?« fragte Amanda überrascht. »Aber warum denn?«

»Weil ich Sie so anziehend finde, daß ich mich kaum von Ihnen zu entfernen wage.«

Seine Augen glitzerten spöttisch. Amanda spürte die Röte in ihre Wangen steigen, zählte bis fünfzehn und sagte dann kühl:

»Reden Sie doch keinen Unsinn!«

»Glauben Sie mir etwa nicht?«

»Nein!« sagte Amanda schnippisch.

»Dann versuchen wir mal eine andere Sprache. Ich habe nämlich die fixe Idee, daß man Sie früher oder später umbringen wird. Und ich bin einfach brennend daran interessiert, zu erfahren, wer der Mörder sein wird. Genügt Ihnen das?«

»Sagen Sie eigentlich niemals die Wahrheit?« fragte Amanda frostig.

»Wenn ich sie vermeiden kann, nicht«, gab Steven mit entwaffnendem Freimut zu.

»Die Wahrheit, Amarantha, das wissen Sie mit Ihrer humanistischen Bildung sicherlich auch, ist wie eine nackte Dame, die auf dem Grunde eines Brunnens lebt. Deshalb ist es die Pflicht eines jeden Gentleman, der sie aus Versehen in seinen Eimer zieht, wegzuschauen und sie in einen Bademantel zu hüllen.«

Amanda sah ihn voller Zweifel an. Sein braunes Haar war zerzaust, und auf dem Kinn klebte ein blauer Farbklecks. Er trug ein blaues Sporthemd und eine abgetragene graue Flanellhose. Sowohl das Hemd als auch die Hose waren mit Farbe beschmiert.

Sie sagte abrupt: »Was haben Sie denn gemalt?«

Mr. Howard zeigte mit vager Geste auf die sie umgebenden Mauern. »Das da! Allerdings aus einer Entfernung von einigen hundert Metern.«

Amanda sagte: »Ich würde es mir gern ansehen.«

»Sie sind eine wirklich mißtrauische junge Dame. Aber gut, kommen Sie mit!«

Sie gingen durch das Kloster zurück. Ein Ziegenpfad führte sie hinauf zu einem Punkt, jenseits der Hügel. Er war nur etwa fünfzig Meter von der Stechpalme entfernt, unter der Amanda gesessen hatte.

»Wo steht Ihr Auto?« fragte Amanda.

»Oberhalb der Straße, oder besser des Trampelpfads.«

Im Schatten der Bäume lagen Stevens Malutensilien. Er nahm die Leinwand, die er gegen einen Baum gelehnt hatte, auf und hielt sie Amanda vor Augen.

Eine flüchtig hingemalte Ölskizze zeigte die Abtei von Bellapais. Sie erhob sich aus einem Meer sich wiegender Olivenbäume. Das Bild war offensichtlich mit einem Spachtel bearbeitet, denn die Farbe war verschwenderisch dick aufgetragen. Das Ganze erinnerte trotz desselben Hilfsmittels gar nicht an Lumley Potters Arbeiten. Das noch unfertige Bild hatte die traumhafte, ätherische Atmosphäre der vom Alter zerstörten Abtei eingefangen. Amanda verspürte bei der Betrachtung des Bildes denselben starken Eindruck, den sie empfunden hatte, als sie Bellapais vom Auto aus vor sich hatte liegen sehen. Ohne zu denken, sagte sie, wie schon am Morgen auf der Hafenmauer:

»Sie können ja wirklich malen!«

Verstört und unsicher richtete sie den Blick auf Steven Howard.

»Arme Amarantha«, sagte Steven mit weicher Stimme. »Sie wissen ja nicht mehr ein noch aus. Vielleicht hilft es Ihnen, wenn ich zugebe, daß auch ich völlig durcheinander bin. Aber mich würde etwas ganz anderes interessieren: Warum sind Sie nach Zypern gekommen?«

Diese Frage kam plötzlich und unerwartet. Amanda schaute empört und sagte: »Weil ich hierherkommen wollte.«

»Und warum? Aus einem besonderen Grund?«

»Ja«, sagte Amanda langsam. Dabei verzog sich ihr Mund zu einem melancholischen Lächeln. »Wegen eines Gedichts, das ich in der Schule las. Kennen Sie das, wenn man einen ganz bestimmten Ort sehen möchte, von dem man einmal gelesen hat? So etwas kann sogar zu einer fixen Idee werden!«

Stevens Augen blickten jetzt nicht mehr spöttisch. »Homer«, sagte er lächelnd und zitierte genau die Zeilen, die Amanda noch aus ihrer Schulzeit in Erinnerung waren... »›Denn kein Schnee, kein Regen noch Grauen des Winters befällt sie, sondern beständig schickt der Okeanus wehenden Westwinds liebliches Säuseln herein und erfrischt die Seele des Menschen.‹«

»Ja«, sagte Amanda. Ihr Blick richtete sich auf das Meer der graugrünen Olivenbäume bis zur fernen Küste dahinter. Ihr Gesicht nahm einen abwesenden Ausdruck an, als sie wiederholte: »›...sondern beständig schickt der Okeanus wehenden Westwinds liebliches Säuseln herein und erfrischt die Seele des Menschen.‹ Eine herrliche Sprache.« Die einzelnen Silben zergingen ihr förmlich auf der Zunge. »Wissen Sie zufällig, wie das Schloß da drüben auf dem Gipfel heißt? Miß Moon hat mit davon erzählt. Es heißt Buffavento und bedeutet: Der Wind bläst. Der Wind bläst...« Ihre Stimme senkte sich bei den Worten zu einem Flüstern.

Steven hütete sich, die Übersetzung zu korrigieren. Von der Straße unten tönte eine Hupe zu ihnen herauf.

»Das wird wohl Blaine sein«, sagte Steven. »Sie sollten jetzt besser zurückgehen. Bis heute nachmittag zum Picknick!«

Amanda sah sich noch einmal das Ölbild an und sagte dann zögernd: »Könnte ich es kaufen? Ich möchte es furchtbar gern besitzen. Verkaufen Sie Ihre Bilder?«

»Ja, das tue ich«, sagte Steven. »Aber im allgemeinen erst, wenn sie trocken sind. Ich würde es Ihnen gern schenken. Sie können es als ein verfrühtes Weihnachtsgeschenk betrachten. Es ist ja auch nur eine flüchtige Skizze.«

Amanda lächelte ihn an, und ihre Augen glänzten. Sie griff nach dem Bild und sagte: »Es ist einfach wundervoll.«

»Vorsicht! Es ist noch naß. Ich lasse es noch etwas stehen. Sie bekommen es dann später.«

Amanda erinnerte sich an einen Satz, den Steven Howard in der Kabine auf der ›Orantares‹ gesagt hatte: »Ich male mittelmäßige Bilder und mische mich leidenschaftlich gern in anderer Leute Angelegenheiten ein.« Sie hatte sich ihre eigenen Gedanken über diesen Satz gemacht und war zu dem Schluß gekommen, daß er Privatdetektiv sein müsse. Außerdem hatte sie an die Möglichkeit gedacht, daß Julia ihn engagiert hatte, damit er ihren Mann beobachtete, um Beweise für ihre hysterischen Vermutungen zu bekommen. Sie hätte Alastair dann zur Rede stellen können und danach versucht, ihn noch fester an sich zu binden.

Aber irgendwie paßte das nicht zu Steven. Und er konnte ja auch wirklich malen, darüber gab es keinen Zweifel. Die Zeichnungen, die sie am Morgen von ihm gesehen hatte, zeugten von einem bemerkenswerten Talent. Sie hatten ihr beinahe noch besser gefallen als das Ölbild mit der Abtei von Bellapais, das allerdings einem ganz anderen Genre angehörte. Amanda fragte sich, ob sie nicht vielleicht zu viele Kriminalromane gelesen hatte.

War Steven Howard vielleicht doch rein zufällig nach Fayid und Zypern gekommen? Wollte er wirklich nur malen, und alles andere war bloße Neugier? Er hatte ja selbst geäußert, daß er es genieße, seine Mitmenschen mit amüsierter Distanziertheit zu beobachten.

Amandas Gedanken schwenkten zu Persis und Alastair über. Die beiden hatten also eine zweiwöchige Affäre gehabt. Amanda erinnerte sich, daß Julia erwähnt hatte, Alastair sei zu einer Konferenz nach London geflogen. Die Konferenz war verschoben worden, und Alastair war nicht nur einige Tage, sondern zwei Wochen dort geblieben. Er war dann, vermutlich auf Grund eines dummen Briefes von Julia, zu dem Punkt gekommen, wo es ihm, wie er selbst zugegeben hatte, zu bunt wurde. Und Persis hatte sich damals wohl in ihn verliebt.

Amanda spürte plötzlich eine Welle heftigen Mitleids für Persis Halliday in sich aufsteigen. Unter der Maske der kalten, ja zynischen Intellektuellen verbarg sich so viel Verletzbarkeit. Doch, so dachte Amanda, mußte man sie eigentlich bewundern. Nichts an ihrem Benehmen verriet, daß soeben, mit einem Schlag, all ihre Hoffnungen vernichtet worden waren und wie sehr ihr Stolz verletzt war.

Was fand sie nur an Alastair Blaine so anziehend? Und ebenso Julia? Er war zwar groß, blond, braungebrannt und blauäugig. In Amandas Augen aber sah er nicht besonders gut aus. Er hatte ein unauffälliges, typisch englisches Gesicht. So wie er sich selbst charakterisiert hatte, war er ein ganz gewöhnlicher 08/15-Typ ohne den geringsten Sex-Appeal. Die Frauen mochten Alastair Blaine, aber es waren nur schwesterliche Gefühle, die sie für ihn hegten. Sie hatten eine Art, mit ihm umzugehen und über ihre Probleme zu sprechen, die zeigte, daß Alastairs Gesellschaft ihren Puls nicht gerade beschleunigte. Amanda wurde klar, daß Alastair nur in Julias eifersüchtiger Phantasie ein unwiderstehlicher Charmeur gewesen war.

Julia war vermutlich die einzige Frau, die sich jemals leidenschaftlich in ihn verliebt hatte. Und jetzt Persis. Aber was empfand sie für ihn?

Sie ist eben eine Amerikanerin und vor allem Schriftstellerin, dachte Amanda. Plötzlich kam ihr eine Erkenntnis.

Persis sah Alastair mit anderen Augen als andere Leute. Er entsprach wahrscheinlich genau dem Bild, das sie von dem introvertierten Engländer im Kopf hatte, war Frauen gegenüber indifferent, und die Frauen hatten Persis' Meinung wohl noch bestärkt. Sie hatte ihn sich zurechtgeschnitzt, ihm ihr wichtige Attribute zugesprochen und sich in dieses Bild verliebt. Es war gar nicht Alastair Blaine, den sie liebte, sondern eher eine Schneiderpuppe aus Fleisch und Blut.

Mich würde interessieren, wie er wirklich ist, dachte Amanda. Oder wie Persis ist oder Toby oder der leichtlebige, ergebene George Norman. Oder, wenn sie schon gerade darüber nachdachte, Steven Howard.

Amandas Blick glitt über die Olivenhaine und das Meer hinweg. Sie nahm beides nicht einmal wahr. Zum ersten Mal in ihrem jungen Leben dachte Amanda darüber nach, daß im Grunde genommen ein jeder Mensch eine eigene kleine, undurchschaubare Insel ist.

11

Amanda überbrachte Miß Moon Euridices Nachricht. Miß Moon schüttelte gedankenverloren den Kopf und sagte: »Ich hoffe nur, daß sie zum Frühstück wirklich rechtzeitig zurück sein wird. Wann gehen Sie zu diesem Picknick, Amanda?«

»Um halb drei«, sagte Amanda. »Ich werde abgeholt.«

»Ich«, sagte Miß Moon mit bedauerndem Seufzen, »werde eine Viertelstunde später gehen. Schade, daß ich nicht mit Ihnen kommen kann. St. Hilarion ist für mich immer wieder ein seelischer Jungbrunnen. Lady Cooper-Foots Bridge-Nachmittage sind nicht so erholsam. Ich habe gar keine Lust hinzugehen. Außerdem bekomme ich Kopfweh, hoffentlich wird keine Migräne daraus. Wie dem auch sei, man darf seine gesellschaftlichen Verpflichtungen schließlich nicht vernachlässigen.«

Amanda fragte: »Miß Moon, wie komme ich ins Haus, wenn ich vor Ihnen zurück sein sollte? Euridice ist ja nicht da.«

»Oh, ich schließe die Haustür nie ab. Ich war immer der Meinung, daß jeder, der mit unehrlichen Absichten in ein Haus hineinkommen will, alle Riegel der Welt öffnen könnte. Schlösser existieren nur dazu, anständigen Menschen Ärger zu bereiten. Das Haus wird also offenstehen.«

Toby Gates kam mit lobenswerter Pünktlichkeit um Schlag halb drei. Amanda nahm ihren breitkrempigen Hut und die Sonnenbrille. Dann verabschiedete sie sich von Miß Moon. Da sie keine Antwort erhielt, dachte sie, Miß Moon sei schon gegangen.

»Wie kommen wir nach St. Hilarion, Toby?«

»Ich habe für den Nachmittag einen Wagen gemietet. Einen netten, kleinen Karren. Die Normans haben zwar angeboten, uns beide mitzunehmen, aber da Alastair Blaine bereits mitfährt und außerdem die ganzen Picknicksachen verstaut werden müssen, dachte ich, es würde etwas eng werden.«

Er half ihr auf den Vordersitz einer kleinen, grauen Limousine, und Amanda sagte:

»Was ist mit Persis?«

»Howard nimmt sie mit.«

Er lenkte den Wagen auf die sanft ansteigende Straße, die von Kyrenia zum Paß hinaufführt, um sich von dort wieder zur Ebene von Nikosia herabzuwinden.

»Übrigens, wenn ich noch einen Funken Verstand besäße, würde ich kein Wort mehr mit Ihnen reden«, bemerkte Toby plötzlich.

Amanda sah ihn von der Seite mit ehrlichem Erstaunen an: »Aber warum denn, Toby? Was habe ich denn jetzt schon wieder angestellt?«

»Sie gefallen mir«, sagte Toby heftig. »Ist Ihnen eigentlich klar, sie langmähniges Frauenzimmer, daß ich Ihretwegen um £ 50 leichter bin? Und daß ich stolzer Besitzer der zwei entsetzlichsten Ölschinken bin, die je eine Wand verunzierten?«

»Ach, Toby!« Amanda hatte plötzlich Schuldgefühle und schämte sich ein wenig. »Das hätte ich beinahe vergessen. Haben Sie etwa echte »Potters« erworben?«

»Mein liebes Mädchen, ich hatte gar keine andere Wahl. Wie befohlen, habe ich Potter eine Nachricht hinterlassen und bin dann ein wenig in der Stadt herumgeschlendert. Erst als ich Howard traf, fiel mir die Verabredung wieder ein. Potter wartete immer noch in der Halle und war mit seiner enormen Mappe nicht zu übersehen. Da konnte ich ihn doch nicht einfach abwimmeln. Er blieb dann stundenlang! Es war ihm allerdings glücklicherweise völlig egal, ob ich redete oder nicht. Er hält mich für einen wirklichen Kunstkenner. Also, ich werde Ihnen seine Bilder als kleine Aufmerksamkeit schicken, und Sie werden sie sich zur Strafe über Ihr Bett hängen! Im übrigen könnten Sie heute abend mit mir ausgehen, zur Versöhnung sozusagen. Das ist das mindeste, was Sie mir schuldig sind.«

»Es tut mir wirklich leid, Toby. Ja, natürlich können wir ausgehen. Miß Moon wird sicher froh sein, wenn sie für eine Person weniger kochen muß. Das Personal hat nämlich heute frei.«

»Das trifft sich prima! Haben Sie sich übrigens mit dieser untreuen Ehefrau gut unterhalten? Sie hat Ihnen sicher Informationen aus erster Hand über die Geschichte geliefert.«

»Nein«, sagte Amanda zurückhaltend. »Wir haben uns lediglich allgemein unterhalten. Toby, sind Sie sicher, daß Sie den richtigen Weg eingeschlagen haben?«

»Nein«, sagte Toby. »Der Autovermieter meinte aber, wir könnten St. Hilarion gar nicht verfehlen.«

Die Straße wand sich höher und höher. Sie fuhren an Olivenhainen, Fichten, Zypressen, Johannesbrotbäumen und Hängen, deren Gras von der Sonne verdorrt war, vorbei. Kurz vor dem Paß bog Toby schließlich rechts in eine Nebenstraße ab, an der ein Straßenschild die Richtung nach St. Hilarion angab. Als sie gerade einbiegen wollten, fuhr ein Wagen aus Richtung Nikosia an ihnen vorbei. Es war ein kleiner zweisitziger Sportwagen mit offenem Verdeck. Er wurde von einer Frau gesteuert, und Amanda glaubte, Glenn Bartons Sekretärin, Monica Ford, darin zu erkennen. Am Rande der Straße nach St. Hilarion zog sich auf der einen Seite das Gebirge hin, dessen Ausläufer an eine Bratpfanne erinnerten. Toby erzählte, daß dies zur Zeit der Kreuzfahrer ein Turnierplatz gewesen sei, und fügte hinzu, die Information von Persis Halliday erhalten zu haben, die im Reiseführer alles über St. Hilarion nachgeschlagen hatte. Persis hatte während des Mittagessens offenbar einen einführenden Vortrag gehalten. Auf einer Felsnadel erhob sich die Ruine der Kreuzfahrerburg St. Hilarion. Sie ragte mehr als 600 Meter über dem Meer in den wolkenlosen Himmel. Amanda dachte an die Legende von Richard Löwenherz, der einst Berengaria von Navarra als seine frisch angetraute Frau hierhergebracht hatte. Von dieser Burg aus war er zum Kreuzzug aufgebrochen. Aus den Bogenfenstern mußte einst die Königin Berengaria sehnsüchtig nach den Segeln seiner Schiffe Ausschau gehalten haben, die an eben dieser Küste gelandet sein mußten.

Es parkte bereits ein anderes Auto im Schatten einiger Bäume direkt vor den Außenmauern der Burg. Sie kannten den Fahrer nicht, denn das Auto gehörte weder den Normans noch Steven Howard.

»Touristen«, sagte Toby mit Geringschätzung.

»Sie sind doch selbst einer«, erwiderte Amanda schlagfertig und kletterte aus dem Wagen. »Ich bin der Meinung, wir sollten nicht lange auf die anderen warten, sondern die Gegend erkunden.«

In der heißen Sonne kletterten sie den steinigen Hang hinauf und erreichten den im kühlen Schatten liegenden Bergfried. Viele abgetretene Steinstufen führten geradewegs hinauf zu dem, was einmal die Hauptgebäude dieser Bilderbuchburg gewesen waren. Sie erstreckte sich hoch über ihnen und wirkte förmlich wie an den Fels geklebt. Und der nackte Fels bildete auch tatsächlich manche ihrer Wände. Unten neben der Treppe saß ein Mann in einem lebhaft gemusterten Polohemd auf einem Campingstühlchen. Er hatte eine riesige Staffelei vor sich, und sein zunächst ärgerlicher Gesichtsausdruck verklärte sich zu einem strahlenden Lächeln.

»Guten Tag, Gates! Sie kommen gerade recht. Wie finden Sie das?

Ist natürlich erst im Werden, aber ich glaube doch, einiges vom Rhythmus und vielleicht auch eine Spur von der Aura dieses schönen Fleckchens Erde eingefangen zu haben. Bloß der innere Gehalt läßt sich nicht erfassen – ja, ich muß gestehen, er läßt sich nicht... – aber ich bin sicher, zu guter Letzt krieg' ich ihn doch noch.«

»Oh, ja, das werden Sie sicher«, sagte Toby und starrte mit ungläubigem Entsetzen auf die Leinwand, wo sich so etwas wie das Portrait eines halbfertigen Plumpuddings erkennen ließ, dem jemand versehentlich einen guten Schuß königsblauer Tinte zugefügt hatte.

»Nun?« fragte Mr. Potter.

»Oh, irrsinnig gut!« sagte Toby Gates hastig. »Ich glaube, Sie kennen Miß Derington noch nicht. Amanda, darf ich vorstellen – Mr. Potter.«

Mr. Potter gab seiner Freude Ausdruck, Miß Derington kennenzulernen, und stürzte sich in einen Monolog über seine Kunst. Er wurde unterbrochen von der Ankunft der Normans, Major Blaines, Mrs. Hallidays und Steven Howards.

Sie überließen Lumley Claire und Major Blaine. Claire war offensichtlich von Grund auf vertraut mit der Kunst und ihrer Aura. Währenddessen erforschten die anderen die Burg, wobei Persis mit Hilfe eines Reiseführers die fünf Ahnungslosen belehrte.

Kurz darauf, hinter einer Kurve, stießen sie völlig unerwartet auf Anita Barton.

Mrs. Barton hatte an einem schattigen Plätzchen eine Decke ausgebreitet und sich, versehen mit einem Buch und einer Schachtel Pralinen, darauf ausgestreckt. Eine leichte Brise wendete die Seiten des Buches, und ein Trupp Ameisen wagte einen Erkundungsgang ins Innere der Pralinenschachtel. Anita Barton trug ein ausgesprochen kleidsames maisgelbes Leinenkleid, das am Saum und an dem tiefgeschnittenen Ausschnitt mit zahllosen, kleinen weißen Stoffblumen besetzt war. Mit den lose angehefteten Leinenblümchen sah es bezaubernd aus, ließ jedoch keinen Zweifel daran bestehen, daß für Mrs. Bartons Garderobe das Teuerste gerade gut genug war.

Amanda, die zu ihr herunter sah, hatte plötzlich den Eindruck, daß Anita sehr viel jünger als am Abend zuvor aussah. Sie wirkte irgendwie verloren. Amanda erinnerte sich an die Worte Glenn Bartons, der von seiner Frau als einem ›solchen Kind‹ gesprochen hatte. Sie verstand jetzt, wie er es gemeint hatte. Abgesehen von dem blauen Lidschatten, der übertrieben stark aufgetragenen Wimperntusche nebst

Lippenstift und den scharlachrot bemalten Nägeln, lag über ihrem schlafenden Körper, der in dieses sowohl abgeschmackte als auch anziehende Kleid gehüllt war, etwas merkwürdig Kindliches.

Sie entfernten sich geräuschlos und überließen Anita ihren Träumen.

Als sie bereits außer Hörweite waren, sagte Persis: »Das ist ja vielleicht eine tolle Situation. Meinen Sie, wir sollten Glenn von der Anwesenheit seiner untreuen Ehefrau unterrichten? Er muß jeden Moment kommen. Es ist fast vier Uhr. Oder lassen wir den Dingen ihren Lauf und warten, bis er über sie stolpert, egal, was passieren mag?«

»Das letztere wäre das beste«, riet Mr. Howard träge.

Amanda sagte besorgt: »Ich hatte völlig vergessen, daß Glenn auch kommen will. Wann, sagte er, würde er hiersein?«

»Um vier Uhr, wenn er es bis dahin schaffen könne.«

Amanda sah über die Zinnen, konnte aber auf der Straße, die sich als weißes Band tief unter ihnen wand, kein Auto sehen. Und das war kein Wunder, denn Mr. Barton war aufgehalten worden...

Glenn hatte ursprünglich auf direktem Weg von Nikosia nach St. Hilarion fahren wollen. Es stellte sich aber heraus, daß er unbedingt über Kyrenia fahren mußte, um Akten bei einem Kunden abzuliefern, der im Dome-Hotel abgestiegen war. Zu allem Überfluß hatte ihn kurz vor der Stadt auch noch eine Reifenpanne aufgehalten, so daß er sein Auto an der Landstraße stehenließ und zu Fuß zum Hotel ging, um seine geschäftlichen Angelegenheiten zu erledigen.

Er befand sich gerade auf dem Weg, sein Auto abzuholen, als er Miß Fords schäbigen kleinen Zweisitzer eine Kreuzung überqueren sah. Sie fuhr die Straße entlang, die zur Villa Oleander führte. Diese Begegnung überraschte ihn einigermaßen. Was konnte Monica in Kyrenia zu tun haben? Er hatte sie noch am Morgen kurz in seinem Büro in Nikosia gesehen. Danach hatte er dann in den Weinbergen zu tun gehabt und war seitdem nicht mehr in seinem Büro gewesen. Monica hatte keinerlei Andeutung gemacht, daß sie nach Kyrenia fahren wollte. Bislang war es noch nie vorgekommen, daß sie sein Büro während seiner Abwesenheit verlassen hatte. War etwas vorgefallen, worum er sich sofort persönlich kümmern mußte? Suchte Monica etwa ihn?

Glenn sah auf die Uhr und stellte fest, daß es Viertel vor vier war. Er stand einen Moment lang zögernd auf dem Fußweg, war noch unentschlossen und ratlos. Dann überquerte er die Straße und ging Richtung Villa Oleander.

Monicas Auto stand nicht vor dem Haus. Er sah es aber unter den Maulbeerbäumen der schmalen Seitenstraße grün aufblitzen und stellte fest, daß sie ihren Wagen drüben im Schatten geparkt hatte. Monica hatte soeben die Straße überquert. Mr. Barton sah sie das Tor der Villa Oleander öffnen. Dann verschwand sie aus seinem Blickfeld.

Vielleicht ließ Oswin Derington seiner Nichte irgendeine Nachricht übermitteln. Aber Amanda war sicher schon in St. Hilarion und Miß Moon bei Lady Cooper-Foot. Selbst Euridice und Andreas waren nicht zu Hause, sondern auf einem Fest in Aiyos Epiktitos. Monica würde das Haus leer vorfinden.

Glenn ging durch das Tor, das Miß Ford nachlässigerweise hinter sich offengelassen hatte. Er lief den gepflasterten Fußweg entlang. Die Haustür war offenbar gut geölt, denn sie ließ sich lautlos öffnen. Dann befand er sich in der wohltuend kühlen, dämmrigen Halle. Aus dem Wohnzimmer waren Geräusche zu vernehmen. Glenn trat durch die Halle in das geöffnete Wohnzimmer ein.

Monica Ford stand nahe dem französischen Fenster. Der Anblick ihres verstörten Gesichts ließ ihn stocken.

»Monica! Was ist denn nur los?«

Miß Ford antwortete nicht. Ihr Gesicht war aschfahl und tränenverschmiert. Es war völlig verzerrt, abgehärmt und schien von Kummer und Sorge gealtert. Sie war kaum wiederzuerkennen.

»Monica!«

Er eilte auf sie zu, blieb aber sofort stehen, als sie heftig zurückfuhr. Sie ließ ihre Zunge über die trockenen, zitternden Lippen fahren und flüsterte mit hoher, brüchiger Stimme: »Was machst du denn hier? Ich – ich dachte, du seist in Limassol.«

»Monica! Was hast du denn? Ist etwas passiert?«

Sie ließ den starren Blick ihrer weit aufgerissenen, rotgeränderten Augen lange auf ihm ruhen. Dann wandte sie sich hastig ab und ging unsicher und stolpernd zum Sofa hinüber. Sie ließ sich darauf nieder und brach, mit dem Rücken zu ihm, in haltloses Schluchzen aus. Den Kopf hatte sie in den Händen vergraben. Mein Gott! dachte Glenn verzweifelt. Schon wieder eine hysterische Frau! Erst Anita und jetzt Monica! Monica hatte jetzt zu sprechen begonnen. Unter Schluchzen stieß sie einen hysterischen, wirren, verzweifelten, unzusammenhängenden Wortschwall hervor. Einige Worte waren zu verstehen und wiederholten sich ständig. Der Name ihres verstorbenen Bruders, ihr eigener und der von Glenn – Glenn – Glenn.

»... Ich habe es nicht früher gemerkt. Ich – ich liebe dich, Glenn, ich liebe dich...«

Glenn schloß die Augen und versuchte, ihr nicht länger zuzuhören. Er war angeekelt und spürte eine kalte Wut in sich aufsteigen. Monica aber sprach pausenlos. Sie sagte mit tränenerstickter, häßlicher Stimme:

»Erst heute ist es mir klargeworden. Ich habe es nicht eher gemerkt. Ich weiß, das gibt es eigentlich gar nicht. Ich wollte es einfach nicht wahrhaben. Und heute, du warst schon gegangen, kam Pavlos wegen einer kaputten Weinkiste. Er sagte, du seist nach St. Hilarion gefahren, mit Claire Norman, und da – da habe ich es plötzlich gewußt. Ich habe dich die ganze Zeit geliebt.«

Glenn öffnete die Augen wieder und sah das zusammengekauerte, bebende Häufchen Elend. Er verspürte Wut und Verzweiflung. Ein schwacher Duft von Jasmin wehte durch die geöffneten Fenster herein und vermischte sich mit Miß Fords Veilchenparfüm. Eine leichte Brise bauschte die Vorhänge auf und bewegte die Enden eines Crepe-de-Chine-Schals, den Miß Moon über der Sofalehne hängengelassen hatte. ›Donnerstag‹, dachte Glenn automatisch beim Anblick der Farbe.

Er wollte etwas sagen, fand aber die richtigen Worte nicht. Es gab nichts zu sagen. Nichts, das die Situation gerettet hätte. Er hätte sie längst wegschicken sollen. Er hätte sie dazu überreden sollen zu gehen. Die schluchzende, verstörte Stimme konnte sich einfach nicht beruhigen. Als der Name seiner Frau fiel, zuckte er zusammen.

»Anita... Anita muß es gewußt haben. Deshalb hat sie dich verlassen. Ich hätte es auch wissen müssen. Aber ich wollte es mir nicht eingestehen. Ich konnte den Tatsachen nicht ins Auge sehen. Es ist meine Schuld... Ich tat so, als sei alles in bester Ordnung. Aber Anita muß es gewußt haben –.«

Anita, bei dem bloßen Gedanken an sie, durchfuhr Glenn ein geradezu körperlicher Schmerz. Stimmte das etwa? Hatte sie es wirklich gewußt? Er hatte immer geglaubt, daß sie die Dinge, die sie über ihn und Miß Ford verbreitete, selbst nicht glaubte und daß ihr Verschwinden nur ein Vorwand gewesen war. Jetzt aber behauptete Monica, daß sie es gewußt haben mußte. Deshalb war sie also von ihm fortgegangen. Anita...

Die tränenerstickte, häßliche Stimme schien den ganzen Raum zu erfüllen: »Ich weiß nicht mehr, was ich machen soll! Wenn die Sache mit Bobby nicht auch noch passiert wäre, dann hätte ich es noch ertragen können. Aber ich mußte einfach mit jemandem reden. Glenn! ... Glenn.«

Die Sonne hatte sich inzwischen gesenkt. Jetzt schien sie durch die französischen Fenster. Sie zeichnete ein helles Rechteck goldenen Lichts auf den verblichenen Teppich, warf ihre Strahlen auf Miß Fords wenig anziehende Figur und erfüllte den ganzen Raum mit einem warmen Glanz.

Glenn betrachtete die zusammengekrümmte, bebende Gestalt mit Abscheu und Ekel. Dann, als ihm klarwurde, daß er gar nichts anderes tun konnte, wandte er sich von ihr ab und verließ eilig den Raum.

Die Standuhr schlug einmal, und als er die Klinke bereits in der Hand hielt, glaubte er ein schwaches Geräusch aus einem der Schlafzimmer oben gehört zu haben.

Er sah sich um und schaute die Treppe hinauf. Es war aber niemand zu sehen, und im Treppenhaus bewegte sich nichts. Miß Moon war außer Haus, ebenso Euridice und Andreas. Die oberen Räume mußten also leer sein. Es konnte eigentlich niemand dasein. Vielleicht hatte er nur eine Taube oder Euridices graue Katze gehört. Er zögerte, seine Nerven waren äußerst angespannt, und es lief ihm kalt den Rücken hinunter. Er stand unsicher und mit gerunzelter Stirn in der Halle. Jetzt hörte er von oben kein weiteres Geräusch. Er wußte nur eines, und zwar, daß er nicht länger mit Monica Ford unter einem Dach bleiben wollte. Also verließ er das Haus und schloß die Tür leise hinter sich. Es war schon Viertel vor fünf, als er in St. Hilarion ankam.

Er fand die Ausflügler malerisch um die Überreste des Picknicks gruppiert vor. Sie saßen auf einem grasbewachsenen Plätzchen in der Nähe eines verfallenen Strebebogens. Weil er mit seinen Gedanken ganz woanders war, sah Glenn zwischen all den anderen abgestellten Wagen Lumley Potters klappriges Vehikel nicht.

»Sie haben es also doch noch geschafft«, bemerkte Persis und machte Glenn einen Platz neben sich frei. »Wir hatten die Hoffnung schon aufgegeben.«

Glenn ließ sich erschöpft ins Gras sinken und nahm dankend eine lauwarme Tasse Tee entgegen, die er gierig trank.

»Es tut mir leid, daß ich so spät komme«, entschuldigte er sich. »Ich mußte noch nach Kyrenia fahren und hatte dann ausgerechnet eine Reifenpanne kurz vor der Stadt. Darüber hinaus traf ich auch noch zufällig Monica Ford, und das hielt mich noch mehr auf.«

Sein Blick wurde bei dem Gedanken an den Zwischenfall in der Villa Oleander noch finsterer. Sekundenlang verzog sich sein Mund voller Abscheu.

Claire sagte: »Monica? Was hatte die denn in Kyrenia zu tun?«

»Nichts Besonderes. Sie wollte Miß Derington besuchen, aber sie war natürlich nicht zu Hause.«

»Mich?« sagte Amanda überrascht. »Sie haben ihr doch hoffentlich gesagt, daß ich zu einem Picknick gegangen bin und daß bis heute abend niemand im Haus sein wird, weder Miß Moon noch das Personal. Sie könnte nicht einmal Tee bekommen. Warum haben Sie sie denn nicht mitgebracht?«

Die Falten auf Glenn Bartons Stirn vertieften sich. Er sagte unsicher: »Sie war nicht gerade bester Laune. Ihr Bruder ist doch gestorben, und sie ist noch ziemlich verstört. Sie...« Er brach mitten im Satz ab und fügte nach einer kurzen Pause schwerfällig hinzu: »Sie treffen sie vielleicht später ohnehin noch. Es kann sein, daß sie auf Sie wartet. Sie hat sonst nichts Besonderes vor.« Dann wechselte er das Thema.

Sie packten die Überreste des Picknicks und die Körbe wieder ein. Amanda ergriff die Gelegenheit, Mr. Barton beiseite zu ziehen und ihm über den mißglückten Besuch bei seiner Frau zu berichten.

»Tut mir leid, Glenn, daß nichts dabei herausgekommen ist. Aber wenn es ihr besser geht, werde ich sie noch einmal besuchen. Zumindest wissen Sie jetzt, daß sie nicht in Lumley Potter verliebt ist.«

»Ja«, sagte Glenn langsam. »Das ist immerhin etwas, obwohl ich das nie so recht geglaubt habe. Sie ist viel zu anspruchsvoll für so einen Chaoten wie Potter.« Er lächelte Amanda an und fügte ein bißchen gezwungen hinzu: »Auf jeden Fall war es ausgesprochen liebenswürdig von Ihnen, zu ihr zu gehen. Ich bin Ihnen sehr dankbar.«

Er nahm ihre Hand und hielt sie einen Augenblick in der seinen. Amanda erwiderte mitleidig seinen festen Händedruck. Sie lächelte ihn herzlich an und bemerkte plötzlich, daß Steven Howard sie beide mit einem merkwürdigen Blick beobachtete. Es war ein harter, klarer und nachdenklicher Blick, der mehr als Ärger ausdrückte. Amanda stellte zu ihrer Überraschung fest, daß ihr Herz einen Sprung machte und ihr das Blut in die Wangen schoß.

Claire rief laut: »Glenn, helfen Sie mir bitte mit all diesen Körben und Decken.« Mr. Barton gab Amandas Hand frei und eilte zuvorkommend zu Hilfe. Er und George Norman trugen die Körbe und Decken zum Auto. Persis ging neben ihnen her.

Die Sonne stand tief am Himmel, und die verfallenen Mauern warfen lange Schatten auf das Gras und auf die zahlreichen Büschel wilden Thymians. Noch einmal leuchteten die kahlen Felsen auf, die fast senkrecht zu den Olivenhainen und der ruhigen See tief herabfielen.

Unten lag das Meer glatt und bewegungslos wie eine polierte Stahlplatte. Aber bei Sonnenuntergang kam eine starke Brise auf. Der Wind blies kräftig und mit schrillem Pfeifen durch die steinernen Fensterbögen und verlassenen Zinnen.

Claire und Toby waren gemeinsam spazierengegangen und hatten sich in eine Unterhaltung vertieft. Amanda lehnte an einer steinernen Brüstung und sah hinunter. Sie erkannte Alastair Blaine, der unten in einer Schießscharte der Zinnen mit Anita Barton sprach. Sie stellte sich die Frage, ob auch Alastair bald neuer Besitzer eines dieser dunklen Meisterwerke von Potter sein würde. Amanda hoffte inständig, daß Glenn, wenn er vom Parkplatz zurückkäme, seine Frau nicht treffen würde. Er sah müde und krank aus. Amanda glaubte nicht, daß er einer solch heiklen Situation gewachsen wäre.

Sie richtete ihre Aufmerksamkeit auf den mittelalterlichen Turnierplatz, der weiter unten lag. Amanda versuchte sich vorzustellen, wie es wohl ausgesehen haben mochte, als dort noch Banner und Wimpel geflattert hatten und Ritter in ihren Rüstungen vor mehr als 800 Jahren gegeneinander anrannten, zur Ehre der Hochzeit von Richard Löwenherz und Königin Berengaria.

»Woran denken Sie, Amarantha?« fragte Steven Howard und lehnte sich neben sie an die Wand. Weil der Wind so laut pfiff, hatte sie ihn nicht kommen hören. Überrascht fuhr sie herum.

»Ich möchte Ihre Gedanken lesen können«, scherzte Steven.

»Wenn Sie das wirklich wollen. Ich stellte mir gerade vor, wie Sie, Toby, Glenn und die anderen Männer in Rüstungen aussehen könnten und Persis, Claire und ich mit langen Schleiern und edlen weißen Leinengewändern mit hermelinbesetzten Jäckchen.«

»Jeder, der so verrückt wäre, in diesem Klima eine Rüstung zu tragen, würde darin in weniger als zehn Minuten knusprig gebraten«, stellte Mr. Howard sachlich fest. »Und das mit dem Schleier stimmt auch nicht. Es wäre vielmehr passender, wenn Sie Ihr langes Haar aus dem nächsten Fenster hängen lassen würden wie einst Rapunzel. Seit wann kennen Sie diesen Barton?«

Die Frage überraschte Amanda. »Glenn? Ich habe ihn in Limassol kennengelernt. Das wissen Sie doch. Warum fragen Sie?«

»Glenn«, murmelte Steven und äußerte mit Schroffheit in der Stimme, daß Amanda und Glenn sich für die Kürze ihrer Bekanntschaft auffallend gut zu verstehen schienen.

»Ich glaube, das sehen Sie falsch«, sagte Amanda beschwichtigend. »Obwohl er, um mit Persis' Worten zu sprechen, durchaus einen Spaziergang bei Mondschein wert wäre«, fügte sie provozierend hinzu. Es freute sie, festzustellen, daß er sich über sie ärgerte. Amanda konnte es nicht unterlassen, ihn noch mehr aufzustacheln: »Ich hätte nicht wenig Lust, es herauszufinden.«

»Versuchen Sie's doch«, sagte Steven und lächelte wenig überzeugend.

Es klapperte etwas auf den Steinen hinter ihnen, und Amanda fiel eine zerdrückte Farbtube vor die Füße. Lumley Potter war zu ihnen getreten.

»Verdammt!« sagte er gereizt.

Er stellte eine zusammenklappbare Staffelei und eine saubere Leinwand ab. Dann bückte er sich, um ein halbes Dutzend Farbtuben zu retten, die aus einer schlecht schließenden Blechschachtel gefallen waren.

»Ich dachte, ich würde hier schnell etwas malen«, sagte Mr. Potter. »Guten Tag, Howard! Arbeiten Sie hier?«

Amanda sah Steven einigermaßen überrascht an. Sie hatte nicht gewußt, daß Steven inzwischen Lumley Potters Bekanntschaft gemacht hatte.

»Leider nicht, das Panorama gibt mir nicht so viel«, sagte Steven ungeheuer würdevoll. »Optisch vielleicht, aber seelisch inspiriert es mich überhaupt nicht.«

»Nun, das klingt sehr interessant«, sagte Mr. Potter ernsthaft. »Ich für meinen Teil…«

Er stürzte sich mit Begeisterung in seine Theorie. Amanda, die meinte, Steven habe diese Unterhaltung selbst herausgefordert, ließ die beiden allein und wanderte ein wenig umher.

Sie hatte bereits einmal die höchste Stelle der Burg erklommen, aber sie beschloß, dieses Abenteuer zu wiederholen und sich ins Fenster der Königin zu setzen, in dem Berengaria so oft gesessen haben mußte. Von dort aus wollte Amanda den Sonnenuntergang beobachten. Sie kletterte die verfallene Steintreppe hinauf, die auf der einen Seite von einem hohen Zwischenwall begleitet wurde, während auf der anderen ein Grashang steil abfiel. Amanda trat durch einen gemauerten Torbogen und durchquerte winzige steinerne Räume, die einmal Wachstuben, Kornspeicher, Galerien und Ankleidezimmer gewesen sein mußten.

In der Kemenate der Königin fehlte die Decke, so daß sie den Abendhimmel sehen konnte. Große Teile der Außenwände waren eingestürzt oder fehlten bereits ganz, so daß der Wind durch den einstigen Prunkraum blies. Vom Rande des steingepflasterten Fußbodens fiel der Blick auf Baumkronen und einen gähnenden Abgrund. Die Burg St. Hilarion war auf einer Felsnadel errichtet worden, die über 600 Meter steil zum Meer abfiel.

Nur ein kleiner Teil der äußeren Mauern waren erhalten geblieben. Von dort gab das Fenster der Königin, ein anmutig gewölbter steinerner Doppelbogen, den Blick auf die traumhaft schöne Szenerie in der Tiefe frei.

Das intensive Blau, das Himmel und Meer am Nachmittag gezeigt hatten, war nun im Abendlicht verblaßt. Als ein zarter lila Streifen war ganz fern am Horizont ein Gebirge der Türkei zu erkennen.

Amanda entfernte sich von dem Fenster und wanderte zu der im Nichts endenden wettergebleichten Steinmauer.

Der Abendwind tönte schrill in ihren Ohren, zerrte an ihrem dünnen Kleid und an ihrer Frisur, so daß sich die schweren Zöpfe lösten und über die Schulter herabfielen. Amanda versuchte, sie wieder hochzustecken, aber die Haarnadel glitt wieder aus ihrer Frisur, fiel auf die Steinfliesen und verschwand im Abgrund.

Das Pfeifen des Windes übertönte die Schritte hinter ihr. Eine Hand stieß sie kräftig in den Rücken, sie fiel nach vorn und stürzte kopfüber in die Tiefe. Der Wind trug ihren entsetzten Schrei mit sich davon.

Die langen, schweren Zöpfe retteten Amanda das Leben. Es waren nur ihr Haar und eine alte, gewundene Kiefer, die aus einer Felsspalte unter der Burgmauer wuchs, die sie auffingen.

Die Zweige schlugen ihr ins Gesicht und brachen unter ihrem Gewicht. Doch ihr Haar verfing sich in ihnen und hielt sie so fest wie einst Absalom. Dadurch wurde ihr Fall abgebremst, und es gelang Amanda, sich an einen stärkeren Ast zu klammern.

Sie hing da, vor Entsetzen sah und hörte sie nichts mehr, und nur ihre Hände klammerten sich mit aller Kraft in Panik an den gefährlich krachenden Ast. Ihr Haar hatte sich in den Zweigen der kleinen Fichte völlig verfangen, während ihre Beine über dem Nichts baumelten.

Amanda hörte über sich jemanden rufen. Sie konnte ihren Kopf aber nicht herumdrehen und traute sich nicht, sich zu bewegen. Von der Anstrengung schmerzten ihre Arme nahezu unerträglich. Sie spürte, wie ihre Finger, die den Ast umkrallten, allmählich taub wurden. Der Wind pfiff durch die Äste und verschluckte alle anderen Geräusche.

Wieder hörte sie den Ast gefährlich krachen, aber zum Glück brach er nicht. Ihr war klar, daß sie versuchen mußte, sich einen anderen Halt zu verschaffen. Sie mußte versuchen, sich rückwärts an den Baumstamm zu schwingen. Aber sie schaffte es nicht. Sobald sie ihre Finger nur ein wenig lockerte, würde sie abstürzen.

Der Baum erbebte, als sei er von etwas Schwerem getroffen worden. Jemand rief ihr ermutigend zu, sie solle noch ein wenig aushalten. Sie erkannte die Stimme nicht, meinte aber, daß jemand aus der Nähe sprach. Aber niemand würde auch nur den Versuch machen, über die glatte Felswand unterhalb der Burgmauer hinabzuklettern. Das wäre reiner Selbstmord. Sie hörte jetzt noch jemanden rufen, und eine Frau schrie vor Entsetzen. Amanda spürte wieder, wie der Baum wackelte und daß der Ast bedrohlich knackte. Dann packte jemand mit festem Griff ihr Handgelenk und sagte keuchend:

»Versuchen Sie, Ihren Fuß auf den Ast hinter sich zu setzen. Den linken Fuß! Einfach nach hinten treten!«

Automatisch gehorchte sie. Amanda konnte sich später nicht mehr erinnern, wie sie von dem Stamm der Kiefer zu dem schmalen Felsband gelangt war, das sie von oben überhaupt nicht hatte sehen können. Nachdem sie wieder festen Boden unter den Füßen hatte, war es nicht allzu schwierig gewesen, auf einen Arm gestützt, zu den verfallenen Zimmern zu gelangen.

Jemand hatte sich über sie gelehnt und ihre Hand ergriffen. Als sie sich bereits in Sicherheit befand, fiel sie, zum ersten Mal in ihrem Leben, in Ohnmacht.

12

Amanda tauchte langsam aus der schwarzen Tiefe wieder empor in das wärmende goldene Licht der Abendsonne.

Jemand flößte ihr eine scheußliche scharfe Flüssigkeit ein. Sie mußte husten und glaubte zu ersticken. Trotzdem schluckte sie eine gehörige Portion von dem Zeug herunter.

Steven Howard war seltsam blaß im Gesicht und sah mit einem Ausdruck unterdrückter Wut, den sie sich nicht erklären konnte, auf sie herab. Amanda starrte ziemlich verstört und maßlos erstaunt zu ihm auf. Sie konnte sich nicht erinnern, wo sie war oder was sie hier tat. Noch weniger verstand sie, warum Steven Howard wütend war.

Für einen Moment schloß sie die Augen und öffnete sie dann wieder. Sie waren alle noch da und starrten sie mit kreidebleichen Gesichtern an. Claire und George Norman, Persis, Toby, Alastair und Glenn.

»Was ist passiert?« fragte Amanda. »Bin ich…«

Plötzlich erinnerte sie sich wieder an das, was vorgefallen war, und sie brach mitten im Satz ab.

»Sie sind gestürzt«, sagte Steven zornig. »Was, zum Teufel, haben Sie sich dabei gedacht, auf dieser Brüstung herumzubalancieren? Ein zweijähriges Kind hat schon genügend Verstand, um zu wissen, wie gefährlich das ist. Es ist, weiß Gott, nicht Ihr Verdienst, daß Sie noch leben!«

Mr. Howard schien über solide Psychologiekenntnisse zu verfügen. Amanda wäre nämlich in ihrem Zustand bei dem kleinsten Anzeichen von Mitgefühl in Tränen ausgebrochen. Stevens knappe Bemerkung hatte genau die entgegengesetzte Wirkung.

Amanda setzte sich auf, holte tief Luft und war drauf und dran, ihrem Zorn freien Lauf zu lassen. Daß sie nämlich gar nicht gefallen sei, sondern irgend jemand sie den Abgrund hinuntergestürzt habe.

Aber sie sagte kein Wort.

Sie blieb ganz ruhig sitzen, und ihr wurde plötzlich mit erschrekkender Klarheit bewußt, daß außer dem einheimischen Aufseher, Lumley Potter, Anita Barton und ihr selbst niemand in St. Hilarion gewesen war. Abgesehen natürlich von den sieben Personen, die ihr gegenüberstanden.

Dann hatte also einer von diesen neun versucht, sie zu ermorden. Und sieben davon standen jetzt da und sahen auf sie herunter. Sie konnte nicht einmal, wie bei einem Alptraum, die Decke über den Kopf ziehen. Nein, es war also wirklich wahr, irgend jemand wollte sie, Amanda Derington, umbringen. Was hatte Steven noch gerade gesagt? »Es ist, weiß Gott, nicht Ihr Verdienst, daß Sie noch leben.« Es war nicht ihre Schuld gewesen, sondern jemand hatte sich nach Kräften bemüht, sie zu ermorden. Einer von diesen Leuten hier hatte sie über die Brüstung gestoßen.

Amanda lehnte sich an die sonnenwarme Mauer. Sie ließ ihre angstverzerrten großen Augen von Gesicht zu Gesicht wandern. Einer aus diesem Kreis mußte es gewesen sein.

Claire – Alastair – Toby – Glenn – Persis – George – Steven –

Nein, Steven nicht! Da war sie sich ganz sicher. Aber wirklich sicher war sie sich nur bei ihm. Mit angstgeweiteten Augen blickte sie zu ihm auf und klammerte sich an seinen Ärmel.

Steven beugte sich zu ihr herab und stellte sie unsanft wieder auf die Beine. Amanda sagte mit erstickter Stimme: »Würden Sie mich bitte alle in Ruhe lassen. Bitte! Es geht mir schon viel besser. Wirklich! Es tut mir leid, daß ich Ihnen allen einen solchen Schrecken eingejagt habe. Ich würde hier gern allein sitzen, bis ich mich wieder gefangen habe. Würden Sie bitte gehen!«

Steven Howard konnte ihrem sich krampfhaft an ihn klammernden Griff die Botschaft entnehmen: Sie nicht! Sie nicht!

Persis sagte: »Hören Sie mal, Amanda...«

»Persis«, bemerkte Steven freundlich, »Sie können jetzt gehen! Ich pass' schon auf, daß sie nicht noch einmal über eine Mauer fällt.«

Er schaute auf die Armbanduhr und wandte sich an Toby:

»Würde es Ihnen etwas ausmachen, Mrs. Halliday mitzunehmen, Gates? Ich bringe Miß Derington nach Hause, wenn sie sich besser fühlt.«

»Natürlich«, sagte Toby und sah unsicher von Persis zu Amanda.

»Eine gute Idee«, sagte George Norman, der allmählich seine normale, gesunde Gesichtsfarbe wiedergewann. »Das muß ein furchtbarer Schock für Sie sein. Der Unfall hätte übel ausgehen können. Man sollte diese gefährlichen Stellen wirklich besser sichern.«

Die anderen gingen, und Amanda war allein mit dem Wind und Mr. Howard.

Sie ließ seinen Arm los, stellte sich mit dem Rücken zu ihm und sagte mit kaum hörbarer Stimme: »Würden Sie bitte auf die andere Seite der Mauer gehen?«

»Warum?« fragte Steven. »Müssen Sie weinen?«

»Nein«, sagte Amanda undeutlich. »Ich muß mich erbrechen.« Und so war es auch.

Mr. Howard ertrug dieses wenig appetitliche Schauspiel standhaft. Er reichte ihr ein sauberes Taschentuch und bemerkte trocken, daß es sehr schade um den guten Brandy sei. Ein nächtlicher Regenguß werde hoffentlich dafür sorgen, daß spätere Besucher keinen Grund zur Klage hätten.

»Geht es Ihnen besser?«

»Ja, danke. Gibt es hier irgendwo einen geschlossenen Raum ohne Abgrund?«

»Aber sicher!« Er nahm ihre Hand und hakte sie unter seinen Arm. Dann führte er sie fort, wobei Amanda zwischen ihm und der dicken inneren Burgmauer ging. Sie waren erst einige Meter gegangen, als Steven plötzlich stutzte und etwas aufhob, das zwischen zwei Steinplatten eingeklemmt lag. Es war eine kleine, zerdrückte Farbtube. Der Verschluß fehlte. Er drehte sie gedankenverloren zwischen den Fingern und steckte sie dann ohne eine weitere Bemerkung in seine Tasche.

Sie gingen zurück durch die unüberdachten Räume, und vor ihnen lag noch einmal der steile Abhang.

Amanda blieb stehen und schloß die Augen. Sie war bislang immer schwindelfrei gewesen. Jetzt aber wußte sie, daß sie in Zukunft immer wieder das Entsetzen packen würde, wenn sie auch nur aus geringer Höhe irgendwo hinuntersehen müßte.

Sie wußte, daß ihre Angst völlig unbegründet und lächerlich war. Die verfallene Treppe war breit und narrensicher. Der Hang, der sich zu ihrer Rechten senkte, war grasbewachsen und geradezu übersät von Büschen, Bäumen und Felsbrocken. Im Notfall hätten sie einen Sturz aufgehalten. Trotzdem hatte sie solche Furcht zu stürzen, daß sie sich nicht bewegen konnte.

Steven Howard hob sie ohne viel Federlesens auf und trug sie die lange, unebene Flucht hinunter zu dem ruhigen und geschützten Platz, wo sie ihr Picknick abgehalten hatten und wo die Ringmauer schützend über ihnen aufragte. Die letzten Sonnenstrahlen des ausklingenden Tages ließen das Gras golden aufleuchten.

»Gefällt es Ihnen hier besser?«

»Ja«, sagte Amanda dankbar. »Entschuldigen Sie!«

»Das wird schon wieder«, sagte Steven. Er steckte sich eine Zigarette in den Mund und zündete lässig ein Streichholz an der Wand an.

Amanda ließ sich mit gekreuzten Beinen im sonnenwarmen Gras nieder. Sie sagte so ruhig wie möglich: »Ich habe mich noch gar nicht bei Ihnen bedankt. Sie – Sie haben mir das Leben gerettet. Der Zweig hätte nicht mehr lange gehalten.«

»Sie müssen sich nicht bei mir, sondern bei Barton bedanken. Der hat Sie da rausgeholt«, sagte Steven kurz angebunden.

»Glenn?«

»Ja, Glenn.«

Bei dem Namen verzog sich Stevens Mund ein wenig. »Er glaubte, jemanden schreien zu hören, schaute sich um und sah Sie. Ich war gerade dabei, die Burg zu erklettern, als er mir etwas zurief. Dann hatte er sich auch schon über die Kante geschwungen und irgendwie Halt unter die Füße bekommen. Von da ließ er sich zu dem Baumstamm hinunter, an dem Sie hingen. Der Mann muß Nerven wie Drahtseile haben. Ich hätte mich nicht getraut.«

»Und ich habe mich nicht einmal bei ihm bedankt!« sagte Amanda betrübt. »Ich dachte, Sie...«

»Leider nein«, sagte Steven ironisch. »Ich war nur unter den staunenden Zuschauern. Wie haben Sie das denn überhaupt fertiggebracht?«

»Es hat mich jemand geschubst«, sagte Amanda unter Flüstern.

»Sagen Sie das noch mal!«

»Es hat mich jemand geschubst.«

Steven sah sie verdutzt an. Er verkniff den Mund, und seine Augen sprühten förmlich Funken.

Nach einer Weile fragte er ganz ruhig: »Wer?«

»Das weiß ich nicht«, sagte Amanda, der die Stimme fast versagte. »Der Wind heulte so laut.« Sie konnte nicht aufhören zu zittern.

»Und Sie sind sich ganz sicher, daß es nicht ein plötzlicher Windstoß war?«

»Machen Sie sich doch nicht lächerlich«, sagte Amanda. Sie konnte einen aufsteigenden Weinkrampf gerade noch unterdrücken. »Es war eine Hand.«

»Eine Männer- oder eine Frauenhand?«

»Das weiß ich doch nicht! Ich habe weder jemanden gesehen noch gehört.«

»Amanda, reißen Sie sich zusammen! Versuchen Sie, sich zu erinnern, wie sich die Berührung angefühlt hat. War die Hand klein oder groß? Hart? Dünn? Warm? Sie haben da ein ziemlich dünnes Kleid an, Sie müssen das doch gespürt haben.«

»Habe ich aber nicht! Mein Haar hatte sich nämlich gelöst, wissen Sie. Und mir hing es den Rücken hinunter.«

»Verdammt!« sagte Steven leise. Er ließ seine Zigarette ins Gras fallen, trat sie aus und setzte sich neben Amanda. Steven schlang die Arme um die angezogenen Knie und starrte zu den dicken Wänden der Ringmauer hinüber.

Amanda beobachtete ihn und entdeckte tiefe Furchen in seiner Stirn. Auch um den Mund herum hatte er Falten, die ihr vorher nie aufgefallen waren. Sein Blick war leer.

Nach einer Weile fragte er knapp und ohne den Kopf zu wenden: »Wieso haben Sie dort oben nichts davon erwähnt? Ich meine, daß Sie gestoßen worden sind?«

»Ich wollte gerade davon erzählen, als mir...« Amanda spürte, wie sich ihr wieder die Kehle zuschnürte. Sie schluckte krampfhaft.

»Als Ihnen, was?« drängte Steven.

»Als mir plötzlich klar wurde, daß es einer von ihnen gewesen sein könnte. Jemand, den ich kenne...« Amanda sprach mit zitternder Stimme und sagte verzweifelt: »Ich verstehe das einfach nicht. Ich habe doch mit niemandem über die Sache gesprochen. Warum hat noch immer irgendwer Interesse daran, mich umzubringen? Jetzt, wo doch alles vorbei ist?«

»Es ist noch nicht alles vorbei«, war Stevens knappe Bemerkung. »Noch lange nicht.«

Er stützte sein Kinn mit den Knien und verfiel wieder in brütendes Schweigen. Dabei hatte er die Ausdauer und Konzentration eines buddhistischen Mönchs, der über die Unendlichkeit meditiert.

Die Schatten wurden allmählich immer größer. Schon bald würden die Ruinen von St. Hilarion nicht mehr in einem warmen Goldton leuchten, sondern grau und abweisend über das Meer ragen. Über den Zinnen färbte sich der Himmel bereits blaßgrün. Der ebene Rasen des Turnierplatzes unter ihnen überzog sich mit zarten, purpurnen Schatten.

Schließlich seufzte Steven schwer, und es kam wieder Bewegung in ihn. Er stand auf und streckte sich ausgiebig, bevor er Amanda auf die Beine half.

»Es ist Zeit, daß wir uns auf den Weg machen. Wenn wir uns nicht beeilen, werden wir hier über Nacht eingesperrt.«

Er streckte die Hand nach Amandas Haar aus, das zerzaust und verworren bis über ihre Hüften herabfiel. Eine der golden schimmernden Strähnen ließ er durch seine Finger gleiten. »Wunderschön!« bemerkte Steven nachdenklich. »Ich frage mich, warum Frauen sich ihr Haar schneiden lassen. Und für Sie ist es ein besonderes Glück, daß Sie es nicht getan haben. Sie sollten sich bei Ihrem Schutzengel bedanken! Ein Bubikopf hätte Sie heute nicht gerettet, Amarantha. Aber jetzt flechten Sie sich lieber einen Zopf oder stecken es irgendwie zurück. Ich komme nur auf dumme Gedanken, und dafür haben wir jetzt wirklich keine Zeit.«

Amandas blasses Gesicht überzog sich puterrot. Sie zog ruckartig den Kopf zurück und flocht mit raschen Bewegungen und immer noch zitternden Fingern zwei dicke Zöpfe, die sie wie ein Schulmädchen aussehen ließen.

»Sie sehen jetzt aus wie ein sechsjähriges Mädchen«, kommentierte Steven. »Schaffen Sie die letzte Strecke allein?«

»Ja, natürlich!« sagte Amanda erhaben. »Es war nur wegen dieser dummen Stufen!«

Ohne weitere Worte drehte Steven sich auf dem Absatz um und ging vor ihr her den Weg hinunter. Dabei pfiff er gedankenverloren, die Hände tief in den Taschen vergraben.

Es befand sich nur noch ein Auto auf dem Seitenstreifen der Straße am Fuß des Burgbergs von St. Hilarion. Die anderen waren schon mindestens eine halbe Stunde früher aufgebrochen.

»Zwanzig nach sechs«, bemerkte Steven, als er die Wagentür öffnete, und blickte dabei auf das Armaturenbrett. Sie werden es gerade noch schaffen.«

»Was werde ich gerade noch schaffen?«

»Soweit ich informiert bin, wollten Sie doch heute mit dem jungen Gates ausgehen und sich um sieben Uhr in der Bar treffen. Das hat er mir zumindest beim Tee erzählt.«

»Oh, richtig«, sagte Amanda schlicht. »Das hatte ich völlig vergessen. Vielleicht kann er statt meiner mit Persis zu Abend essen.«

»Sie wollen Ihre Verabredung absagen?«

»Ja! Ich glaube, ich möchte jetzt niemand von den anderen sehen. Ich werde mich in mein Schlafzimmer verkriechen, unter das Bett und hinter alle Möbel sehen, jede Tür verriegeln und die Fenster gut schließen. Dann werde ich zu Bett gehen und mir die Decke über den Kopf ziehen. Ja, genau! Das werde ich tun.«

»Ein sehr vernünftiger Plan«, gab Steven zu. »Morgen früh haben Sie dann wieder mehr Mut. Soll ich Sie bei Toby Gates entschuldigen?«

»Wenn es Ihnen nichts ausmacht. Sagen Sie ihm, daß – oh! Sagen Sie ihm nichts. Ich schreibe ihm einen kurzen Brief, falls Sie so lange warten würden. Den könnten Sie ihm bringen. Würden Sie das tun?«

»Es wird mir ein Vergnügen sein, Amarantha!«

Kyrenia und die Küste waren noch ins letzte Sonnenlicht getaucht, als sie in die ruhige Seitenstraße einbogen und vor der Villa Oleander hielten. Die Schatten wurden aber immer länger und füllten fast den ganzen Garten aus. Auch das Haus lag bereits ganz im Schatten. Nur oben, auf den Wipfeln der hohen Zypressen, lag noch ein goldener Widerschein.

Das Wasser rann gleichmäßig aus dem Maul des bronzenen Delphins. Sein Plätschern war das einzige Geräusch, das sich in der Stille des dufterfüllten Gartens vernehmen ließ. Da war nur noch das Gurren und Flattern der Tauben, die sich nun in den Nischen der alten Mauer hinten im Garten zum Schlaf niederließen, und die Geräusche der Stadt, die nur als träges Summen durch Mauer und Bäume drangen. Das Haus selbst jedoch war eigenartig still.

Amanda stieß die schwere Eingangstür auf. Sie stand in der kühlen, schattigen Halle und lauschte in die tiefe Stille hinein.

Miß Moon war also noch nicht zurück. Wenn sie sich nicht gerade niedergelegt hatte, war sie immer in Bewegung. Ohne das Klirren ihrer Halsketten und Ohrgehänge konnte man sich die Villa Oleander gar nicht vorstellen.

»Was ist denn, Amanda?« fragte Steven Howard, als er den irritierten Ausdruck auf ihrem Gesicht bemerkte.

»Ach, nichts! Es ist nur so still hier. Ich hoffte, Miß Moon sei schon zurück.«

»Haben Sie Angst?«

»Ja!« sagte Amanda unter Zittern. »Steven –!« Sie drehte sich zu ihm um und bemerkte gar nicht, daß sie ihn zum ersten Mal beim Vornamen nannte. Persis und Claire ging der Name leicht über die Lippen. »Würden Sie so lieb sein und so lange warten, bis sie zurückkommt? Es scheint Ihnen vielleicht lächerlich, aber das Haus kommt mir so verlassen vor.«

»Ja, natürlich«, sagte Steven in einem Tonfall, als habe sie ihn um Salz gebeten. Seine Stimme klang ausgesprochen sachlich und merkwürdig beruhigend. »Soll ich für Sie unter Ihrem Bett nachsehen?« schlug er mit spöttischem Glitzern in den Augen vor.

»Finden Sie das sehr dumm von mir?« fragte Amanda abrupt.

Steven lächelte sie an. »Nein. Für ein Mädchen, das soeben um Haaresbreite einem besonders unschönen Tod entgangen ist, sind Sie ausgesprochen tapfer. Ich bin richtig stolz auf Sie, Amarantha. Die meisten Frauen, die ich kenne, hätten einen hysterischen Anfall bekommen, wären in Tränen ausgebrochen oder hätten einen Herzanfall bekommen, und dann wären sie schreiend ans Telefon gestürzt, um einen Platz in der nächstbesten Maschine nach Borneo oder die Antarktis zu buchen.«

Amanda mußte lachen, obwohl sie noch weiche Knie hatte. »Genau das hätte ich am liebsten auch getan. Wenn ich nur ein kleines bißchen bemitleidet worden wäre, wäre ich jetzt auch bereits auf dem Flug nach Borneo.«

»Ich weiß«, sagte Steven grinsend. »Deswegen habe ich Sie ja so angefahren!«

»Sie waren ganz schön streng«, klagte Amanda.

»Die Situation ist bereits unangenehm genug«, stellte Steven bissig fest. »Tränen und hysterische Anfälle sind im Moment völlig fehl am Platz. Wo ist hier bitte das Badezimmer?«

»Den Gang dort entlang und die erste Tür links.«

»Danke!«

Steven ging, und Amanda, der plötzlich einfiel, daß sie einen Brief schreiben wollte, spazierte durch die Halle ins Wohnzimmer.

Die letzten Sonnenstrahlen waren soeben erst verschwunden. Die grünen Fensterläden waren noch geschlossen. Nur die Läden vor den Glastüren, die zur Veranda führten, waren offen. Es war heiß in dem Raum und sehr dunkel. Amanda riß die Fensterläden auf, um das letzte Licht des sinkenden Tages hereinzulassen. Dann setzte sie sich an Miß Moons Schreibtisch. Es herrschte ein lebhaftes Durcheinander darauf. Amanda angelte sich Papier und Füllfederhalter.

Während sie so schrieb, hatte sie den merkwürdigen Eindruck, daß das Kratzen der Feder auf dem Papier die Ruhe des Raumes störte. Es erschien ihr unangemessen laut. Nachdem sie nicht mehr als zwei Zeilen geschrieben hatte, hielt sie inne, um, wie schon zuvor in der Halle, in die Stille hineinzulauschen.

Draußen wehte nicht der leiseste Wind, und aus den dämmrigen Tiefen des Hauses drang kein Laut. Dennoch befand sie sich nicht allein in dem Raum. Das war keine Vermutung; sie wußte es sicher. Außer ihr selbst mußte sich noch jemand in dem Raum aufhalten. Es hatte sich jemand hier versteckt…

Amanda saß kerzengerade und steif auf ihrem Stuhl. Ein kalter Schauer rann ihr über den Rücken. Sie traute sich nicht, sich zu rühren, ja, kaum zu atmen. Sie wollte sich umdrehen – sie hätte sich gewiß sicherer gefühlt mit der Wand im Rücken. Aber sie konnte kein Glied rühren. Sie wollte losschreien und nach Steven Howard rufen –

Steven! Aber natürlich! Es war nur Steven, der inzwischen zurückgekommen war, ohne daß sie ihn gehört hatte.

Mit einem Seufzer der Erleichterung fuhr sie herum. Es war aber niemand zu sehen. Nur die wunderschönen, verstaubten alten Möbel schienen sie anzusehen. Sie erweckten den Eindruck, als betrachteten sie Amanda ruhig und beherrscht, mit dieser eigenartigen Aufmerksamkeit, die manche antike Gegenstände ausstrahlen. Aus der geöffneten Tür zur Halle starrten Dunkelheit und Leere herein. Steven Howard war nicht zu sehen.

Es war wohl nur Einbildung, dachte Amanda – Einbildung und die Atmosphäre eines verlassenen Hauses. Es gab keine dritte Person in der Villa Oleander. Niemand außer ihr war im Raum. Sie zwang sich dazu, sich wieder umzudrehen, sich dem Brief zu widmen und den Füllfederhalter in die Hand zu nehmen. Aber ihre Hand versagte, sie konnte nicht schreiben. Sie war zu nichts anderem in der Lage, als stillzusitzen und zu lauschen…

Die stickige Luft war überladen mit dem süßlichen Duft, der aus dem Garten hereindrang: von Rosen, Jasmin und Veilchen. Merkwürdig, daß ihr die Veilchen im Garten bislang noch gar nicht aufgefallen waren… Amanda legte den Füllfederhalter sorgfältig beiseite. Sie fühlte den merkwürdigen inneren Zwang, nur ja diese aufmerksam lauschende Stille mit keinem Geräusch zu stören. Da war doch noch – noch jemand anderer – ja, es war ganz sicher noch jemand im Zimmer.

Sie stand eilig auf und drehte sich um. Mit eiskalten Händen umklammerte sie die geschnitzte Lehne ihres Stuhls. Sie versuchte, der aufsteigenden Panik Herr zu werden. Ihre verängstigten großen Augen durchsuchten den dunklen Raum. Eigentlich konnte sich niemand hinter den zierlichen Möbeln verbergen. Da war höchstens das Sofa, das unweit der Terrassentür stand. Die Glasschränke mit den zierlichen Intarsien standen in den Ecken des Raumes, und der Inhalt, der wahllos über die einzelnen Fächer ausgebreitet war, glitzerte geheimnisvoll im Dämmerlicht. Schimmernde Elfenbein- und Jadeschnitzereien lagen darin: zierliche Fläschchen aus Rosenquarz, Chrysopras und Lapislazuli und ein märchenhaftes Fabergé-Ei. Es war aus Bergkristall gearbeitet und mit winzigen funkelnden Diamanten besetzt und formte das Monogramm einer ermordeten Kaiserin.

Die verblichenen Brokatgardinen hingen gerade und bewegungslos. Es war ganz ausgeschlossen, daß sich jemand dahinter verbarg.

Über dem Schreibtisch hing ein Zierspiegel, der einen anderen, ähnlichen Spiegel an der gegenüberliegenden Wand reflektierte. Amanda konnte sich darin unendlich oft erkennen. Sie sah eine Vielzahl schlanker Mädchen mit entsetzt aufgerissenen Augen im silbrigen Dämmerlicht. Aber der Spiegel warf noch ein anderes Bild zurück. Es lag zwar eigentlich außerhalb ihrer Sichtweite, Amanda konnte aber dessen Spiegelbild im silbrigen Halbrund über dem Schreibtisch sich abzeichnen sehen. Eine Hand...

Jemand kauerte dort vor der Terrassentür auf dem Boden und hielt sich hinter dem Sofa versteckt.

Amanda stand bewegungslos da. Ihre weit aufgerissenen Augen starrten auf das Spiegelbild dieser Hand, mit den krallenartig gekrümmten Fingern. Sie wartete darauf, daß diese Finger sich in Bewegung setzten, um sich ihren Augen zu entziehen. Die Hand rührte sich jedoch nicht.

Plötzlich schoß Amanda ein Gedanke durch den Kopf, der sie aus ihrer Lähmung riß. Das ist ja Miß Moon! Mit einem Satz war sie beim Sofa und sah dahinter.

Es war aber gar nicht Miß Moon. Sondern eine andere Person lag dort ausgestreckt, mit dem Gesicht nach unten, auf dem Teppich. Es war eine Frau. Sie trug ein enganliegendes Baumwollkleid, das mit einem Rosenknospenmuster bedruckt war. Um den Hals war ein lebhaft leuchtender Schal aus smaragdgrünem Crêpe-de-Chine geschlungen.

Amanda fiel auf die Knie und berührte die ausgestreckte Hand. Sie war grenzenlos erleichtert festzustellen, daß die Finger schlaff und warm waren. Was für ein Dummkopf sie doch war. Irgend jemand wollte wahrscheinlich Miß Moon besuchen, hatte auf sie gewartet und war in der Hitze ohnmächtig geworden. Sie drehte die warme, schlaffe Gestalt auf den Rücken...

Aus einem aufgedunsenen, schrecklich verfärbten Gesicht stierten sie glasige, vorquellende Augen ausdruckslos an. Die geschwollene Zunge hing aus dem Mund. Amanda kannte die Frau nicht. Irgend etwas irritierte sie jedoch: diese auffällig helle Kette aus Plastikblumen mit den dazu passenden Ohrringen und das billige Veilchenparfüm, das an Haarwasser erinnerte.

Amanda ließ den leblosen schweren Körper zurück auf den Boden sinken. Sie erhob sich wieder, sprang ein Stück zurück und hielt sich die Hand an die Kehle.

Dann vernahm sie gemächliche Fußtritte, die sich durch die Halle näherten, und Steven Howard stand in der Tür.

Im nächsten Moment eilte er auf Amanda zu, faßte sie so fest bei den Schultern, daß es schmerzte, und fragte:

»Was ist denn los?«

Amanda war außerstande, auch nur ein Wort zu sprechen, und wendete den Kopf. Stevens Augen folgten ihrem verstörten Blick.

Der Druck seiner Finger verstärkte sich, und Amanda wand sich vor Schmerz. Er stieß sie grob beiseite und war mit einem Satz neben der abstoßenden Gestalt.

Er berührte die ausgestreckte Hand nur einmal kurz, und ihm fiel, genau wie zuvor Amanda, auf, wie warm und schlaff sie war. Seine Blicke wanderten fragend hin und her.

Dann sah er Amanda streng an und fragte mit rauher Stimme: »Haben Sie sie berührt?«

Amanda fuhr sich mit der Zunge über die trockenen Lippen. »Ich... ich habe sie herumgedreht. Ich glaubte, sie sei ohnmächtig.«

»Kennen Sie sie?« Das war weniger eine Frage als eine Feststellung.

»Ja. Sie ist... Es ist Glenn Bartons Sekretärin. Monica Ford. Er... er sagte, daß sie vorbeigekommen sei, um mit mir zu sprechen.«

»Ja, ich kann mich daran erinnern. Das muß etwa zwischen vier und halb fünf gewesen sein. Vor drei Stunden also«, sagte Steven nachdenklich.

Amanda sagte mit einem Schaudern in der Stimme: »Dann hat sie doch auf mich gewartet. Sie kann unmöglich schon drei Stunden tot sein!«

»Wahrscheinlich sogar weniger als eine halbe Stunde.« Er betrachtete noch einmal das verzerrte Gesicht und sagte langsam: »Sowohl Sie als auch Barton haben bei dem Picknick erwähnt, daß das Haus leer stehen würde. Es kann also sein, daß jemand, der nicht vermutete, daß

Miß Ford hier auf Sie warten würde, sich hereingeschlichen hat, um nach etwas zu suchen. Nach dem Röhrchen vielleicht oder nach dem Glas. Diese Person wurde dann beim Verlassen des Hauses von Miß Ford überrascht.«

Amanda sagte mit hoher, gebrochener Stimme: »Aber ich habe sie doch gar nicht! Ich habe sie nicht! Ich –«

Steven nahm mit äußerst schmerzhaftem Griff ihre zur Faust geballten Hände.

»Hören Sie auf damit, Amanda. Genug mit diesem Unsinn! Reißen Sie sich zusammen.«

Amanda schnappte nach Luft, schluckte heftig, biß sich auf die Lippen und wurde allmählich ruhiger.

»Das ist schon viel besser«, stellte Steven fest. »Gibt es hier irgendwo ein Telefon?«

»Ja. Da ganz hinten in dem Gang, der von der Halle wegführt.«

»Trauen Sie sich zu, allein dorthin zu gehen?«

»Nein!« Amanda entzog ihre Hand seinem festen Griff, und ihr Kinn schnellte energisch vor.

»So hab' ich Sie gerne. Also, gehen Sie und rufen Sie folgende Nummer an.« Er nannte die Nummer und ließ sie Amanda wiederholen. »Egal, wer sich meldet, richten Sie aus, daß Steven Howard Mr. Jurgan Calder in der Villa Oleander erwarte und daß es etwas länger dauern könne.

Wiederholen Sie, was ich gesagt habe... Genau! Sagen Sie sonst nichts. Nur das, was ich gerade gesagt habe, und legen Sie dann auf. Und danach rufen Sie am besten gleich Toby Gates im Dome-Hotel an und sagen ihm, daß Sie heute abend nicht mit ihm ausgehen können. Sonst ist er gleich hier, um Sie abzuholen. Und wir müssen erst einmal diese Sache hier regeln. Beeilen Sie sich.«

Er sah Amanda nicht lange nach, sondern ging sofort zu der zusammengekrümmten Gestalt hinter dem Sofa zurück. Als Amanda zurückkam, kniete er auf dem Fußboden. Inzwischen hatte er zwei Lampen angemacht. Steven schaute weder auf, noch machte er sich die Mühe, sie zu fragen, ob sie alles ordnungsgemäß erledigt habe. Es war bereits nach sieben Uhr, und Miß Moon war immer noch nicht nach Hause gekommen. Sie selbst waren erst zwanzig Minuten zuvor angekommen, dachte Amanda dumpf. Wie war es möglich, daß innerhalb so kurzer Zeit so viele Ereignisse auf einen Menschen einstürmen konnten?

Inzwischen war die Sonne untergegangen, und die Dämmerung hatte den Himmel grün gefärbt. Hier und dort leuchteten die ersten Sterne auf. Im Haus war es wieder sehr ruhig. In dieser Stille nahm Amanda das unverkennbare, leise Tappen nackter Füße im Raum über ihnen wahr.

Auch Steven hatte es vernommen, denn sein Kopf fuhr in die Höhe, und seine Augen weiteten sich voll gespannter Aufmerksamkeit. Kaum war das Tappen von neuem zu vernehmen, war er mit einem Satz auf den Beinen und ging zur Tür. Er bewegte sich so rasch und so lautlos, daß Amanda nur staunen konnte.

Er wandte sich plötzlich Amanda zu und schaute sie an. Von ihr wanderte sein Blick zu den geöffneten Fenstern und dem Garten hinter der Veranda. Amanda bemerkte, daß er etwas in der linken Hand hielt. Es war dieselbe kleine Pistole, die sie schon in ihrer Kabine auf der ›Orantares‹ gesehen hatte.

Er sagte knapp: »Kommen Sie lieber mit mir.« Dann drehte er sich wieder um, ohne darauf zu achten, ob sie ihm folgte oder nicht.

Sie liefen rasch die Treppe hinauf, wobei Steven völlig lautlos ging. Amandas weiße Sandalen mit den flachen Absätzen klapperten auf den gewachsten Stufen. Einmal stolperte sie sogar und konnte sich gerade noch am Treppengeländer festhalten.

Der Raum, der direkt über dem Wohnzimmer lag, war Miß Moons Schlafzimmer. Vor der Tür angekommen, warf Steven Amanda einen Blick über die Schulter zu. Er schob sie mit der einen Hand gegen das Treppengeländer und drückte mit der anderen die Klinke herunter. Dann stieß er mit dem Fuß die Tür auf.

Es folgte der schrille Aufschrei einer weiblichen Stimme und das vertraute Geklimper von Silberfiligranarmbändern. Amanda sagte aufschluchzend: »Das ist Miß Moon!« Sie stürzte an ihm vorbei und ging ins Zimmer.

Miß Moon stand am Fußende ihres zerwühlten Bettes. Sie war in einen Kimono älteren Datums eingehüllt, der derart mit Störchen und Chrysanthemen bedruckt war, daß man annehmen mußte, er stamme eher aus Matsumoto als aus Manchester. Was sie auf dem Kopf trug, sah im ersten Moment eher wie ein Hut aus. Bei näherem Hinsehen stellte sich aber heraus, daß es sich um einen vorsintflutlichen Eisbeutel handelte, den sie mit Hilfe eines schwarzen Seidenstrumpfes wie eine Nachthaube um den Kopf gebunden hatte. Pantoffeln aus Ziegenleder und etliche Armbänder machten den Aufzug komplett.

»Wer ist dieser Mann?« fragte Miß Moon mit vor Empörung bebender Stimme. »Amanda, schicken Sie ihn sofort hinaus! Ich dulde keine fremden Männer in meinem Schlafzimmer!«

Amanda warf ihre Arme um Miß Moon, und ihre Spannung löste sich in einer Flut von Tränen. Miß Moon schloß sie schützend in ihre Arme, preßte sie an ihren Busen, der nach Mottenkugeln, Menthol und Baldrian roch. Sie funkelte Mr. Howard wütend an. Er hatte den Revolver inzwischen diskret verschwinden lassen und sah aus, als könne er kein Wässerchen trüben.

»Ist ja gut! Ist ja gut! Kleines!« sagte Miß Moon und klopfte Amanda beruhigend auf den Rücken. »Hat er Sie etwa belästigt? Na, mit dem werde ich schon fertig. Mein Herr, Sie sollten sich wirklich schämen!«

»Ich bitte vielmals um Entschuldigung«, sagte Mr. Howard. »Ich wußte ja nicht, daß Sie zu Hause sind.«

»Das scheint mir auch so!« bemerkte Miß Moon kühl.

»Seit wann sind Sie denn schon zurück, Miß Moon?«

»Ich glaube nicht, daß Sie das etwas angeht. Aber, wenn Sie es unbedingt wissen wollen, ich bin gar nicht außer Haus gewesen.«

»Was sagen Sie da?« Amanda hob ihr tränenverschmiertes Gesicht von Miß Moons Schulter. »Aber die Bridgeparty...«

»Ich sah mich genötigt, mich entschuldigen zu lassen«, sagte Miß Moon. »Ich leide von Zeit zu Zeit unter heftigen Migräneanfällen, deshalb war es mir völlig unmöglich, das Haus zu verlassen.«

Amanda sagte: »Dann... dann waren Sie die ganze Zeit hier?«

»Ja, das war ich.«

»Das ist sehr interessant«, sagte Steven.

Miß Moon fuhr auf: »Warum sollte das interessant sein?«

»Weil«, sagte Steven freundlich, »das bedeutet, daß... Ich würde Ihnen wirklich dringend empfehlen, niemandem gegenüber zu erwähnen, daß Sie heute nachmittag nicht fortgegangen sind.«

»Entschuldigen Sie«, sagte Miß Moon und richtete sich auf, »ich verstehe Sie nicht. Selbstverständlich sind sowohl Lady Cooper-Foot als auch ihre Gäste darüber informiert. Sie wissen doch, daß ich zu Hause geblieben bin.«

»Dann ist es natürlich zu spät!« sagte Steven.

Miß Moon sah von Amanda zu Steven. Ihre gerade noch durch die Wirkung des Schlafmittels schweren Lider hoben sich. Plötzlich bekamen ihre Augen einen hellwachen, aufmerksamen Ausdruck.

»So erzählen Sie doch, was passiert ist«, sagte sie mit munterer Stimme. »Warum wäre es ratsam gewesen zu verheimlichen, daß ich das Haus nicht verlassen habe?«

»Weil vor weniger als einer Stunde direkt unter diesem Zimmer eine Frau ermordet wurde«, sagte Steven behutsam. »Und der Mörder hatte allen Grund anzunehmen, daß er mit seinem Opfer allein im Haus war.«

13

Am folgenden Morgen erwachte Amanda spät. Sie blieb zunächst einige Minuten reglos liegen und starrte schwerfällig in die dichten Schleier des Moskitonetzes. Sie fragte sich, warum die Luft so stickig schien. Sie war noch schlaftrunken, aber auch entspannt. Neugierig überlegte sie, wie spät es wohl sein mochte. Es kann noch nicht später als sechs Uhr sein, der Raum ist ja noch dunkel, dachte sie bei sich.

Aber am frühen Morgen war die Luft doch immer kühl und frisch und nicht so heiß wie jetzt. Dann, als sie den Kopf zum Fenster wandte, stellte sie fest, daß es die festverschlossenen Läden waren, die den Raum so dunkel machten. Das schien ihr bemerkenswert, denn nachts wurden sie doch normalerweise aufgestoßen, nachdem sie tagsüber geschlossen blieben, um die Hitze nicht hereinzulassen. Grübelnd starrte sie die Fenster an und stellte fest, daß die helle Sonne durch die Ritzen der Fensterläden hereindrang. Es war also schon viel später, als sie zunächst angenommen hatte. Langsam dämmerte ihr, daß sie selbst es gewesen war, die darauf bestanden hatte, die Läden zu schließen.

Sekunden später saß sie kerzengerade im Bett und war überhaupt nicht mehr schläfrig. Inzwischen war ihr wieder eingefallen, warum sie sich am Abend unbedingt hatte einsperren wollen.

Amanda schlug das Moskitonetz zurück und machte sich daran, die Läden zu öffnen. Dabei stellte sie fest, daß es mindestens Mittagszeit sein mußte. Man hatte ihr offensichtlich ein starkes Schlafmittel verabreicht, denn nur so konnte sie sich ihren schweren Kopf erklären.

Steven Howard, natürlich! Er hatte ihr eine Tasse Kaffee aufgedrängt. Er war schwarz und süß gewesen und hatte einen schwachen Nachgeschmack auf ihrer Zunge hinterlassen. Es mußte gestern abend sehr spät geworden sein. Die Polizei war dagewesen, der Arzt war gekommen, und ein Ambulanzwagen hatte Monica Fords Leiche zum Städtischen Krankenhaus nach Nikosia gebracht. Sie konnte endlich schlafen gehen, als die endlose Fragerei vorüber war.

Es waren sehr viele Fragen gestellt worden.

Der Mann, für den sie Steven Howards Nachricht hinterlassen hatte, er hatte einen etwas komischen Namen gehabt, war gerade gekommen, als sie Miß Moon noch die unangenehme Sachlage erklärten. Steven war hinuntergegangen, um ihn in Empfang zu nehmen. Amanda, die inzwischen bei Miß Moon geblieben war, hatte das Gespräch der beiden Männer nicht mitbekommen. Sie war genau in dem Moment aus Miß Moons Zimmer getreten, als er sich bereits verabschiedete. Sie hatte ihn nur noch sagen hören: »In Ordnung, dann inszenieren wir das so, wie Sie meinen. Aber auf Ihre Verantwortung. Ich halte mich da raus...« Als er Amandas Sandalen auf der Treppe klappern hörte, hatte er den Satz abgebrochen.

»Darf ich vorstellen, Miß Derington«, sagte Steven. Aber er stellte ihr den Herrn nicht vor. Es war ein schlanker, ruhig wirkender Mann, der auf Amanda einen eher schüchternen und unauffälligen Eindruck gemacht hatte. Genau der Typ, dachte Amanda, den man nicht wiedererkennt, auch wenn man ihn schon unzählige Male gesehen hat. Nichts an ihm war auffallend oder bemerkenswert. Bis auf die Augen vielleicht. Sie waren genauso kühl und ruhig, aber auch verwirrend und durchdringend wie die von Steven Howard.

Kurz darauf ging er. Steven hatte erst danach die Polizei und den Arzt angerufen. Als sie kamen, war er mit ihnen ins Wohnzimmer gegangen und hatte die Tür hinter sich geschlossen. Erst nach einer ganzen Weile hatten sie Amanda und Miß Moon zu sich gerufen und ihnen Fragen gestellt. Zwei der Polizisten waren bei der Kriminalpolizei in Nikosia beschäftigte Engländer gewesen. Der dritte Polizeibeamte war zwar Zypriote, hatte aber hervorragend Englisch gesprochen.

Miß Moon hatte ihnen nur wenig zu sagen. Die plötzlichen und nur allzu vertrauten Anzeichen einer Migräne hatten sie veranlaßt, Lady Cooper-Foot anzurufen und die Einladung abzusagen. Dann hatte sie Schlaftabletten genommen, sich einen Eisbeutel gemacht und sich in ihrem abgedunkelten Zimmer zu Bett gelegt. Ja, sie habe irgendwann im Laufe des Nachmittags Stimmen aus dem Wohnzimmer vernommen. Aber wann, könne sie nicht mehr genau sagen. Vielleicht um halb vier oder vier? Sie habe ziemliche Schmerzen gehabt und sich wenig Gedanken darüber gemacht. Nur habe sie gewünscht, daß die Besucher, wer immer sie auch waren, weniger laut und aufgebracht sprechen würden. Ja, es sei eine Frau gewesen, die wohl völlig aus der Fassung gewesen sei. Nein, Miß Moon sei nicht hinuntergegangen. Sie habe irgendwann angenommen, Euridice sei unerwarteterweise früher nach Hause gekommen. Kurz darauf hätten die Tabletten gewirkt, und sie habe bis kurz nach sieben geschlafen. Sie sei gerade erst aufgestanden, als Amanda und Mr. Howard ins Zimmer geplatzt seien.

Aber sie habe, wenn auch nur leise, doch sicher irgendein Geräusch gehört. Die Frau sei schließlich ermordet worden –

»›Der Tod durch Erwürgen ist meist lautlos‹«, murmelte Steven Howard nachdenklich vor sich hin.

Offensichtlich war dieses Zitat auch Miß Moon bekannt. Denn sie sah Mr. Howard mit leuchtenden Augen und Bewunderung an. Dann sagte sie: »Genau! Ich habe nicht nur keine Geräusche gehört, ich habe auch keine Ahnung, mit wem sie gesprochen haben könnte, vorausgesetzt, es war wirklich Miß Fords Stimme, die ich gehört habe.«

»Mit Glenn«, sagte Amanda. Sie erzählte, daß Mr. Barton beim Picknick erwähnt hatte, seine Sekretärin getroffen zu haben, und daß diese in die Villa Oleander gekommen sei, um Amanda zu besuchen. Sie sei sehr durcheinander gewesen.

Die Polizeibeamten hatten Amanda zu ihrem Treffen mit Miß Ford befragt, das am Tag ihrer Ankunft auf Zypern stattgefunden hatte. Amanda mußte ihre damalige Unterhaltung, so gut sie konnte, wiedergeben. Dann wollten sie noch einmal genau wissen, was Glenn Barton am Nachmittag beim Picknick über seine Sekretärin gesagt hatte. Nachdem Mr. Howard Amandas Aussage bestätigt hatte, ließen sie Glenn Barton zu sich bitten.

Glenn hatte auf der Fahrt von Nikosia die Geschwindigkeitsbegrenzung erheblich überschritten, so daß er bereits kurz nach halb zehn die Villa Oleander erreichte. Sein Gesicht sah grau und zerfurcht, aber auch irgendwie leer und teilnahmslos aus. Steven schenkte ihm einen doppelten Brandylikör ein, den er in einem Zuge hinunterstürzte.

Ja, er war am Nachmittag in der Villa Oleander gewesen und hatte in eben diesem Raum mit Miß Ford gesprochen. Er erklärte die Umstände und bestätigte, daß seine Sekretärin sehr aufgewühlt gewesen sei. Sie hatte erst kürlich ihren einzigen Bruder verloren, der zugleich ihr einziger naher Verwandter gewesen war. Und da waren noch andere Dinge, die sie bedrückten. Er brach plötzlich stirnrunzelnd ab.

Was für andere Dinge?

Glenns erschöpftes Gesicht schien noch blasser geworden zu sein. Er hatte mit zögernder und verhaltener Stimme das zu berichten gehabt, was er Amanda schon am Nachmittag in genau demselben Zimmer erzählt hatte: den Klatsch, den Anita über ihn und Miß Ford verbreitet hatte.

»Das war natürlich frei erfunden«, fügte er müde hinzu. »Meine Frau hat das selbst nie geglaubt. Sie verbreitete diese Geschichte nur, um... na, um Miß Ford ins Gerede zu bringen, nehme ich an. Sie hatten sich zerstritten, und ich glaube, Miß Ford hat sie ziemlich beleidigt.«

»Anita«, warf Miß Moon rasch ein, »wußte ganz genau, daß die Leute nur zu gern glauben würden, daß Miß Ford sich in ihren Chef verliebt hätte. Aber kein Mensch mit Verstand hätte glauben können, daß er diese Liebe erwiderte. Deshalb mußte Monica diese Geschichte doppelt verletzen.«

»War sie in Sie verliebt?« fragte einer der Polizeibeamten.

Die Röte stieg in Glenns verhärmtes Gesicht, und er preßte einen Augenblick lang die Lippen zusammen. Er sah dem Mann, der ihm die Frage gestellt hatte, fest ins Gesicht.

»Nein!« lautete die unzweideutige Antwort.

Aber für die Beamten war das Verhör noch lange nicht abgeschlossen. Sie befragten ihn erneut über den Streit zwischen seiner Frau und Miß Ford. Und wieder und wieder wollten sie Einzelheiten über sein Gespräch mit Miß Ford in der Villa Oleander wissen. Irrte er sich auch nicht in der Zeit? Warum war er sich so sicher? Er hatte also den grünen Schal bemerkt? Warum hatte er, obwohl er doch ein Geräusch im oberen Stockwerk gehört hatte, in St. Hilarion behauptet, es sei niemand im Hause gewesen?

»Ich wußte nicht, daß Miß Moon da war«, sagte Glenn müde. »Ich dachte, es sei vielleicht eine Taube oder die Katze.«

Er drehte sich um, um Miß Moon anzuschauen. »Es tut mir leid, Moonchen! Wenn ich gewußt hätte, daß Sie krank sind, hätte ich gewiß nach Ihnen geschaut.«

»Ich hätte Sie gar nicht hereingelassen«, sagte Miß Moon scharf. Dann ging sie, um Brötchen zu belegen und Kaffee zu kochen.

Die Beamten kamen wieder auf das Picknick in St. Hilarion zurück:

Sie wollten wissen, wieviel Leute anwesend gewesen waren, als Mr. Barton von seiner Sekretärin gesprochen und erwähnt hatte, daß in der Villa Oleander niemand zu Hause sei. Wann hatte Mr. Barton St. Hilarion verlassen, und wohin war er dann gefahren?

»Nach Nikosia«, sagte Glenn erschöpft. »Ich kann Ihnen das sogar zufällig beweisen. Die Normans haben mich abfahren sehen. Außer Howard und Miß Derington sind alle zur selben Zeit gefahren. Es waren nur vier Autos da. Gates und Mrs. Halliday waren im Wagen vor mir und fuhren Richtung Kyrenia. Ich bin rechts abgebogen, die Normans und Major Blaine fuhren hinter mir und müssen gesehen haben, wie ich abbog. Sie fuhren nämlich auch nach Kyrenia. Ich bin direkt zu meinem Büro in Nikosia gefahren, und das kann ich zufällig beweisen. Ich habe zwei Soldaten mitgenommen und sie kurz nach sechs in der Stadtmitte abgesetzt. Sie werden Ihnen das bestätigen können. Noch irgendwelche Fragen?«

Sie schienen noch eine ganze Menge wissen zu wollen. Endlich aber hatte die Fragerei ein Ende. Doch als sie sich bereits im Aufbruch befanden, entdeckte einer der Polizisten die kleine Leinenblume.

In der Halle stand eine schwere geschnitzte Truhe. Sie war vom Alter nachgedunkelt und mit Beschlägen aus gehämmertem Silber versehen. Ungefähr an der Stelle, an der wohl der Rocksaum die rauhe Kante gestreift hatte, hatte sich die kleine Leinenblume verfangen.

Der Beamte bückte sich danach und wendete sie zwischen den Fingern hin und her. Von der Mitte hing ein Faden herab, als wäre die Blume irgendwo abgerissen.

Amanda sagte mit ungläubigem Staunen: »Aber das ist doch ...« Als sie aber Glenn Bartons Gesichtsausdruck sah, brach sie mitten im Satz ab.

Glenn starrte sie an, und in seinen Augen lag ein flehender und gespannter Blick. Amanda wendete rasch die Augen ab und stellte fest, daß Steven sie beide beobachtet hatte.

Der Polizeibeamte fragte: »Stammt das von Ihnen?«

»Ja!« sagte Amanda, ohne zu zögern. Sie sah, wie Glenn kurz die Augen schloß und sich an der Kante der Truhe aufstützte, als müsse er sich Halt suchen. Sie streckte die Hand nach der Blume aus.

Der Polizeibeamte jedoch sah sie lange und nachdenklich an und steckte dann die Blume in seine Tasche. »Wenn Sie nichts dagegen haben, werde ich sie mitnehmen. Sie bekommen sie natürlich zurück.«

Danach waren sie endlich gegangen. Zuerst Glenn und dann, vielleicht fünf Minuten später, auch die drei Polizisten. Der Arzt war bereits mit dem Ambulanzwagen, der Monicas Leiche schon vor einer Stunde nach Nikosia gebracht hatte, abgefahren.

Miß Moon war in die Küche gegangen, um nochmals Kaffee zu kochen. Als Amanda ihr folgen wollte, hatte Steven Howard in der Tür gestanden, die zur Küche führte. Es sah auch nicht danach aus, als wolle er beiseite treten, um ihr, wie zuvor Miß Moon, den Weg freizugeben.

»Amanda«, sagte Steven ganz freundlich. »Sie sind ein verdammt schlechter Lügner und ein großer Dummkopf obendrein. Was ist denn bloß in Sie gefahren, daß Sie so einen Unsinn machen?«

Amanda versuchte gar nicht erst, sich ahnungslos zu stellen. »Was hätte ich denn sonst tun sollen?« fragte sie lebhaft. »Sie haben sein Gesicht wohl nicht gesehen?«

»Doch, das habe ich sehr wohl«, unterbrach sie Steven Howard brüsk. »Aber das ist noch lange kein Grund für Sie, zu behaupten, das Ding gehöre Ihnen.«

»Ich konnte doch gar nichts anderes tun! Wenn ich ausgesagt hätte, daß die Stoffblume mir nicht gehört, dann hätten sie Miß Moon gefragt. Und ihre ist es ja auch nicht. Die Polizei hätte dann doch herausgefunden, wem sie wirklich gehört.«

»Das werden sie auch so sehr schnell«, sagte Steven grimmig. »Und dann werden Sie wegen Ihrer barmherzigen Lüge noch in Teufels Küche geraten.«

»Warum denn?« fragte Amanda und unternahm den schwachen Versuch, sich zu rechtfertigen.

»Meines Wissens gibt es so etwas wie vorsätzliche Irreführung der Ermittlungsbehörden«, deutete Steven trocken an.

»Das ist jetzt nicht mehr zu ändern«, sagte Amanda. »Ich... ich war es ihm einfach schuldig.«

»Weil er Ihnen das Leben gerettet hat?« sagte Steven mit einem merkwürdigen Unterton in der Stimme. »Da haben Sie vielleicht recht. Aber er hätte nicht zulassen dürfen, daß Sie Anita aus dieser Falle heraushelfen.«

»Ach, Sie verstehen das nicht«, sagte Amanda. »Er liebt sie doch.«

»Und Sie sind nicht zufällig in ihn verliebt?« fragte Steven ungnädig. »Ist das nicht eher der wahre Grund für diese lächerliche Geste?«

Amanda gab ihm eine Ohrfeige.

Ihr war einfach die Hand ausgerutscht, und sie begriff erst hinterher, was sie getan hatte. Sie hatte rein instinktiv und ohne Berechnung reagiert. Wahrscheinlich war dies die Folge der schrecklichen Ereignisse der vergangenen Tage und der seelischen Anspannung, die sie mit sich gebracht hatten. Steven hatte entweder nicht damit gerechnet, daß Amanda ihn schlagen würde, oder er hatte sich einfach nicht die Mühe gemacht, ihrem Hieb auszuweichen.

Amanda sah erschreckt und ängstlich in Steven Howards Gesicht. Auf der Wange zeichnete sich feuerrot der Abdruck ihrer Hand ab. In ihren weit aufgerissenen grauen Augen lag plötzlich ein fast kindlicher Ausdruck.

»Es tut mir leid«, sagte sie mit leiser, brüchiger Stimme. »Das habe ich nicht gewollt. Mir ist einfach die…«

»Sie brauchen sich nicht zu entschuldigen«, unterbrach Steven sie zynisch. »Schließlich habe ich Ihnen doch gestern abend einen zweiten Versuch angeboten. Und nur Übung macht den Meister.«

»Sind Sie jetzt sehr böse auf mich?« fragte Amanda so leise, daß man sie kaum verstehen konnte.

»Nein, höchstens auf mich selber«, sagte Steven knapp.

Dann war Miß Moon mit dem frischen Kaffee aus der Küche gekommen. Sie hatten ihn an dem großen alten Eßzimmertisch getrunken, weil keiner von ihnen in das Wohnzimmer zurückgehen wollte und Amanda es schlicht und einfach abgelehnt hatte, zu Bett zu gehen.

Eigentlich hatte Amanda den Kaffee gar nicht trinken wollen. Sie hatte statt dessen um ein kaltes Getränk gebeten. Steven hatte ihre Bitte aber einfach ignoriert. Er hatte ihr eine Tasse Kaffee eingeschenkt, Zucker und offenbar auch irgendein Schlafmittel hinzugefügt. Letzteres hatte er sich vermutlich von Miß Moon oder dem Arzt geben lassen. Dann hatte er die Tasse ohne ein weiteres Wort vor sie hingestellt. Amanda hatten die kühl und überlegen blickenden Augen und dieser Mund, der keinen Widerspruch duldete, genügt. Sie war einfach zu müde gewesen, um sich gegen seine Autorität aufzulehnen. So hatte sie den Kaffee gehorsam ausgetrunken und sich auch nicht über den bitteren Beigeschmack beklagt.

Steven hatte sich in eine ausgedehnte Unterhaltung mit Miß Moon gestürzt, die ganz offensichtlich ihre Meinung über ihn revidiert hatte. Sie nannte ihn inzwischen nämlich schon »mein lieber Junge«. Steven hatte sich nicht weiter um Amanda gekümmert. Vor ihren Augen stieg langsam Nebel auf. Sie sah weder sein Gesicht, noch konnte sie seine Stimme wahrnehmen. Das einzige, was sie noch gehört hatte, war das

Klirren von Miß Moons Armreifen, die einfach nicht verstummen wollten.

Amandas Lider waren merklich schwerer geworden. Schließlich mußte sie die Augen schließen. Sie war noch tiefer in ihren Sessel gesunken. Eine Stimme, die so klang, als käme sie vom anderen Ende eines langen Tunnels, war zwar schwach, aber doch deutlich zu vernehmen gewesen und hatte gesagt: »Mein lieber Junge, ich glaube, jetzt schläft sie bald ein.« Eine andere Stimme, die genausoweit entfernt war, hatte erwidert: »Das ist auch höchste Zeit.«

Amanda hatte mit großer Anstrengung die Augen geöffnet, um zu sehen, wer bald schlafen würde. Dabei hatte sie direkt in Steven Howards Gesicht gesehen. Sie erinnerte sich, daß er sich über irgend etwas geärgert hatte. Über etwas, das mit Glenn Barton zu tun hatte. Sie mußte ihm erklären, daß das ein Mißverständnis war. Er hatte sie falsch verstanden. Auch das Sprechen fiel ihr schwer, und sie sagte mühsam und benommen: »Glenn ...« Das Gesicht über ihr verlor seinen besorgten, ja fürsorglichen Ausdruck, und die Augen wurden kalt und ausdruckslos.

Dann fielen ihr die Augen wieder zu. Steven hatte sie aufgehoben und die lange dunkle Treppe hinaufgetragen. Amanda hatte ihren Kopf an ihn gelehnt und sich in höchster Verzweiflung an ihn geklammert. Denn Miß Moons anmutiges Treppenhaus hatte sich in ihren Augen in die Ruinen von St. Hilarion verwandelt. Sie glaubte jeden Moment über die verfallenen Steinstufen ins Nichts zu stürzen.

Die Tür öffnete sich mit einem leisen Knarren. Als Amanda sich rasch umwandte, sah sie Miß Moon, die vorsichtig durch den Türspalt spähte.

Miß Moon, zur Abwechslung ganz in Gelb, schien erleichtert, Amanda wach anzutreffen. Sie sagte anerkennend: »Na, sind Sie endlich aufgewacht? Ich habe schon ein paarmal nach Ihnen gesehen, wollte Sie aber nicht aufwecken. Wie geht es Ihnen, Kleines?«

»Ein bißchen wirr im Kopf«, sagte Amanda und versuchte zu lächeln. »Ist es schon sehr spät?«

»Zehn Minuten vor eins, Kleines. Das Essen wird gleich fertig sein. Ich nehme an, daß Sie hungrig sind. Und ich hoffe doch sehr, daß dieses Schlafmittel Ihnen nicht geschadet hat. Ich habe es immer verblüffend wirksam gefunden. Aber ich muß zugeben, daß ich nie mehr als eine Tablette davon genommen habe. Mr. Howard meinte allerdings, daß es unter diesen Umständen besser wäre, Ihnen zwei zu geben. Er ist ja so ein netter junger Mann! So besorgt und rücksichtsvoll und außerdem noch so belesen. Es gibt nur sehr wenige Leute, die ›Il Conte de Carmagnola‹ in der Originalfassung gelesen haben und mit denen man sich wirklich darüber unterhalten kann. Mein verstorbener Papa hätte ihn als Gesprächspartner sicher sehr geschätzt. Ich werde Euridice jetzt bitten, Ihnen ein Bad einzulassen.«

»Miß Moon«, sagte Amanda mit zögernder Stimme, »kann es sein, daß ich das alles nur geträumt habe?«

Miß Moons sonst immer fröhliches Gesicht wurde ernst, und ihr Mund war nur noch ein schmaler Strich.

»Nein, Kleines! Leider nicht. Die Polizei war den ganzen Morgen über hier. Ich habe ihnen nicht gestattet, Sie zu wecken. Sie hätten ihnen ja doch nichts anderes als gestern abend erzählen können. Es waren außerdem mehrere Leute hier, die sich nach Ihrem Befinden erkundigen wollten. Dieser Captain Gates und eine gewisse Mrs. Halliday, eine Amerikanerin, glaube ich. Sie scheint eine sehr auffallende Erscheinung zu sein. Und Glenn war auch schon hier. Es wird natürlich noch ein Verhör geben. Aber die Polizei hat inzwischen herausgefunden, warum die arme Miß Ford sterben mußte.«

Amanda ließ sich etwas plötzlich auf die Bettkante sinken. »Wer... wer, glauben Sie, hat es getan?«

»Natürlich ein Dieb«, sagte Miß Moon. Sie gestikulierte ausdrucksvoll mit den Händen, so daß ihre Armbänder klimperten. »O Amanda, ich befürchte, daß ich an allem schuld bin! Wissen Sie, Kleines, es gibt hier so ungeheuer viele wertvolle Dinge im Haus. Mein lieber Papa war ein begeisterter Sammler. Und ich habe natürlich nie etwas hinter Schloß und Riegel gehalten. Es ist allgemein bekannt, daß ich die Tür nie abschließe, außer nachts natürlich. Darauf besteht Euridice. Die Versuchung muß einfach zu groß gewesen sein. Das ist mir jetzt klar. Irgendein unehrlicher Zeitgenosse muß zufällig erfahren haben, daß das Haus gestern nachmittag leer stehen würde. Er wird sich eingeschlichen haben, um soviel wie möglich zu stehlen. Der Dieb hat nicht damit gerechnet, daß irgend jemand im Wohnzimmer sein würde. Er hat Monica Ford wohl zunächst nicht einmal bemerkt. Dann hat er sie gesehen und vielleicht sogar erkannt. Die Polizei nimmt an, daß der Dieb oder einer der Diebe den Kopf verloren hat und sie mit dem Schal nur am Schreien hindern wollte. Er wollte sie eigentlich gar nicht umbringen, das hoffe ich zumindest sehr!«

Amanda sagte: »Aber es fehlt doch gar nichts.«

»O doch! Mehrere von den kleineren und wertvolleren Stücken aus der Sammlung meines lieben Papa sind aus dem Glasschrank im Wohnzimmer entfernt worden. Der Schrank ist ja so vollgestopft mit Wertsachen, daß ich es zuerst gar nicht bemerkt habe.«

Amanda verspürte plötzlich eine grenzenlose Erleichterung. Sie hätte gar nicht genau sagen können, warum sie sich so maßlos erleichtert fühlte. Hatte sie etwa wirklich geglaubt, daß jemand aus ihrem Bekanntenkreis hier auf der Insel in voller Absicht die unglückliche, harmlose Monica Ford erwürgt haben könnte? Natürlich nicht, das wäre doch absurd! Und doch hatte sie plötzlich ein Gefühl der Befreiung, als sei ihr ein großer Stein vom Herzen gefallen.

»Es wird mir eine Lehre sein«, seufzte Miß Moon. »Ich werde Papas Sammlung wohl in einem Tresor deponieren müssen. Wie dumm so etwas ist. Man sollte schöne Dinge zum Anschauen aufstellen und sich an ihnen erfreuen, anstatt sie in Stahlschränken zu verschließen. Ist das nicht Euridice in der Halle? Das Mittagessen ist fertig, und ich stehe hier herum und halte Sie nur mit meinem Gerede auf.«

Miß Moon eilte davon. Amanda nahm ein Bad und kleidete sich schnell an. Dann bürstete sie sich ausgiebig das Haar, das noch von dem Ereignis des Vortages zerzaust und voller kleiner Aststückchen war. Sie wand es lose zusammen und schob die schimmernde Pracht in ein Haarnetz. Es war ein weißes grobmaschiges Netz, von der Art wie die junge Kaiserin Eugenie es getragen hatte. Obwohl Amanda nicht mehr an die grauenvollen Augenblicke in St. Hilarion denken wollte, als nur ihr langes Haar sie davor bewahrt hatte, nicht zerschmettert im Abgrund zu landen, konnte sie sich doch nicht dazu überwinden, ihre langen Locken festzustecken. Ihr Instinkt sagte ihr, sie müsse ihr Haar lang und lose tragen.

Sie drehte sich um und betrachtete sich in dem hohen, silbrig glänzenden Spiegel, der dem Bett gegenüber hing. Der schwere Chignon zog ihr mit seinem Gewicht den Kopf nach hinten und ließ ihr Gesicht klein und schmal erscheinen. Ihr schlanker Hals wirkte wie ein zarter Blütenstil. Ein weißes Leinenkleid. Weiße Leinenschuhe. Amanda rief sich die kleine zerdrückte Leinenblume, die sich an dem rauhen Metallbeschlag der Truhe unten in der Halle verfangen hatte, ins Gedächtnis zurück.

Sie biß sich auf die Zunge. Sie hatte diese verdächtige kleine Blume völlig vergessen. Aber sie war ja sowieso völlig bedeutungslos. Angenommen, dachte Amanda, Anita Barton wäre tatsächlich auf dem Rückweg von St. Hilarion in der Villa Oleander gewesen. Nehmen wir weiter an, sie wäre tatsächlich so extravagant wie ihre Kleider und hätte daher möglicherweise Schulden. Das bewies noch lange nicht, daß sie ein Dieb war, und genausowenig war ihre Abneigung gegen Monica Ford ein Beweis dafür, daß sie die Mörderin war. Amanda hatte Anita Bartons schlafendes Gesicht wieder vor Augen, das so entspannt gewesen war. Es hatte einen so kindlichen Ausdruck getragen. Nein, Amanda war sich plötzlich ganz sicher, Anita Barton war keine Mörderin.

Die Polizei und Miß Moon hatten recht. Ein kleiner Dieb, der all den Tand aus Jade und Kristall aus der Glasvitrine im Wohnzimmer geräumt hatte, war von Monica Ford überrascht worden. Er war in Panik geraten und hatte sie ermordet.

Amandas Hand war wieder sicher und ruhig, als sie den zartrosa Lippenstift auftrug. Sie schnitt ihrem Spiegelbild eine Grimasse und rannte die Treppe hinunter, um Miß Moon Gesellschaft zu leisten.

Im Eßzimmer roch es angenehm nach Blumen und Obst, außerdem machte sich der Geruch von Euridices Ravioligericht, ihrer Spezialität, im Raum breit. Durch das offene Fenster strömte das Sonnenlicht aus dem Garten herein. Man hörte die geschäftigen Tauben und die regelmäßigen Axtschläge von Andreas, der draußen Holz hackte. In der Küche führte Euridice eine aufgeregte Unterhaltung mit einer Freundin; auch Miß Moon war so gesprächig wie immer.

»Nein«, sagte Miß Moon und schob die Kanne mit ihrem Gesundheitstee beiseite: »Ich trinke nie etwas zum Essen. Es schadet der Verdauung, weil es den Magensaft verdünnt. Nur zwischen den Mahlzeiten. Obwohl man es zwischendrin so leicht vergißt, und dann ist es schade um den guten Tee. Bei dieser Hitze hält er sich nicht lange. Nehmen Sie doch etwas Melone, Kleines...«

Plötzlich nahm alles wieder seinen geregelten Lauf. Das Haus war aus seinem Dornröschenschlaf erwacht und schien sich behaglich in der Sonne zu wärmen. Amandas blasse Wangen bekamen wieder Farbe, und ihre Augen funkelten. Mit dem unverwüstlichen Optimismus der Jugend schob sie die Erinnerung an die letzten Tage beiseite. Ihre Lebensgeister regten sich wieder, und voll Enthusiasmus stürzte sie sich in den fröhlichen, hellen Tag. All die schrecklichen Ereignisse waren vergessen. Sie war auf Zypern, in Kyrenia, und die Sonne schien hell vom wolkenlosen Himmel.

Amanda konnte so vieles unternehmen: mit Toby zum Baden fahren oder mit Persis herumalbern, in die Innenstadt gehen, um in einem der Souvenirläden Leinenstickerei zu kaufen, ein Erinnerungsfoto vom Hafen machen, wie es bereits Hunderttausende sorgloser Touristen vor ihr getan hatten.

Während der ganzen Mahlzeit war sie glänzender Laune, bis Miß Moon die Idylle zerstörte.

Amanda betrachtete gerade bewundernd eine Obstschale aus venezianischem Glas, als ihr plötzlich Miß Moons gestohlene Schätze wieder einfielen: »Ich habe Sie ja noch nicht einmal danach gefragt. Wie unaufmerksam von mir«, sagte sie mit schlechtem Gewissen. »Haben Sie an den gestohlenen Sachen besonders gehangen?«

»Sie sind doch gar nicht verschwunden«, stellte Miß Moon ruhig fest. »Sie sind doch alle wiedergefunden worden.«

»Wiedergefunden? Aber wo denn? Dann hat man den Mann also erwischt?«

»Nein, Kleines! Euridice hat die Sachen heute morgen gefunden. Oder besser gesagt Katina, Euridices Katze. Sie ist sonst wirklich kein sympathischer Hausgenosse. Euridice sah, wie sie gerade mit etwas Glitzerndem den Fußweg entlanglief. Sie rollte es hin und her, und Euridice ging hin, um es aufzuheben. Es war ein Kristallei. Das Fabergé-Ei, wissen Sie. Und da waren dann auch all die anderen Sachen. Sie lagen im Gras, direkt neben dem Weg. Der Dieb muß sich plötzlich klargemacht haben, wie gefährlich der Besitz dieser Dinge für ihn werden könnte. Wenn man ihn damit geschnappt hätte, wäre er wegen Mordes verurteilt worden.«

»Das ... das Fabergé-Ei?« wiederholte Amanda mit einem Flüstern.

»Ja, so ein reizendes Stück. Der Künstler hat unglaublich viele davon gemacht, für die arme Zarin, wissen Sie. Dieses hier ist besonders schön, und die Diamanten erhöhen natürlich seinen Wert. Drinnen ist ein juwelenbesetzter kleiner Vogel, der singt. Ich mag es eigentlich nicht besonders. Es hat eine so tragische Geschichte. Man muß sich einfach fragen, ob man den Russen je über den Weg trauen kann, finden Sie nicht?«

Aber Amanda hörte überhaupt nicht zu. Sie sah auf einmal wieder das halbdunkle Wohnzimmer vor sich, so wie es am Abend zuvor gewesen war, als sie plötzlich den Eindruck hatte, nicht allein in dem merkwürdig stillen Raum zu sein. Sie verspürte erneut das lähmende Entsetzen, das sie gepackt hatte, und die Panik, als sie ihre Blicke durch den Raum hatte jagen lassen. Und sie erinnerte sich an die Diamanten, die im letzten Tageslicht auf dem Fabergé-Ei gefunkelt hatten.

Kurz bevor Amanda die Leiche von Monica Ford entdeckt hatte, hatte sie das Ei noch in dem Intarsienschrank liegen sehen. Es war also gar nicht gestohlen worden. Jemand mußte es am späteren Abend zusammen mit einigen ähnlich kleinen Stücken herausgenommen haben, um den Eindruck zu erwecken, Monica Ford sei von einem Dieb ermordet worden. Und dann wußte Amanda auch schon, wer es gewesen und wann es geschehen war.

Steven Howard hatte sie zum Telefon geschickt, obwohl er selbst den Anruf viel schneller hätte erledigen können. Daß er sie aus dem Raum geschickt hatte, hatte aber wohl noch einem zweiten Zweck gedient. Er war sie für mindestens zehn Minuten losgeworden, und vermutlich hatte er in dieser Zeit den Intarsienschrank geplündert.

Amanda konnte ihn direkt vor sich sehen, wie er den Schrank öffnete und sich mit überraschend lautloser Behendigkeit bewegte. Wie er jedes der funkelnden kleinen Schaustücke mit seinem Taschentuch aufhob, um keine Fingerabdrücke zu hinterlassen. Genauso wie er damals auf der ›Orantares‹ das Röhrchen mit dem Giftetikett aufgehoben hatte, das sie unter ihrem Kopfkissen fand.

»In Ordnung, dann inszenieren wir das so, wie Sie meinen. Aber auf Ihre Verantwortung. Ich halte mich da heraus«, hatte der unauffällige schlanke Mann mit dem seltsamen Namen gesagt. Höchstwahrscheinlich hatte er da die Beutestücke aus Miß Moons Schrank bereits in der Tasche gehabt. Er hatte Amanda die Hand gereicht und war hinausgegangen. Draußen im dunklen Garten hatte er dann diese falsche Fährte gelegt, indem er die Gegenstände ins hohe Gras neben dem Steinweg gleiten ließ. Auf diese Weise konnte also die Theorie aufgestellt werden, Miß Ford sei das Opfer eines schrecklichen Zufalls geworden, um von der scheußlichen Geschichte abzulenken, die sich schon in Fayid angebahnt hatte und die die kleine Menschengruppe von der ›Orantares‹ mit einbezog. Einer der Mitreisenden hatte Julia Blaine die tödliche Falle gestellt.

14

Amanda unternahm nichts von dem, was sie sich ursprünglich für den Nachmittag vorgenommen hatte. Statt dessen zog sie sich in ihr Zimmer zurück. Nachdem sie unter das Bett, in alle Schränke und hinter sämtliche Möbel geschaut hatte, verriegelte sie die Tür und schrieb drei Briefe. Einer war an ihren Onkel, einer an ihre Tante in Fayid und der dritte an die Reederei der ›Orantares‹ gerichtet. Kaum war sie damit fertig, warf sie sich auf das Bett und weinte herzzerreißend. Dabei hätte sie nicht einmal genau sagen können, warum sie so hysterisch schluchzte.

Auf alle Fälle fühlte sie sich danach wesentlich besser, obwohl sie sich für ihre Tränen ziemlich schämte. Die Uhr in der Halle schlug viermal, und Amanda stellte staunend fest, daß der größte Teil des Nachmittags bereits vorüber war. Euridice dachte schon daran, den Teetisch draußen auf der Veranda vor dem Wohnzimmer zu decken.

Amanda setzte sich aufrecht hin und strich ihr wirres Haar aus dem Gesicht. Sie ging zum Toilettentisch hinüber und blieb abrupt stehen, als sie mit ungläubigem Erschrecken ihr Gesicht in dem ovalen Spiegel wahrnehm.

Lange Zeit stand sie so und starrte in den Spiegel. Ihr Haar hatte sich aus dem Netz gelöst und fiel zerzaust über die Schultern. Ihr Gesicht war blaß und tränenverschmiert. Das Kleid völlig zerknittert.

Als sie sich so im Spiegel betrachtete, fühlte sie sich plötzlich unangenehm an Julia Blaine erinnert und konnte sie wieder vor sich sehen. Amanda sah die verweinte und hysterische Frau in ihrer Kabine auf der ›Orantares‹ niedergeschmettert dastehen. Dieser Anblick hatte alles andere als einen attraktiven Eindruck auf sie hinterlassen. Wenn sie sich jetzt nicht zusammennähme, sagte sich Amanda, würde auch sie sich bald so aufführen wie Julia Blaine. Sie konnte bereits eine wenig erfreuliche Ähnlichkeit zwischen ihrem tränenverzerrten Gesicht und dem von Julia feststellen.

Amanda hörte im Geiste eine vertraute Stimme spöttisch sagen: ›Los, Sie tapferes Mädchen! Machen Sie Ihrem Ruf Ehre und reißen Sie sich zusammen.‹ Mit einem Ruck straffte Amanda ihre krummen Schultern und hob energisch das kleine Kinn. Jetzt lag auch wieder das trotzige Funkeln in ihren Augen.

Die drei Briefe, die sie geschrieben hatte, lagen auf dem Schreibtisch, nahe dem Fenster. Sie nahm sie in die Hand, zerriß sie in kleine Stücke und warf sie in den Papierkorb. Als sie zehn Minuten darauf ihr Zimmer verließ, um Tee zu trinken, tat sie das hocherhobenen Hauptes, und auf ihrem schmalen Gesicht lag ein sehr energischer Ausdruck. Stimmen klangen aus dem Wohnzimmer herüber, und schon kamen Amanda wieder Bedenken. War das etwa schon wieder die Polizei? Nein, es war nur George Norman.

Mr. Norman hielt in der einen Hand eine Teetasse, in der anderen einen kleinen Teller. Als Amanda auf die sonnenhelle Terrasse heraustrat, stand er rasch auf. Dabei fiel ihm ein Stück Toast mit der Butterseite nach unten auf den Teppich.

»Moonchen hat mir gerade die furchtbare Geschichte über Glenns Sekretärin erzählt«, erklärte George Norman und beugte sich herab, um den Toast zu retten. Dabei verschüttete er prompt seinen Tee. »Einfach gräßlich! Sie können sich ja gar nicht vorstellen, wie uns das alle getroffen hat. Ich habe Moonchen mindestens schon tausendmal gesagt, daß sie die Diebe geradezu provoziert, wenn sie das Zeug einfach so herumliegen läßt. Das gehört schlichtweg in einen Tresor. Eine furchtbare Sache! Claire ist ganz durcheinander. Sie hat letzte Nacht kein Auge zugetan.«

»Letzte Nacht?« Amandas Stimme klang verblüfft und ungläubig. Erfuhr Claire alle unheilvollen Nachrichten früher als andere Leute? War sie eine Art Kassandra? Wie war es möglich, daß sie schon am Abend vom Mord an Monica Ford in Kenntnis gesetzt worden war?

»Glenn hat es ihr erzählt«, sagte George und strich sich Sardellenpaste auf den Toast. »Er rief gestern abend um halb elf bei uns an. Das ist schon ein komischer Kerl. Er wollte doch tatsächlich, daß wir mitten in der Nacht losrasen und Anita eine Nachricht überbringen. Selbst hat er sich wohl nicht getraut. Er sagte, er müsse befürchten, daß die Polizei ihm folgt, und Sie könne er nicht darum bitten, weil die Polizei im Hause sei, so daß nur wir übrigblieben. Natürlich, wir sind langjährige Freunde, aber es hat für alles seine Grenzen! Er weiß sehr gut, daß Claire und Anita sich noch nie besonders gut leiden konnten. Und dann hat ja Anita seitdem auch all diesen Klatsch über Glenn und Claire verbreitet. Egal wie dringend die Sache gewesen sein mag, ich sah keinen Grund dafür, von uns einen derartigen Freundschaftsdienst zu verlangen. Anita Barton ist nichts weiter als eine Schlampe, und Glenn muß froh sein, daß er sie los ist.«

Miß Moon schaltete sich ein: »Ich muß zugeben, daß ich Anita auch nicht verstehe. Ich hätte nie geglaubt, daß sie sich derart vulgär benehmen würde. Es paßt doch überhaupt nicht zu ihrem Charakter. Sie hat sich in letzter Zeit sehr zu ihrem Nachteil verändert.«

»Sie trinkt«, stellte George Norman lapidar fest.

»Aber«, sagte Miß Moon unter empörtem Protest, »ich bin sicher, daß Sie sich da irren. Obwohl ich natürlich auch schon Gerüchte gehört habe...«

»Na, das haben Sie bestimmt! Und ich fürchte, diese Gerüchte entsprechen den Tatsachen. Sie säuft wie ein Loch. Dasselbe Mädchen, das lange Zeit nichts Stärkeres als Tomatensaft anrührte.«

»Vielleicht hat sie ihre Gründe dafür«, sagte Miß Moon mit einem leisen Seufzer. »Ich werde den Eindruck nicht los, daß Anita trotz ihres kaltschnäuzigen Auftretens im Grunde ihres Herzens sehr unglücklich ist. Vielleicht hat sie gehofft, im Alkohol Vergessen oder Mut zu finden. Mein lieber Papa pflegte zu sagen, daß manche Leute sich Mut antrinken müssen.«

»Geschieht ihr recht, wenn sie unglücklich ist«, sagte George Norman. »Sie ist doch eine unmögliche Person!« Er leerte seine Teetasse und nahm sich noch ein Stück Kuchen.

Amanda sagte spontan: »Was haben Sie denn gestern alle gemacht, nachdem Sie von St. Hilarion fortgefahren waren?«

»Oh, gestern? Nicht mehr viel. Ich bin im Club gewesen, wissen Sie. Ich wollte einen Bekannten treffen, von dem ich annahm, daß er dasein würde. Aber er war schließlich doch nicht da. Es war überhaupt kaum jemand da. Lumley hat kurz mal reingeschaut. Er ist eigentlich gar kein Mitglied und wollte bloß jemandem ein paar Bilder zeigen. Claire ist einkaufen gegangen. Alastair hat einen kleinen Spaziergang gemacht, und wir haben uns erst gegen acht Uhr wieder getroffen, als wir auf einen Drink ins Hotel gingen. Alastair hat mit Mrs. Halliday zu Abend gegessen. Sie schlug vor, wir sollten doch bleiben, und das taten wir dann auch. Wir sind erst um halb elf nach Hause gekommen, und kaum waren wir da, klingelte auch schon das Telefon. Dann erzählte Glenn von dieser furchtbaren Geschichte. Ich habe es zuerst gar nicht glauben können, als Claire es mir erzählte. Ich dachte, der arme Kerl sei jetzt endgültig übergeschnappt.«

Amanda fragte beiläufig: »Und was war mit Toby, ich meine Captain Gates?«

»Oh, der ist auch wieder aufgetaucht. Ich glaube, der hat Mrs. Halliday vor dem Hotel abgesetzt und dann das geliehene Auto zurückgebracht. Wir trafen ihn dann beim Abendessen.«

Amanda fiel wieder in Schweigen. Sie hatten sich also alle getrennt. Jeder von ihnen konnte es gewesen sein. Jeder hätte zur Villa Oleander kommen und unbehelligt wieder gehen können. Sie alle hatten bis dorthin nicht mehr als fünf Minuten zu gehen, und es gab drei separate Eingänge, die zum Garten führten. Einer davon war vor dem Haus, einer am anderen Ende des Gartens, der führte nur zur Garage, und schließlich war da noch diese kleine Tür, von der sich die Farbe löste. Es war die Tür in der alten türkischen Mauer, die den Garten nach der abgeschiedenen schmalen Gasse hin abschloß.

Ich darf nicht daran denken, dachte Amanda. Ich darf nicht... Sicher war es nur ein ganz gewöhnlicher Einbrecher. Es kann gar nicht anders gewesen sein. So nette Leute, Leute, die man kennt. Nein, es kann keiner von ihnen gewesen sein. Und trotzdem, der Zwischenfall in der Burg von St. Hilarion hatte sich schließlich auch noch ereignet. Nur nicht daran denken, sagte sich Amanda mit wachsendem Unbehagen.

Miß Moon sagte: »Ja, es haben einige Leute hereingeschaut, die natürlich alle nur ihre Sympathie bekunden wollten. Von Amandas Freunden waren zwei da, um sich nach ihr zu erkundigen. Lady Cooper-Foot und Mrs. Teenley haben auch angerufen. Jeder sagt, was für ein furchtbarer Schock es für mich gewesen sein muß. Aber ich konnte sie heute morgen einfach nicht alle hereinbitten. Schließlich war ja die Polizei da. Nach dem Mittagessen ist Amanda auf ihr Zimmer gegangen, um sich auszuruhen. Ich habe Euridice aufgetragen zu sagen, wir seien nicht zu Hause, und den Hörer von der Gabel zu nehmen. Es ist ja so nett gemeint von den Leuten, aber unter den Umständen...«

»Neugierige Affen!« schnaubte George Norman verächtlich. »Die alten Klatschtanten sterben offenbar vor Neugier.«

»Das ist doch Unsinn, mein lieber Junge«, warf Miß Moon ehrlich aufgebracht ein. »Schließlich sind Sie ja auch hier, und obwohl wir natürlich über die ganze Geschichte gesprochen haben, bin ich überzeugt, daß die Leute nicht einfach aus reiner Neugier gekommen sind.«

George Normans ohnehin schon gerötetes Gesicht wurde nun wirklich feuerrot, und er beeilte sich zu sagen: »Nein, natürlich nicht. Claire hat auch gesagt... Ich meine...«

Ein unzusammenhängender Wortschwall kam über seine Lippen,

bis sich Miß Moon schließlich erbarmte. Sie bot ihm eine Tasse Tee an und riet ihm dringend, seinen Stuhl doch etwas weiter dorthin zu rükken, wo das Rosenspalier ihm ein wenig Schatten bot.

»Ich trinke den Tee am liebsten hier«, sagte Miß Moon. »Die Aussicht ist herrlich, und man kann so weit sehen. Ich sitze hier oft und betrachte den Sonnenuntergang. Aber obwohl die Veranda nach Westen geht, hat sie doch auch ihre Nachteile. Es ist fast zu sonnig hier. Mein Wohnzimmerteppich ist leider schon völlig ausgebleicht. Aber dann muß ich auch wiederum sagen, daß ich eine richtige Sonnenanbeterin bin. Ich kann nie genug davon bekommen, außer natürlich bei dieser sengenden Mittagshitze, da kann es schon einmal zu viel werden. Finden Sie nicht auch?«

George Norman seufzte. Für einen Moment sah sein Gesicht traurig aus, und seine Augen bekamen einen sehnsüchtigen Ausdruck. »Ja, da haben Sie sicher recht.«

»Sie klingen nicht so ganz überzeugt«, sagte Amanda, wild entschlossen, die Unterhaltung auf das Wetter zu beschränken. »Sagen Sie nur nicht, daß Ihnen ein wolkenverhangener Himmel und ständiger Nieselregen lieber sind als dieses paradiesische Wetter!«

»Aber natürlich ist mir das lieber! Ich liebe England. Schließlich ist es meine Heimat. Der Reiz der Fremde ist ja für eine Zeitlang ganz nett, aber irgendwann wird er einem auch über. Diese Hitze, der Gestank und die schnatternden Stimmen der Einheimischen und dann diese ewige Sonne. Nein, mir ist Suffolk an einem grauen Regentag lieber, wenn der Wind über die frisch gepflügten Felder streicht, wenn Buchfinken und Goldammern in den Hecken herumhüpfen und...« Mit einem schweren Seufzer brach er ab. »Ach, was soll das. Es hat keinen Sinn, darüber zu reden. Claire verträgt dieses nasse Klima nicht. Wenn sie nicht wäre...« Dann sank er in Schweigen. Er starrte gedankenverloren in seinen Tee, der langsam kalt wurde. Es hatte den Anschein, als sei er sich der Gegenwart von Amanda und Miß Moon gar nicht mehr bewußt. Sein gerötetes eckiges Gesicht war plötzlich freudlos und bitter.

Miß Moon sagte: »Probieren Sie einmal den Ingwerkuchen. Ich habe ihn selbst gebacken. Nach einem Rezept meiner Großmutter.«

George Norman erwachte plötzlich aus seinen Tagträumen. Er fuhr buchstäblich zusammen und sagte dann hastig: »Nein, vielen Dank! Ich muß sehen, daß ich heimkomme.« Er stürzte rasch den restlichen Tee aus seiner Tasse hinunter und beeilte sich zu sagen, daß er sich wirklich nicht zum Tee habe aufdrängen wollen. »Ich bin wirklich nur gekommen, um...«

»Ich weiß schon, um Einzelheiten zu erfahren«, beendete Miß Moon boshaft den Satz. »Ich hoffe, daß Sie jetzt alles wissen. Sagen Sie Claire, wie leid es mir tut, daß sie sich über die Geschichte so aufregt. Ich würde ihr eine ordentliche Dosis Rizinusöl empfehlen. Mein lieber Papa pflegte immer zu sagen, daß es gegen alle eingebildeten Krankheiten Wunder wirke. Es war reizend von Ihnen vorbeizukommen!«

Miß Moon beobachtete, wie er durch den verwilderten Garten davonging, und schnalzte ungeduldig mit der Zunge.

»Es versetzt mich immer wieder in Erstaunen«, bemerkte sie bissig, »was manche Männer sich gefallen lassen. Tatsächlich sind es die nettesten Männer, die die schrecklichsten Frauen haben. Schauen Sie sich Glenn nur an! Und was George angeht, das kann ich kaum noch mitansehen.«

»Warum, Miß Moon?« Amanda begann sich für die Normans zu interessieren. Vorsichtig, ängstlich und doch auch wieder fasziniert beäugte sie in letzter Zeit jeden einzelnen aus der kleinen Gruppe, der mit Julia Blaine an Bord gegangen war und der in St. Hilarion am Picknick teilgenommen hatte.

»Wegen der schrecklichen Angewohnheit«, sagte Miß Moon, »seine eigenen Pläne und Wünsche denen seiner Frau unterzuordnen und sich anzupassen. Dafür ist Claire verantwortlich. Sie erfreut sich bester Gesundheit, und George weiß das auch ganz gut. Aber um sich einen letzten Rest Selbstachtung zu bewahren, muß er so tun, als ob Claires zarte Natur der Grund für ihren Aufenthalt hier sei. Aber natürlich ist es hier wie anderswo. Wer zahlt, schafft auch an. Claire hat das Geld, und deshalb kann sie sich erlauben, ihn herumzukommandieren. Ich verstehe nur nicht, warum George sich das gefallen läßt. Er ist doch gesund und kräftig und keineswegs dumm. Ich sehe keinen Grund, warum er sich seinen Lebensunterhalt nicht in England verdienen sollte, wenn er es vorzieht, dort zu leben. Sei es mit oder ohne seine Frau!«

Amanda wandte ein: »Aber er hängt doch so an ihr.«

»Tut er das wirklich? Ja, es sieht so aus. Und doch habe ich mich in letzter Zeit öfter gefragt, ob er nicht vielleicht sogar erleichtert wäre, wenn sich seine Frau ein Vorbild an Anita Barton nehmen würde. Die arme Anita. Ich fürchte, sie hat sich da einen gefährlichen Feind geschaffen, als sie sich mit Claire anlegte. Wirklich zu dumm von ihr. Aber sie war immer hitzköpfig und unvorsichtig. Anita ist ein Mensch, der bei jeder Gelegenheit über die Stränge schlägt, wie mein lieber Papa zu sagen pflegte. Und wie oft macht man sich damit nur unglücklich. Ja, Claire ist weitaus raffinierter.«

Miß Moon seufzte, und Amanda sagte: »Ich glaube, Sie mögen Mrs. Barton, nicht wahr?«

»O ja, doch! Man kann gar nicht anders. Sie ist noch so ein Kind.«

»Das ist genau das, was Glenn von Anita auch sagte«, warf Amanda leise ein.

»Da hatte er recht. Manche Menschen scheinen das, was den Charme eines Kindes ausmacht, länger zu bewahren als andere. Aber andererseits behalten manche Leute auch die schlimmsten Eigenschaften eines verzogenen Kindes. Und Anita Barton ist so jemand. Sie ist vielleicht ein wenig verzogen, aber ehrlich und zuverlässig. Bei all dem ist sie allerdings nicht besonders intelligent. Eine Frau wie Claire könnte sie erziehen, ohne daß sie es merkt. Es sah eigentlich so aus, als seien Anita und Glenn ein ideales Paar. Natürlich war sie ziemlich lebenslustig. Sie genoß es, viele Leute um sich zu haben, und sie mag Kleider über alles. Der arme Glenn war so überarbeitet und ist vielleicht nicht genug mit ihr ausgegangen, so daß...«

Miß Moon brach plötzlich ab und verharrte kurze Zeit mit gefurchter Stirn in nachdenklichem Schweigen.

»Was ist denn?« fragte Amanda neugierig.

»Ach, Kleines. Ich habe gerade darüber nachdenken müssen, daß man ein Gerücht nur oft genug hören muß, bis man schließlich glaubt, es sei die Wahrheit, selbst wenn es gar nicht so ist. Wir alle haben in letzter Zeit so oft gehört, wie sehr Glenn Anita vernachlässigt hat. Aber wenn ich es mir genau überlege, so sind sie doch viel miteinander ausgegangen. Jedenfalls hat man nie gehört, daß er seinen gesellschaftlichen Verpflichtungen nicht nachgekommen wäre. Vielleicht hat er sie auch einfach nur gelangweilt.«

»Ich finde, daß sie sich da schon entscheiden muß«, fügte Amanda hinzu. »Wenn er – wie sie behauptet – sich aufführte wie ein Don Juan und gleichzeitig mindestens sechs verschiedenen Frauen den Hof machte, kann man ihn wohl nicht gerade langweilig nennen. Er muß doch irgend etwas Besonderes gehabt haben, zumindest viel freie Zeit.«

Miß Moon seufzte erneut. »Sollte man annehmen. Obwohl ich sagen muß, daß Glenn bei Frauen gut ankommt. Ich habe ihn selbst sehr gern. Und Claire auch. Man kann nicht gerade sagen, daß sie sich über seine Heirat mit Anita gefreut hat. Aber wie dem auch sei, es war jedenfalls ausgesprochen dumm von Anita, sich mit ihr anzulegen. Ich kann den Verdacht nicht loswerden, daß Claire irgendwie für das Scheitern dieser Ehe verantwortlich ist, auch wenn das hartherzig klingt. Was gibt es denn, Euridice?«

Euridice stand hinter ihnen in der offenen Terrassentür. Ihr betont gleichgültiger Gesichtsausdruck deutete an, daß man sie schon mindestens fünf Minuten hatte warten lassen. Ihre Nachricht war kurz und verständlich. Als sie sich abwandte, um den Teetisch abzuräumen, erklärte Miß Moon Amanda: »Es will jemand mit Ihnen sprechen. Wenn es dieser nette Mr. Howard ist, sagen Sie ihm doch, er möchte zum Essen bleiben.«

Amanda erhob sich geschwind. In einer rein instinktiven und weiblichen Geste prüfte sie den Sitz ihrer Frisur.

Miß Moon lächelte herzlich und verständnisvoll. Dann sagte sie: »Sie sehen wirklich reizend aus, Kleines, um nicht zu sagen bezaubernd.«

Amanda errötete, lachte und verschwand rasch durch die Terrassentür. In der Halle blieb sie beim Anblick ihres Besuches abrupt stehen. Sie stellte mit Erstaunen fest, daß sie sehr enttäuscht war.

Es war gar nicht Steven Howard, der dort in der Halle der Villa Oleander stand und auf Amanda wartete, sondern niemand anders als Anita Barton. Anita wirkte verängstigt. Das fiel Amanda sofort auf, und irgendwie übertrug sich diese Angst auf sie. Ein kalter Schauer lief ihr über den Rücken. In der weiten, düsteren Halle wirkte Mrs. Bartons Gesicht wie eine dieser Papiermasken, die Kinder sich basteln und dann grellbunt bemalen. Sie hatte viel zuviel Rouge aufgelegt und war auch mit dem Lippenstift recht verschwenderisch umgegangen. Tiefblauer Lidschatten und dick aufgetragene Wimperntusche vervollständigten ihr Make-up, das das kreideweiße Gesicht puppenhaft starr erscheinen ließ. Nur die Augen schienen lebendig und waren weit aufgerissen wie die einer verängstigten Katze.

Dieses Gesicht konnte man wirklich nicht mehr hübsch nennen. Doch trotz der Furcht und der Erschöpfung, die sie zeichneten, sah Mrs. Barton nicht etwa alt aus. Sie hatte den harten, trotzigen Ausdruck völlig verloren, und das ließ sie um einiges jünger erscheinen. Sie sah wirklich wie das verzogene, eingeschüchterte Kind aus, mit dem sowohl ihr Mann als auch Miß Moon sie verglichen hatten.

Amanda spürte plötzlich Mitleid in sich aufsteigen. Ihr Beschützerdrang regte sich. Mit ausgestreckter Hand ging sie rasch auf Anita Barton zu. »Worum handelt es sich? Wollten Sie zu mir?«

»Ja...« Anita Bartons Augen, die so an eine verstörte Katze erinnerten, glitten nervös durch die Halle und über das Treppenhaus, dessen Stufen sich im Halbdunkel des oberen Stockwerks verloren. Gleichzeitig zupfte sie mit nervösen Fingern an einem zierlichen Spitzentaschentuch, bis das zarte Gewebe schließlich zerriß. Verwirrt ließ sie es fallen und sagte atemlos: »Hier kann ich nicht mit Ihnen sprechen. Könnten wir nicht woanders hingehen? Würden Sie vielleicht mit mir die Straße hinunterspazieren?«

Amanda musterte sie leicht verstört. »Ja, in Ordnung. Einen Moment noch, ich will nur schnell Miß Moon Bescheid geben.«

Sie kehrte auf die Veranda zurück und teilte Miß Moon mit, daß sie zu einem kleinen Spaziergang aufbreche.

Miß Moon sah sie verwundert an. »Anita, sagen Sie? Ich wußte gar nicht, daß Sie sich kennen. Sie sollten eigentlich gerade jetzt nicht mit ihr gesehen werden. Die Leute reden schon viel zuviel. Glauben Sie nicht, daß es vielleicht besser wäre, den Spaziergang abzulehnen, taktvoll selbstverständlich?«

»Das kann ich einfach nicht«, sagte Amanda unglücklich. »Ich glaube, sie hat wirklich Schwierigkeiten. Ich werde nicht lange fort sein.«

Kaum waren sie auf die Straße vor der Villa Oleander hinausgetreten, als Anita nach rechts bog, um die Hauptstraße zu verlassen. Sobald sie außer Sichtweite des Hauses waren, klammerte sie sich an Amandas Arm. Ihre Stimme war rauh und atemlos, als sie fragte: »Stimmt es, daß gestern abend etwas von mir in Miß Moons Haus gefunden wurde? ... eine Blume von meinem Kleid?«

»Ja«, sagte Amanda kurz.

Sie hörte Anita Barton förmlich nach Luft schnappen. Gleichzeitig verstärkten ihre Finger um Amandas Handgelenk krampfhaft den Druck. Spitze lackierte Fingernägel bohrten sich schmerzhaft in ihr Fleisch.

Mrs. Barton stolperte, fing sich jedoch wieder und blieb schließlich nahe einer Gruppe staubbedeckter Tamarisken vor einer weißgekalkten Mauer stehen. Sie schienen sich in einer menschenleeren Sackgasse zu befinden.

»Dann stimmt es also doch! Ich wollte es zuerst nicht glauben. Ich dachte, es sei nur ein Gerücht aus dem Munde böser Mitmenschen. Aber Lumley sagte...« Sie hielt inne und starrte Amanda mit weit aufgerissenen, verstörten Augen an. Ihr Gesichtsausdruck war verzweifelt und flehend. »Erzählen Sie mir darüber, bitte. Ich muß es wissen.«

Amanda erzählte ihr, was vorgefallen war. Die nackten Tatsachen waren schlimm genug. Anita Bartons kreideweißes Gesicht schien noch blasser und kleiner zu werden, je länger sie zuhörte.

Schließlich flüsterte sie tonlos: »Hat die Polizei denn nicht gefragt, wem sie gehörte?«

»Doch«, sagte Amanda unglücklich. »Ich... ich sagte, sie gehöre mir.«

»Was haben Sie gesagt?« Mrs. Bartons Stimme wurde plötzlich laut und kreischend. »Warum haben Sie das getan? Warum sollten Sie so etwas für mich tun?«

»Ich habe es nicht für Sie getan«, bekannte Amanda. »Ich habe es für Ihren Mann getan. Wissen Sie...«

»Für Glenn?« Anita Barton lockerte den Griff um Amandas Handgelenk. Sie trat einen Schritt zurück und starrte Amanda an. Ihr Gesicht änderte plötzlich seinen Ausdruck. Ihre Augen funkelten vor Zorn.

»Für Glenn?« wiederholte Mrs. Barton. Ihre Lippen waren gar nicht mehr schlaff und zittrig, sondern entschlossen und fest aufeinandergepreßt. »Sind Sie also auch auf ihn hereingefallen!«

Amandas Kinn schnellte aggressiv in die Höhe. Ihre grauen Augen waren plötzlich kalt und verärgert, und ihre Stimme klang nicht weniger wütend als die von Mrs. Barton:

»Wie darf ich das verstehen? Glauben Sie wirklich, daß ich auch nur irgendein Interesse an Ihrem Mann habe? Vielleicht hat sich auch sonst noch nie eine Frau für ihn interessiert, und Sie sind nicht besser als Julia Blaine. Sie bilden sich ein, daß jede Frau, die mit Ihrem Mann auch nur ein paar Worte wechselt, sich einfach Hals über Kopf in ihn verlieben muß. Sie lieben ihn nämlich sehr, habe ich recht? Und Sie benehmen sich nur deshalb so unmöglich, weil Sie eifersüchtig gemacht wurden. Julia war genauso.«

Es dauerte einige Zeit, bis Anita Barton ihre Sprache wiedergefunden hatte. Zorn und Bitterkeit begannen langsam aus ihrem Gesicht zu weichen, das jetzt wieder einen angsterfüllten Ausdruck trug. Sie fuhr sich mit der Hand an die Kehle und sagte kaum vernehmbar: »Ja, Julia war genauso. Aber Julia ist gestorben, und ich will nicht sterben!«

Sie schluckte krampfhaft und sah Amanda wieder voll ins Gesicht: »Wenn Glenn Ihnen nichts bedeutet, warum haben Sie der Polizei dann erzählt, daß die Blume Ihnen gehört. Meinetwegen hätten Sie so etwas bestimmt nicht getan.«

»Weil ich ihm einiges zu verdanken habe. Nämlich mein Leben«, sagte Amanda schlicht.

»Ihr Leben? Wie meinen Sie das?«

Amanda erzählte ihr, was geschehen war, und erwähnte dabei allerdings nicht, daß ihr Sturz kein Unfall gewesen war. »Verstehen Sie jetzt«, schloß sie ihren Bericht, »warum ich glaubte, ihm eine Gegenleistung schuldig zu sein?«

»Deshalb haben Sie also gesagt, daß die Blume Ihnen gehört.« Plötzlich und unerwartet warf Anita den Kopf in den Nacken und lachte. Es war eine laute, gespielte Heiterkeit, die Amanda durch Mark und Bein ging. Dann brach sie ebenso plötzlich ab, wie sie begonnen hatte, und klammerte sich statt dessen wieder an Amanda.

»Passen Sie auf! Ich bin gestern überhaupt nicht in der Villa Oleander gewesen. Haben Sie das verstanden? Ich war nicht einmal in der Nähe.«

Plötzlich klapperte sie mit den Zähnen, als sei ihr kalt. Amanda sagte schnell: »Dann werden Sie es ja auch beweisen können, und dann...«

»Aber ich kann es nicht beweisen!« unterbrach Anita Barton verzweifelt. »Irgend jemand rief gestern im Hafencafé an und bat die Besitzer dort, Lumley eine Nachricht zu übermitteln. Ein Fremder ließ ihn bitten, ihm im Club ein paar seiner Bilder zu zeigen. Aber der Mann ist nie erschienen, und Lumley hat ziemlich lange auf ihn gewartet. Er ist erst sehr spät nach Hause gekommen. Ich war die ganze Zeit allein in der Wohnung. Ich hätte unbemerkt hinausgehen können. Die unteren Stockwerke sind nicht bewohnt. Sie dienen nur als Lager. Und es gibt zwei Ausgänge.«

»Vielleicht haben Sie das Kleid irgendwann einmal getragen, als Sie Miß Moon besuchten!« gab Amanda zu bedenken. »Diese Blume könnte schon seit Ewigkeiten dort gehangen haben. Euridice scheint nicht gerade die beste Putzfrau zu sein, und ich glaube nicht, daß irgend jemand sie bemerkt hätte.«

»Ich bin seit dem letzten Winter nicht mehr in der Villa Oleander gewesen«, sagte Anita Barton. »Und diese Blume kann gar nicht dort von meinem Kleid abgerissen worden sein, weil ich nie in diesem Kleid bei Miß Moon war. Ich weiß, wer sie dorthin gebracht hat, Man hat es absichtlich getan, und ich weiß auch, warum. Dann haben Sie gesagt, daß die Blume Ihnen gehört, und Sie hätten beinahe die üblen Pläne durchkreuzt. Aber es wird mir nichts nützen. Warten Sie nur ab. Die Polizei wird es sehr schnell herausfinden...«

Ihre Stimme erstarb in einem verängstigten Flüstern. Sie sah so verzweifelt aus, daß Amanda ihr beruhigend über die Hand strich, mit der Anita immer noch ihren Arm umklammerte.

»Niemand wird darüber reden. Schauen Sie doch nicht so verzweifelt, Mrs. Barton. Die Polizei nimmt an, daß sie mir gehört, und man wird der Sache nicht weiter nachgehen. Miß Moon hat mir nämlich erzählt, daß die Polizei davon ausgeht, daß Monica Ford von einem Einbrecher ermordet wurde.«

Anita Barton seufzte, aber sie klang keineswegs erleichtert. Ihre Augen schienen durch Amanda hindurch in die weite Ferne zu blikken. Anita Barton hatte Amandas Anwesenheit völlig vergessen. Kaum hörbar flüsterte sie: »Ich werde vorsichtig sein müssen. Ich werde jetzt sehr vorsichtig sein müssen...«

Am Horizont zeigte sich ein goldener Streifen, und der verlassene Weg mit den staubbedeckten Tamarisken lag bereits in tiefem Schatten. Hoch über den Wipfeln konnte Amanda in der Ferne die Ruinen von St. Hilarion erkennen, die die Abendsonne mit ihren letzten Strahlen vergoldete. Bald würde sich die kurze Abenddämmerung des Südens über sie herabsenken, um rasch in eine neue mondhelle Nacht voll funkelnder Sterne überzugehen. Amanda hörte, wie am anderen Ende des Weges ein Ochsenkarren vorüberknarrte. Irgendwo hinter der weißgekalkten hohen Mauer sang eine klagende Frauenstimme eine uralte türkische Ballade, die schon viel älter als das Kaiserreich von Byzanz war.

Anita Bartons Augen fanden wieder in die Gegenwart zurück. Sie seufzte noch einmal auf, sah Amanda wieder und sagte: »Vielen Dank! Es war sehr nett von Ihnen, daß Sie mir helfen wollten. Aber ich glaube, es ist besser, wenn wir beide nicht zusammen gesehen werden. Ich werde mich also hier von Ihnen verabschieden.«

Amanda sagte ganz spontan: »Wenn ich Ihnen irgendwie helfen kann, dann lassen Sie es mich wissen. Ich bin jederzeit für Sie da.«

Mrs. Barton lachte verlegen. »Das ist sehr nett von Ihnen. Ich werde gegebenenfalls auf Ihr Angebot zurückkommen.«

Sie wandte sich rasch um und ging schnell davon. Amanda folgte ihr langsam und sah, wie sie in den schmalen Weg einbog, der hinter der alten türkischen Mauer entlangführte, die den Garten der Villa Oleander abschloß. Es war genau die Stelle, wo die Tauben auf dem altersgrauen Stein herumstolzierten.

15

Amanda schlenderte langsam nach Hause zurück. Am Gartentor besann sie sich plötzlich eines anderen, und anstatt einzutreten, ging sie weiter. Sie wanderte in Richtung Marktplatz.

Amanda mußte unbedingt Steven Howard aufsuchen und ihm von diesem seltsamen Gespräch mit Anita Barton erzählen. Ihr verstörtes Gesicht und ihre geflüsterten Worte: »Ich will nicht sterben!« gingen Amanda nicht mehr aus dem Kopf. Steven wußte sicher Rat.

Als Amanda um die Ecke bog, fiel ihr ein Mann auf. Irgendwie hatte sie das komische Gefühl, als würde er sie beobachten. Und zwar durchaus nicht so, wie ein Mann einem hübschen Mädchen anerkennend nachblickt, sondern vielmehr registrierte er sie aufmerksam.

Sie warf einen raschen Blick über die Schulter. Der Mann stand auf einem Bein an die Mauer gelehnt und war offenbar in das Problem vertieft, ein Steinchen aus seinem linken Schuh zu entfernen. Sie fragte sich, ob ihre Phantasie mit ihr durchgegangen war oder ob die Polizei vielleicht doch nicht so ganz daran glaubte, daß Monica Ford von einem Einbrecher ermordet worden war. Wurde die Villa Oleander etwa beobachtet?

Der Gedanke gefiel ihr keineswegs, doch mußte sie sich eingestehen, daß sie in der folgenden Nacht ruhiger schlafen würde, wenn sie sicher wüßte, daß die Polizei ein Auge auf das Haus werfen würde.

In der Stadt sah sie Claire Norman und Toby Gates, aber sie bemerkten Amanda nicht. Sie standen vor dem kleinen Laden von Karafillides und waren ganz in ein Gespräch vertieft. Als Amanda näher kam, wandten sie sich ab und gingen weiter, ohne ihr Gespräch zu unterbrechen.

Sonst sah Amanda niemanden, den sie kannte. Einige Kinder lachten sie fröhlich an. Vermutlich waren es dieselben Kinder, die an jenem ersten Morgen in Kyrenia Steven Howards begeistertes Publikum auf der Hafenmauer gebildet hatten. Das brachte sie auf eine Idee. Statt ihren Weg direkt zum Dome-Hotel zu nehmen, bog sie zum Hafen ab. Die letzten Strahlen der untergehenden Sonne ließen die dicken Mauern der Burg von Kyrenia wie geschmolzenes Gold erscheinen und färbten die Hügel, die sich hinter der Stadt erhoben, in allen Schattierungen, von Rosa über Fliederfarben bis zu Lavendelblau. Die Hügelkämme warfen lange zartblaue Schatten. Kein Windhauch bewegte das Wasser in dem verschlafenen kleinen Hafen.

Die Wasseroberfläche glänzte wie ein riesiger Opal und reflektierte das klare Bild des kleinen blauen Segelbootes mit seinem orange-braunen Hauptsegel. Es war gerade zu seinem Liegeplatz am anderen Ende des Hafenbeckens unterwegs. Die Hafenmauer bildete die Fassung, den Rahmen für dieses Panorama. Es war ein hinreißendes Bild, wie geschaffen für eine Ballettaufführung oder als Bühnenbild für eine Oper von Puccini. Aber heute abend stand keine Staffelei auf der Hafenmauer, und Amanda konnte auch sonst keine Spur von Steven Howard entdecken.

Ihre Augen wanderten die schmale Häuserreihe entlang, wo unter einem der flachen Dächer Potters kleine Atelierwohnung lag. Sie hatte einen winzigen Balkon mit einem eisernen Gitter. Amanda sah einen Mann auf den Balkon treten und auf den Kai, der unter ihm lag, schauen. Die Entfernung war aber zu groß, um seine Gesichtszüge zu erkennen. Gegen das dunkle Rechteck der geöffneten Balkontür hob sich deutlich das Blond seiner Haare ab, so daß Amanda sich unwillkürlich fragte, ob Alastair Blaine, wenn er es überhaupt war, sich wohl dazu überreden ließ, ein Bild zu kaufen.

Der Mann wandte sich um und ging wieder in die Wohnung. Amandas Blick schweifte den Kai und die vollbesetzten Tischchen vor dem kleinen Straßencafé entlang. Schließlich mußte sie feststellen, daß Steven Howard nicht unter den Anwesenden war. Nach einer Weile gab sie die Suche auf und wanderte langsam Richtung Hotel.

Das junge Mädchen an der Rezeption warf einen Blick auf das Schlüsselbrett und sagte, es täte ihr leid, aber Mr. Howard sei wohl ausgegangen. Er habe seinen Schlüssel an der Rezeption abgegeben und ihn noch nicht wieder abgeholt. Ob Amanda nicht vielleicht in der Halle auf ihn warten wolle? Amanda zögerte. Sie wußte nicht, ob es besser war, hier zu warten oder eine Nachricht für Steven zu hinterlassen, damit er sie nach seiner Rückkehr in der Villa Oleander aufsuchte. Doch als sie gerade noch darüber nachdachte, hörte sie das rasche Klappern hoher Absätze hinter sich und wurde von einer Wolke teuren französischen Parfüms eingehüllt. Persis Halliday rief hocherfreut: »Hallihallo. Das trifft sich ja prächtig. Ich laufe schon den ganzen Tag hinter Ihnen her, Amanda. Heute morgen war ich schon an diesem alten Palazzo, in dem Sie residieren, und am Nachmittag habe ich zweimal versucht, Sie anzurufen. Ihr Telefon muß gestört sein. Ist es wahr, daß Sie in die Schlagzeilen geraten sind: ›Junge Frau stolpert auf dem Teppich über Leiche.‹ Kommen Sie, wir trinken etwas zusammen, und dann müssen Sie mir unbedingt alles im einzelnen erzählen!«

Mit einer Geste, die zugleich herzlich und besitzergreifend war, nahm sie Amanda beim Arm. Amanda bemerkte, daß jeder Widerspruch sinnlos war. Sie ließ sich zu der Sitzgruppe am anderen Ende der Hotelhalle führen, wo bereits eine Lampe behagliches Licht verbreitete und die Fenster den Blick auf die Weite des Meeres freigaben, auf dem der letzte schwache Widerschein des Sonnenuntergangs lag.

Persis schien erschöpft zu sein. Sie hatte um Augen und Mund kleine Fältchen, die Amanda zuvor noch nie aufgefallen waren. Und sie sah heute nicht so aus dem Ei gepellt wie sonst aus. Amanda stellte fest, daß der scharlachrote Lack von einem ihrer sonst so tadellos manikürten Nägel abzublättern begann, und auch ihre Frisur, die immer perfekt saß, zeigte Spuren der Vernachlässigung.

Als sie Amanda über die Ereignisse des vergangenen Abends befragte, war ihre Stimme leise und drängend. Sie war nicht mehr, wie man es sonst von ihr gewohnt war, unbekümmert hoch und fröhlich.

Amanda erzählte ihr die Geschichte in groben Zügen, vermied dabei aber Einzelheiten. Schließlich gab Persis das Verhör auf und ließ sich in ihren Sessel zurücksinken.

Offensichtlich war sie am Morgen in der Villa Oleander gewesen, nachdem ihr eine Bekannte aus dem Hotel vom Mord an Monica Ford erzählt hatte. Dort war sie Miß Moon begegnet.

»Sie hat mich gar nicht erst zu Ihnen gelassen«, erklärte Persis. »Es hieß, Sie schliefen noch. Das Haus wimmelte förmlich von Polizisten, aber Ihre Wirtin wurde ganz gut mit ihnen fertig. Sie läßt sich wohl von niemandem ausfragen oder herumkommandieren. Wirklich ein Original! Glenn war auch gerade da. Und Toby hat vorbeigeschaut, um sich nach Ihrem Wohlergehen zu erkundigen. Wir sind dann alle hinaufgegangen und haben es uns im Boudoir der Dame des Hauses gemütlich gemacht, während die Polizisten unten im Wohnzimmer herumwühlten.«

»Warum war Glenn denn da? Haben Sie...«

»Die haben offenbar ein wenig Sherlock Holmes gespielt«, sagte Persis und winkte einem vorbeieilenden Ober zu. Sie bestellte Whisky on the rocks, was den Ober sichtlich verwirrte.

»Es scheint, daß sie Glenn für einen Napoleon des Verbrechens hielten. Schließlich stolperte jemand über die Wertsachen, die am Wege lagen. Möchten Sie Sherry oder Gin? Herr Ober, bringen Sie uns bitte einen Tomatensaft.«

Amanda sagte: »Heißt das, sie haben geglaubt, daß Glenn sie ermordet hat?«

»Ja, natürlich! Er hat doch selbst zugegeben, daß er die letzte Person gewesen ist, die Monica Ford lebend gesehen hat. Offenbar hat seine Frau in der ganzen Stadt herumposaunt, daß er eine Affäre mit dieser Dame hatte. Es wurde ihnen ja regelrecht auf einem silbernen Tablett serviert. Schließlich hat sogar schon der hiesige Wachtmeister von der Sekretärin gelesen, die von ihrem Chef verführt wird!«

»Haben Sie Monica Ford jemals kennengelernt?« fragte Amanda ungeduldig.

»Nein, aber ich habe genügend von denen, die das Vergnügen ihrer Bekanntschaft hatten, gehört, um mir ein Bild machen zu können. Danach scheint sie nicht gerade die aussichtsreichste Kandidatin für den Titel der Schönheitskönigin von Suffolk gewesen zu sein. Habe ich recht?«

»Ja! Sie war eine richtig graue Maus. Tüchtig, rundlich, alternd und...«

»Ich verstehe schon. Aber die Polizisten müssen wohl alle die ›Candid Confessions‹ gelesen haben. Sie waren wie versessen. Anscheinend haben sie geglaubt, Glenn habe die täglichen Liebesspiele im Büro satt gehabt, und als er das arme Kind wie ein gebrauchtes Hemd wegschmeißen wollte, habe sie Schwierigkeiten gemacht. Also blieb ihm nichts anderes übrig, als sie zu erwürgen, die Leiche ausgerechnet in Miß Moons Wohnzimmer unterzubringen und dann nach St. Hilarion zu fahren, wo er zur Feier seiner ruchlosen Tat ausgiebig picknickte.«

»Die müssen verrückt sein!« sagte Amanda. »Sie kann gar nicht so lange tot gewesen sein. Sie war doch noch warm!«

»Ja, ich weiß. Aber vielleicht haben sie auch gedacht, er habe nur so getan, als sei er nach dem Picknick nach Nikosia abgebogen, während er in Wirklichkeit gleich wieder umdrehte und hinter den Normans her nach Kyrenia und wie ein geölter Blitz in die Villa Oleander fuhr. Dort erwürgte er dann rasch seine Sekretärin, war mit einem Satz wieder im Sattel – ich meine natürlich hinter dem Steuer –, und schon ging die wilde Jagd weiter. So könnte es doch gewesen sein.«

Amanda schnaubte zornbebend: »Woher hätte er denn wissen sollen, daß Monica Ford noch immer brav alleine im Wohnzimmer sitzen würde? Das ist doch alles Blödsinn!«

»Das Ganze ist ja auch geplatzt wie eine Seifenblase. Anscheinend hat Glenn zwei Anhalter mitgenommen. Die Polizei hat sie ermittelt, die Zeit verglichen und festgestellt, daß er es nicht gewesen sein kann. Es sei denn, er besäße die Fähigkeit, an zwei Orten gleichzeitig zu sein. Und dann fanden sie ja auch all die Jadefigürchen und den anderen Nippes, der da im Garten herumlag. So ist die Polizei zu dem Schluß gekommen, daß man Glenn zwar durchaus einen kleinen Mord zutrauen könnte, daß er aber wirklich nicht wie ein Dieb aussieht.«

»Woher wissen Sie das alles?« fragte Amanda. »Hat Miß Moon Ihnen davon erzählt?«

»Du lieber Himmel, nein! Die war auch viel zu sehr damit beschäftigt, den Polizisten die Meinung zu sagen. Glenn hat mir davon erzählt. Ich habe ihn mit zum Hotel genommen. Wir haben etwas getrunken und uns über dieses und jenes unterhalten. Er ist ein netter Kerl. Schade, daß er immer noch so an seiner Frau hängt. Mir kommt sie ja ein bißchen verrückt vor. Eine Frau, die einen Mann wie Glenn verläßt, um mit einem Kerl durchzubrennen, der nichts anderes als seinen gepflegten roten Bart im Kopf hat und der sich mit einer Aura von Farbe und Terpentin umgibt. Sie kann einfach nicht alle Tassen in ihrem hübschen Schrank haben.«

Persis nippte an ihrem Glas, verharrte dann eine Weile in Schweigen und sagte danach nachdenklich: »Steven war auch da.«

»Wo?« entfuhr es Amanda gereizt.

»Na, heute morgen bei Ihrer Miß Moon. An dem ist, weiß Gott, ein Diplomat verlorengegangen. Es ist reine Verschwendung, wenn ein Mann mit diesen Fähigkeiten sich zum Künstler berufen fühlt. Er könnte manch einem hohen Tier Nachhilfe in der hohen Kunst der Diplomatie geben.«

»Was meinen Sie damit?«

»Als ich heute morgen in diese entzückende Villa eindrang«, sagte Persis und lächelte hinterlistig bei dem Gedanken daran, »war dort einiges los. Mit anderen Worten, ein Vulkan drohte auszubrechen. Glenn war nicht gerade angetan von den Vermutungen, die die Polizei über ihn und diesen Mord anstellte. Miß Moon fertigte den Oberinspektor in einer Art ab, daß manch eine alte Gouvernante vor Neid erblaßt wäre. Als nächstes bekam das Hausmädchen, die Köchin oder was für einen Posten die Dame auch bekleidet, in der Küche einen hysterischen Anfall. Zu guter Letzt bot der Hausbursche einem Polizisten auch noch eine Ohrfeige an. Der hatte nämlich die Kühnheit besessen, anzudeuten, dieser Andreas habe womöglich jemandem einen Tip gegeben, indem er erzählt habe, daß am Nachmittag des Geschehens niemand in der Villa sein würde. Eine günstige Gelegenheit also, um sich einzuschleichen und ein bißchen Nippes mitgehen zu lassen. Es ging jedenfalls ganz schön rund, und ich kann mir nicht vorstellen, daß man bei der UNO auch nur annähernd so lebhaft debattiert. Dann öffnete sich die Tür, und Steven erschien wie ein Friedensengel in Person. Es fehlte nur noch der Ölzweig. In kürzester Zeit beruhigte er die Gesellschaft. Alle setzten sich gemütlich zusammen und tranken ein Glas Wein zur Versöhnung. Miß Moon titulierte mittlerweile den Oberinspektor bereits mit ›mein lieber Junge‹. Es war wirklich beeindruckend.« Persis holte ein kleines diamantbesetztes Platinfeuerzug aus ihrer Handtasche und zündete sich eine Zigarette an. Nachdenklich blies sie Ringe in die Luft:

»Sie sind in ihn verliebt, habe ich recht?«

»In wen? In Steven Howard? Reden Sie keinen Unsinn! Ich kenne ihn doch kaum.«

»Sie hätten mich fast überzeugt, aber eben nur fast. Im übrigen ist es auch gar nicht wichtig, daß man jemanden kennt, um sich zu verlieben. Eigentlich ist das eher ein Hindernis.« Eine Spur Bitterkeit klang in Persis' Stimme mit. »Hat er Sie schon geküßt?«

Sie bemerkte, wie die Röte in Amandas Gesicht stieg, und sagte trocken: »Mit anderen Worten, er hat. Sie müssen wirklich ein Sonntagskind sein.«

»Sagen Sie mal, Persis, haben Sie nichts anderes als die Liebe im Kopf?«

»Nicht, wenn ich es vermeiden kann«, antwortete Persis aufrichtig. »Ich bin ganz wild nach Liebe. Schließlich lebe ich von Romanzen, und das nicht schlecht.«

»Wollen Sie etwa über alles, was hier passiert ist, einen ›Liebes-Thriller‹ schreiben?«

Für einen kurzen Augenblick zog ein Schatten über Persis Hallidays Augen. Dann lachte sie kurz und bitter.

»Nein! Nicht über alles.«

Amanda sah sie neugierig an und sagte dann plötzlich:

»Persis, sehen Sie uns überhaupt als richtige Menschen an, oder sind wir bloß Schablonen, deren Handlungen Ihnen Stoff für Ihr nächstes Buch geben?«

Persis lehnte sich in ihren Stuhl zurück und blies noch einmal Ringe zur Decke. Ihre Stimme schien von weither zu kommen, als sie sagte: »Wissen Sie, es ist komisch, daß Sie mich das jetzt fragen. Manchmal kommt es mir tatsächlich so vor. Es ist so, als drückte ich meine Nase an einer Scheibe platt, um ein Kasperletheater zu bestaunen, und denke dann nur ›wie aufregend‹. Hin und wieder scheint es mir so, als seien die Personen, die ich für meine Bücher erfinde, viel realer für mich als die meisten meiner Mitmenschen. Vielleicht liegt das daran, daß ich sie besser kenne, daß sie mir gehören. Man fühlt sich wie ein kleiner Gott. Ich kann die Personen in meinen Büchern machen lassen, was ich will. Ich kann sie sich verlieben lassen, kann sie verheiraten, sie durch Reifen springen lassen, dafür sorgen, daß sie sich hassen. Im wirklichen Leben hat man darauf wenig Einfluß...«

Bei den letzten Worten erstarb ihre Stimme in einem Flüstern. Sie lehnte sich zurück und ließ ihren Blick über den sich verdunkelnden Himmel schweifen, an dem sich schon die ersten Sterne zeigten. Eine leichte Brise wehte vom Meer her durch die geöffneten Fenster. Persis' Zigarette verglomm langsam zwischen ihren Fingern.

Von der Tür drang eine zarte, flötende Stimme zu ihnen herüber. Persis ließ die Zigarettenkippe in ihr Glas fallen. Es zischte. Dann warf sie einen flüchtigen Blick zur Tür.

»Da kommt sie ja, die süße kleine Claire«, spottete sie. »Hallo, Claire. Sie haben wohl wieder die gesamte Fußballmannschaft um sich versammelt, wie ich sehe.«

Claire Norman erschien in Begleitung ihres Mannes, Alastair Blaine, Toby Gates' und Lumley Potters. Sie kam zu ihnen herüber und ließ sich erschöpft in einen Sessel sinken, allerdings nicht ohne zu verkünden, daß sie keinen Schritt mehr gehen könne. Sie schien überrascht, Amanda hier anzutreffen, und murmelte einige mitfühlende Worte über die furchtbaren Stunden, die Amanda mitgemacht haben mußte.

»Wir kommen gerade von Miß Moon«, sagte sie. »Wir hatten Sie natürlich dort erwartet. Aber Moonchen teilte uns mit, Sie seien fortgegangen. Sie tat ziemlich geheimnisvoll damit und wollte nicht einmal sagen, mit wem Sie ausgegangen seien. Ich dachte, es wäre Steven, auf Persis wäre ich nie gekommen. Lumley, willst du etwa schon gehen?«

»Ja, leider«, sagte Mr. Potter bedauernd. »Ich habe gesagt, ich sei um sechs Uhr zurück, und es ist bereits nach sieben und...«

»Armer Lumley!« unterbrach Claire mit ihrer klaren, leisen Stimme. Sie legte ihre zarte kleine Hand in einer Geste voller Mitgefühl und Verständnis auf seinen Arm. Mr. Potter wurde zwar nicht gerade rot, aber immerhin zartrosa vor Verlegenheit.

Persis hatte diese delikate Nebenhandlung nicht ohne schriftstellerisches Interesse verfolgt, und auch Amanda hatte amüsiert zugesehen. Nun trafen sich ihre Blicke, und sie tauschten ein verschwörerisches Blinzeln aus, wobei sich Amanda auf die Zunge beißen mußte, um nicht laut herauszulachen. Sie wandte sich rasch ab und schenkte ihre ganze Aufmerksamkeit Toby, der sich auf ihrer Stuhllehne niedergelassen hatte. Er erkundigte sich höflich und besorgt nach ihrem Wohlergehen.

Mr. Potter zog sich zurück. Alastair bestellte für alle etwas zu trinken, und George Norman lud Amanda zum Abendessen zu sich nach Hause ein:

»Ich hätte Sie schon früher darum gebeten, aber ich dachte, daß Ihnen momentan nicht danach sei«, sagte er. »Ich würde mich wirklich freuen, wenn Sie die Einladung annähmen. Sie müssen natürlich vorliebnehmen mit dem, was es gerade bei uns zu essen gibt. Claire, ich habe Miß Derington gerade zum Abendessen zu uns eingeladen.«

Claire Norman hob ihre zierlichen Brauen und schenkte Amanda ein bezauberndes Lächeln. Doch Amanda hatte das Gefühl, daß sie nicht gerade begeistert von der Idee ihres Mannes war. Deshalb sagte sie rasch: »Es tut mir schrecklich leid, aber ich fürchte, daß ich nicht kommen werde. Ich kann doch Miß Moon nicht einfach ganz allein zu Hause sitzenlassen, zumindest nicht so kurzfristig. Sie hat gestern viel durchgemacht, und der heutige Tag war auch nicht gerade erholsam für sie.«

»Das kann ich gut verstehen«, sagte Claire verständnisvoll. »Sie dürfen sie natürlich nicht allein lassen. Vielleicht klappt es ein anderes Mal.«

Toby sagte mit leiser Stimme: »Warum haben Sie mich gestern

abend nicht angerufen und mir erzählt, was passiert ist? Es muß furchtbar für Sie gewesen sein. Sie wissen doch, daß ich sofort zu Ihnen gekommen wäre.«

»Das ist lieb von Ihnen, Toby«, sagte Amanda und war wirklich dankbar für seine Anteilnahme. »Aber Sie hätten auch nichts mehr ändern können.«

»Ich habe gehört, daß Howard auch da war«, sagte Toby, und seine Stimme klang vorwurfsvoll.

»Ja, er hat mich doch von St. Hilarion zurückgefahren. Sagen Sie, Toby, waren Sie heute wirklich alle schon bei Miß Moon?« Sie deutete mit kurzer Handbewegung auf Claire und deren Gefolgschaft.

»Ja, wir dachten, wir schauen schnell einmal vorbei und fragen, wie es Ihnen geht. Wir haben uns nämlich alle zufällig in der Stadt getroffen, und weil es nur noch ein paar Schritte zur Villa Oleander waren, sind wir schnell hineingegangen. Das ist ja wirklich ein tolles Haus. Die gute Miß Moon hat uns vom Keller bis zum Speicher geführt. Es ist ja von oben bis unten mit Dingen vollgestopft, die jedem Antiquitätenhändler das Wasser im Mund zusammenlaufen lassen. Haben Sie gewußt, daß sie in einem der Schlafzimmer eine Skizze von Constable hängen hat? Die muß wohl ziemlich wertvoll sein. Kein Wunder, daß irgendein gewitzter Einbrecher den Versuch unternommen hat, an die Sachen heranzukommen. Ich verstehe gar nicht, warum das nicht schon viel früher passiert ist. Ich wette, die gute Miß Moon hätte nichts davon bemerkt.«

Claire fiel ihm unbekümmert ins Wort: »... Toby kann uns das sicher sagen. Toby, ist es wahr, daß Ihr Regiment im Herbst hierher verlegt wird? Alastair tut so geheimnisvoll und besorgt um die militärische Sicherheit.«

Major Blaine schmunzelte. »Ich tue überhaupt nicht geheimnisvoll. Ich weiß es auch nicht. Und ich wette, Toby weiß es genausowenig. Es wird allgemein angenommen, daß, wer auch immer für die Truppenverlegung zuständig ist, seine Entscheidung im letztmöglichen Moment mit Hilfe eines Würfels trifft. Und das nicht so sehr, um den Feind zu verwirren, sondern die betroffenen Truppen. Was auch fast immer gelingt. Amanda, wie ich sehe, haben Sie Ihr Tomatenmus bewältigt. Wie wäre es zur Abwechslung mit einem Gin?«

Amanda lächelte und schüttelte den Kopf. »Nein, danke, Alastair. Es ist höchste Zeit für mich zu gehen. Ich möchte Miß Moon nicht allzu lange warten lassen.«

»Unsinn. Sie haben noch genügend Zeit für einen zweiten Drink.«

»Die nächste Runde geht auf meine Rechnung«, sagte Toby. Er erhob sich, um nach dem Ober zu klingeln. Alastair setzte sich zu Amanda, stellte ihr leeres Glas auf den Tisch und nahm Tobys Platz auf der Stuhllehne ein. Er begann eine flüchtige Unterhaltung, die Amanda mehr oder weniger passiv über sich ergehen ließ.

Sie schaute ungeduldig auf die Wanduhr und fragte sich, ob Steven Howard inzwischen zurückgekommen war und ob er auch bei den Normans zu Abend essen würde. Wenn ja, dann war es zu spät, um ihm von Anita Bartons Besuch zu berichten. Sie würde dann bis morgen damit warten müssen.

Alastair hatte seine Stimme gesenkt und ihr offenbar eine Frage gestellt. Jetzt wartete er auf eine Antwort. Amanda wandte ihren Blick vom Zifferblatt ab und sah ihn an.

»Ich... Es tut mir leid. Was haben Sie doch gleich gesagt?«

Alastair überprüfte eiligst, was die anderen Tischgenossen gerade taten. George weihte Persis in die Grundregeln des Cricket ein, während sich Claire und Toby über einen gemeinsamen Freund in Alexandria unterhielten. Er richtete den Blick auf Amanda und fragte mit leiser Stimme, genauso wie Persis es bereits am selben Abend getan hatte:

»Ist es wahr, daß die Polizei gestern abend ein Accessoire von Anita Bartons Kleid gefunden hat?«

»Wer hat Ihnen das erzählt?« fragte Amanda überrascht. »Etwa Miß Moon?«

Alastair schüttelte den Kopf. »Nein! Claire hat es mir erzählt.«

»Claire? Und woher will sie es wissen?«

»Barton muß es ihr wohl gesagt haben. Er hat gestern anscheinend ziemlich in der Klemme gesessen. Denn er rief bei den Normans an und bat sie, zu Potter zu laufen und ihn oder seine Frau zu warnen. Er meinte, sie sollte das Kleid verbrennen oder vergraben oder sonstwie verschwinden lassen. Selbst dorthin zu gehen hat er sich wohl nicht getraut, weil er glaubte, die Polizei sei ihm auf den Fersen. Es ist doch ein starkes Stück von ihm, ausgerechnet Claire um diese Gefälligkeit zu bitten. Er muß doch wissen, daß Claire und Mrs. Barton nicht gerade Busenfreundinnen sind. Andererseits ist es natürlich wahr, daß Claire und George wirklich gute Freunde von ihm sind. Deshalb hat er wohl gedacht, daß sie unter diesen besonderen Umständen Anita wenigstens ihm zuliebe eine wichtige Nachricht überbringen könnten.«

»Und was hat Claire getan?«

»Nichts«, sagte Alastair zögernd und mit gerunzelter Stirn.

»Dafür hat sie sich um so mehr Mühe gegeben, es allen möglichen Leuten weiterzuerzählen«, bemerkte Amanda bissig. »Waren Sie aus diesem Grund vorhin in Lumley Potters Hafenatelier?«

Alastair sah sie verblüfft an.

»Ich habe mir gleich gedacht, daß Sie das waren auf dem Balkon«, erklärte Amanda.

»Ich habe nur auf einen Sprung hineingeschaut«, gab er zu. Es war Major Blaine anzusehen, daß ihm dieses Geständnis unangenehm war. »Ich fand, daß schließlich irgend jemand sie warnen mußte. Lumley behauptete, er habe es Anita schon gesagt. Woher er es bereits wußte, weiß ich nicht. Dann haben wir die Normans und Toby in der Stadt getroffen. Wir wollten Sie in der Villa Oleander besuchen. Ich nehme an, Claire wollte aus Miß Moons Mund hören, ob an dieser Geschichte etwas dran ist. Aber Ihre merkwürdige ältliche Wirtin ließ sich kein Sterbenswörtchen entlocken. Also, stimmt die Story?«

Amanda zögerte. Bevor sie antworten konnte, ließ Claire ihren betörenden Sirenengesang ertönen:

»Steven! Wie sehen Sie denn aus? Ich habe Sie ja noch nie so elegant gesehen. Haben Sie sich extra für uns so herausgeputzt?«

Amanda spürte ihr Herz schneller schlagen und drehte sich um.

Offensichtlich hatte Mr. Howard nicht gemalt. Sein Haar war ungewöhnlich glatt gescheitelt, und statt seiner gewohnten saloppen Kleidung trug er einen sommerlichen Leinenanzug. Zwar hatte er das Jakkett nur lässig über die Schulter geworfen, aber das makellose, weiße Hemd, das er darunter trug, stammte ohne allen Zweifel von der Saville Row, und die Krawatte wies ihn als Ehemaligen einer renommierten Privatschule aus.

»Nein, das nicht gerade«, sagte Steven und schenkte Claire ein charmantes Lächeln. »Für die Einladung bei Ihnen wären Frack und Fliege wohl das einzig Angemessene. Da ich aber ausgerechnet das zu Hause gelassen habe, ist das hier das Feinste, was ich in meinem Koffer finden konnte. Und eigentlich ist es hier auch zu heiß für einen Frack.«

Persis fragte: »Wo kommen Sie denn her?«

»Aus Troodos«, sagte Steven und wollte sich offensichtlich auch nicht näher über den Zweck seiner Fahrt auslassen.

»Troodos?« rief Claire fassungslos aus. »Wollen Sie damit sagen, daß Sie die ganze Strecke hin und zurück an einem Nachmittag hinter sich gebracht haben? Warum nur, um alles in der Welt?«

»Ich habe mich wegen eines Hundes mit jemandem getroffen«, sagte Steven nonchalant.

Er zog sich einen Stuhl heran und setzte sich. Die Hände hatte er tief in den Taschen vergraben und seine langen Beine weit ausgestreckt.

Claire lächelte ihn vielsagend an und sagte: »Ich glaube Ihnen kein Wort. Ich kenne Sie! Sie wollen mir doch nicht weismachen, daß Sie sich für einen Mann so in Schale geworfen haben. Es sei denn, Sie hätten eine Verabredung mit dem Gouverneur gehabt.«

Sie lachte über ihre geistreiche Anspielung, und Steven grinste sie vergnügt an. Dann wandte er sich mit der dringenden Frage, ob man auf der Insel auch angeln könne, an George Norman.

George schnappte so gierig nach dem Köder wie eine ausgehungerte Forelle, und Claire blieb ihren Spekulationen überlassen.

Schließlich stand Persis auf und sagte: »Ich brauche jetzt unbedingt ein Bad. Toby, hole mich bitte in einer halben Stunde ab. Wir können dann zusammen zu Claire hinübergehen.«

Amanda warf wieder einen Blick auf die Uhr und war flugs auf den Beinen. »Ich muß leider auch gehen«, sagte sie in die Runde hinein. »Ich habe überhaupt nicht gemerkt, daß es schon so spät ist.«

George sagte: »Wollen Sie es sich nicht doch noch anders überlegen und zum Abendessen kommen?«

Amanda lächelte und schüttelte den Kopf. Steven, der sich inzwischen auch erhoben hatte, sagte: »Ich begleite Sie nach Hause.« Toby Gates, der offensichtlich ähnliche Pläne gehabt hatte, wandte sich enttäuscht ab.

Amanda, der Persis Hallidays halb amüsierter, halb spöttischer Blick auffiel, sagte ein wenig zu schroff: »Bemühen Sie sich bitte nicht. Es ist doch keine Entfernung, und es macht mir nichts aus, allein heimzugehen.«

»Das mag ja sein«, sagte Steven gleichmütig und nickte ihr zu. »Aber ich habe Miß Moon verschiedenes auszurichten. Wie heißt es doch so schön: ›Was du heute kannst besorgen, das verschiebe nicht auf morgen.‹«

»Was haben Sie ihr denn auszurichten?« fragte Amanda. »Kann ich das nicht übernehmen?«

»Ach, nur ein paar Kleinigkeiten wegen des Verhörs. Es ist für morgen früh elf Uhr in Nikosia angesetzt. Es wird mit unser aller Anwesenheit gerechnet.« Er grinste Amanda an, als könne er Gedanken lesen. Seine Augen funkelten sarkastisch, als er sagte: »Wenn Ihnen meine Gesellschaft allerdings unangenehm sein sollte, gebe ich Ihnen selbstverständlich drei Minuten Vorsprung.«

»Seien Sie doch nicht albern«, sagte Amanda so würdevoll wie möglich und ging gemessenen Schrittes zum Ausgang.

»Wir erwarten Sie um Viertel nach acht, Steven«, rief Claire ihm nach. »Kommen Sie diesmal pünktlich.«

»Ich werde mir Mühe geben.«

»Schönen Abend, Amanda. Ciao!«

Sie hatten die Hotelhalle schnell hinter sich gelassen und traten hinaus in die warme, mondhelle Nacht. Am Himmel über ihnen leuchteten unzählig viele Sterne.

Amanda schlug einen schnellen Schritt ein, aber da Steven sich davon nicht beeindrucken ließ und weiter wie ein Tourist dahinschlenderte, mußte Amanda ihren Schritt dem seinen wohl oder übel anpassen. Wie hätte es denn ausgesehen, wenn er ihr wie ein schlecht abgerichteter Dackel in einem Abstand von hundert Metern gefolgt wäre?

»So ist es besser«, lobte sie Steven. Dann nahm er sie mit einer selbstverständlichen Geste beim Arm. »Ich habe einen anstrengenden Tag hinter mir und bin im Moment nicht zu einem Marathonlauf aufgelegt. Übrigens, was wollten Sie mir denn unbedingt erzählen?«

Amanda blieb so abrupt stehen, daß sie beinahe stolperte. »Woher wissen Sie denn schon wieder, daß ich...?«

»Nein, ich bin leider Gottes nicht allwissend«, sagte Steven bedauernd. »Das junge Mädchen an der Rezeption sagte mir, daß eine junge Dame nach mir gefragt habe. Sie fügte eine sowohl schmeichelhafte als auch im wesentlichen zutreffende Beschreibung von Ihnen hinzu. Und meine angeborene Bescheidenheit ließ mich zu dem Schluß kommen, daß Sie sicher nicht nur Sehnsucht nach meiner Gesellschaft hatten. Also, was ist los?«

Amanda zögerte, runzelte die Stirn und war plötzlich unsicher.

»Haben Sie es sich anders überlegt?« fragte Steven.

»Nein«, sagte Amanda zweifelnd. »Vielleicht hat es keine tiefere Bedeutung. Aber Sie sollten wissen, daß Mrs. Barton mich heute aufgesucht hat...«

Steven Howard verzog keine Miene, noch verlangsamte sich sein gemächlich schlendernder Schritt. Und doch hatte Amanda, die immer noch an seinem Arm ging, flüchtig den Eindruck, als spannten sich seine Muskeln unwillkürlich an.

»Ach, wirklich. Was wollte sie denn?«

Amanda begann zu erzählen. Sie wiederholte den Wortlaut der kurzen Unterhaltung, so gut sie nur konnte, und bemühte sich, keine Einzelheit dabei auszulassen. Steven gab keinen Kommentar ab. Er fragte Amanda, ob sie irgend jemandem von der kleinen Stoffblume und ihrem verhängnisvollen Auftauchen erzählt habe.

»Nein«, sagte Amanda. »Ich nicht, aber Glenn.«

Diesmal war Stevens Schreck unverkennbar. Er ließ Amandas Arm unversehens los und steckte die Hände in die Hosentaschen.

»Oh, Jung Siegfried, der strahlende Held«, bemerkte er mit ironischem Grinsen. »Der hat es also ausposaunt. Ich frage mich bloß, was er damit bezwecken will.«

Amanda erklärte es ihm, und aus ihrer Stimme klang mühsam unterdrückte Gereiztheit. Steven erwiderte scharf: »Der liebe Glenn macht es sich wohl zur Gewohnheit, sich von seinen Freundinnen die Kastanien aus dem Feuer holen zu lassen.«

Amanda biß sofort an und sagte hitzig: »Warum müssen Sie eigentlich immer über ihn lästern? Ich weiß, daß ihn alle für einen ausgemachten Idioten halten, nur weil er nicht froh darüber ist, Anita los zu sein. Aber es ist doch nicht seine Schuld, wenn er sie immer noch liebt. Man kann doch nicht einfach aufhören, jemanden zu lieben, nur weil einem das gerade so paßt. Liebe hat mit Vernunft oder Logik nichts zu tun und...«

Dann brach sie plötzlich ab. Steven sah sie von der Seite fragend an und sagte: »Jetzt haben Sie aber ein glühendes Statement zu seiner Verteidigung vorgebracht! Aber Sie haben recht, Liebe hat wirklich nichts mit Vernunft oder Logik zu tun. Wenn man es alles in allem betrachtet, ist die Liebe nichts weiter als ein primitiver Unsinn. Mutter Natur hat uns da sozusagen eine Fußangel gelegt und sieht vergnügt zu, wie sich Chaos und Verwirrung breitmachen, die Gerechtigkeit am Sieg gehindert wird und alles unaufhaltsam auf die nukleare Vernichtung zutreibt, weil sich die Menschen vermehren wie die Kaninchen.«

Amanda mußte unwillkürlich lachen, und Steven fuhr bekümmert fort: »Da gibt es nichts zu lachen, glauben Sie mir nur. Immer dann, wenn man sich mit allen Kräften bemühen sollte, am Ball zu bleiben, kommt so ein unreifer kleiner Bengel daher, dessen Verstand seinem Alter kaum angemessen ist. Irgend jemand drückt ihm leichtfertigerweise eine Mordwaffe in die Hand, und peng! Plötzlich befindet sich die ganze Welt in der Zwickmühle.«

»Sprechen Sie vielleicht aus eigener Erfahrung?« fragte Amanda sehr interessiert.

Mr. Howard seufzte: »Leider, ja!« Wieder funkelte es in seinen Augen, als er fortfuhr: »Ich muß Ihnen gestehen, daß ich nur dann so kurzangebunden bin, wenn wir auf den guten Glenn zu sprechen kommen. Die Eifersucht zerfrißt meine Eingeweide. Mich hat noch niemand so glühend verteidigt. Und meinetwegen vergießt auch niemand Tränen des Mitleids. Ich bekomme nicht einmal einen Sonderapplaus für meinen mutigen Einsatz bei der Rettung einer jungen Unschuld aus tödlicher Gefahr. Es ist wirklich entmutigend.«

Amanda betrachtete ihn grübelnd. Da war so ein gewisses Funkeln in den Augen. Sie glaubte nicht, daß das, was er soeben gesagt hatte, ernst gemeint war. Oder steckte vielleicht doch ein Körnchen Wahrheit dahinter? Während Amanda noch überlegte, waren sie an der Stelle angekommen, wo die Straße, die zur Villa Oleander führte, von der Hauptstraße abzweigte. Amanda stellte fest, daß auch jetzt ein Mann im Schatten der Mauer stand. Er zündete sich soeben eine Zigarette an. Sie konnte erkennen, daß es nicht der Mann war, der ihr schon auf dem Hinweg aufgefallen war. Aber auch er hatte dieses unbestimmte Etwas an sich, dieses Gewollte in Haltung und Miene eines Müßiggängers, das ihr schon an seinem Vorgänger aufgefallen war.

Auf die stille, menschenleere Allee fiel hell das Mondlicht. Nur die Gehsteige zu beiden Seiten lagen im dichten Schatten der Bäume. Amanda war Steven Howard auf einmal unglaublich dankbar dafür, daß er darauf bestanden hatte, sie nach Hause zu bringen. Es wäre, weiß Gott, kein Vergnügen gewesen, allein durch diese unheimliche Dunkelheit zu gehen.

Am Gartentor angekommen, warf er rasch einen Blick auf die Leuchtziffern seiner Uhr und sagte: »Also dann bis morgen bei dem Verhör. Lassen Sie sich von den Fragen nicht durcheinanderbringen, und schweifen Sie nicht in Nebensächlichkeiten ab. Beantworten Sie einfach die Fragen, und zwar so knapp wie möglich. Vermeiden Sie, unnötig ins Detail zu gehen. Fassen Sie sich einfach kurz. Es wird schon gutgehen. Gute Nacht!«

»Aber ich dachte, Sie wollten Miß Moon noch sprechen?«

»Die weiß das alles längst schon. Als ich anbot, Sie nach Hause zu bringen, spielten Sie die Widerspenstige. Um meinem Angebot Nachdruck zu verleihen, mußte ich mir etwas einfallen lassen. Also, bis morgen.«

Er wollte gerade gehen, als Amanda sagte: »Steven...«

Steven Howard blieb stehen und drehte sich recht gemächlich um. »Ja, was ist denn?«

»Sie haben doch all diese Sachen aus dem Glasschrank genommen, habe ich recht? Das...«

Steven war mit einem Satz bei ihr und preßte ihr die Hand auf den Mund. Sie fühlte sich hart und warm an und nahm ihr den Atem. Er warf einen besorgten Blick um sich und atmete dann erleichtert auf. Dann nahm er die Hand von ihrem Mund und sagte leise und erregt: »Wie kommen Sie denn darauf?«

»Das Fabergé-Ei«, sagte Amanda flüsternd. »Ich habe es noch, bevor ich Monica Fords Leiche fand, in dem Glasschrank gesehen. Die Diamanten glitzerten...«

»Verdammt«, stieß Mr. Howard zwischen den Zähnen hervor.

Er sah auf Amanda hinunter, und im Mondlicht war eine tiefe Falte zwischen seinen Brauen zu erkennen.

»Haben Sie das irgend jemandem gegenüber erwähnt?«

Amanda schüttelte den Kopf.

»Dann sollten Sie es auch nicht tun. Sagen Sie es keinem Menschen.« Seine Stimme klang herrisch und befehlend.

»Ja«, brachte Amanda im Flüsterton heraus.

Noch einmal sah er sich in der Dunkelheit um. Dann zuckte er mit einer schicksalsergebenen Geste die breiten Schultern und ging eilig davon. Seine Schritte waren in der Stille noch nachhaltig zu vernehmen, auch dann noch, als seine große Gestalt von den Schatten der Dunkelheit bereits längst verschluckt worden war.

16

»Sind Sie es, Kleines?« rief Miß Moon und lugte über das Geländer im oberen Stockwerk. »Ich komme gleich hinunter. Sagen Sie Euridice, sie soll das Essen auftragen.«

Amanda richtete Miß Moons Wunsch in der Küche ordnungsgemäß aus. Dann ging sie nach oben, um sich noch rasch zu frisieren. Als sie wieder hinunterkam, wartete Miß Moon bereits im Eßzimmer auf sie. Sie trug eine wahrhaft königliche Robe aus kanariengelbem Samt und hatte sich mit bezauberndem Topasschmuck behängt, der allerdings eine gründliche Reinigung nötig gehabt hätte.

Amanda besah sich ein wenig schuldbewußt ihr eigenes kurzes Baumwollkleid und entschuldigte sich dafür, sich nicht umgezogen zu haben.

»Unsinn, Kleines, Sie sehen einfach reizend aus, so wie Sie sind. Wenn Sie sich noch lange damit aufgehalten hätten, sich umzuziehen, wäre die Suppe kalt geworden. Ich ziehe mich eigentlich nur aus alter Gewohnheit zum Essen um. Mein lieber Papa hätte es höchst unpassend gefunden, wenn man sich zum Dinner nicht schön gemacht hätte. Aber ich muß oft darüber nachdenken, wie unsinnig es doch ist, daß ich von diesem altmodischen Brauch nicht lassen kann. Warum wollte Anita Sie sprechen? Schade, daß sie gekommen ist. Denn kurz nachdem Sie gegangen waren, sind Claire und etliche andere Freunde von Ihnen vorbeigekommen. Ich hatte also heute einen recht geselligen Nachmittag. Sie haben sich alle so rührend nach Ihnen erkundigt. Obwohl ich gestehen muß, daß Claire wohl mehr aus Neugier als aus Mitgefühl gekommen ist. Aber vielleicht ist es nicht sehr nett von mir, so etwas zu sagen. Dieser Major Blaine ist ein sehr ruhiger Mann mit äußerst angenehmen Manieren. Wie ich gehört habe, hat seine Frau Selbstmord begangen. Das muß ja furchtbar für ihn sein. Sie hat offenbar... Aber, Kleines, was erzähle ich Ihnen denn da, Sie wissen das doch schon alles viel besser als ich. Schließlich waren Sie auf demselben Schiff. Wirklich grausam!«

»Ja«, sagte Amanda mit tonloser Stimme. Sie verspürte nicht den geringsten Wunsch, jetzt über Julia Blaine und deren tragisches Ende zu sprechen. Amanda hoffte inständig, daß Miß Moon das Thema wechseln würde, was sie dann zum Glück auch tat. Sie mußte nämlich ihrer Empörung darüber Luft machen, daß Lumley Potter die maßlose Frechheit besessen hatte, mit Claire und deren Freunden in der Villa Oleander zu erscheinen.

»Stellen Sie sich so eine Unverschämtheit vor! Ich habe ihn ja schon immer ausgesprochen langweilig gefunden. Dieses ständige Gerede von seinem ›Genius loci‹. Ein Mensch, der auf der Leinwand schwarze und schmutziggraue Farbe, dieses ausgesprochen scheußliche Preußischblau nicht zu vergessen, ineinanderfließen läßt und das Ganze dann als Portrait unseres entzückenden Hafens ausgibt, ein solcher Mann sollte sich für seine Unehrlichkeit schämen! Außerdem weiß er ganz genau, wie gern ich Glenn immer hatte, von Anita ganz zu schweigen. Es ist einfach unverschämt von ihm, hier zu erscheinen und so zu tun, als sei nichts gewesen. Natürlich konnte ich ihn auch nicht gut rausschmeißen, insbesondere da Claire es war, die ihn mitgebracht hatte. Aber ich habe ihm durch mein Verhalten ganz deutlich gezeigt, was ich von seinem Benehmen halte. Man kann nicht gerade sagen, er habe sich in seiner Haut besonders wohl gefühlt«, fügte Miß Moon mit Genugtuung hinzu.

Amanda wurde plötzlich an etwas erinnert, das Anita über Lumley Potter und Claire gesagt hatte. Sie wandte sich Miß Moon zu und fragte: »Glauben Sie, daß er Mrs. Barton heiraten möchte?«

»Anita heiraten?« sagte Miß Moon, als sei das eine Sache, die ihr nie in den Sinn gekommen war. »Ich bin ganz sicher, daß er das nicht tun wird.«

»Aber warum, glauben Sie, hat er dann die Ehe mit Glenn zerstört?«

»Ich glaube gar nicht, daß er das getan hat, obwohl ich mich da natürlich irren kann. Ich glaube eher, daß Anita mit ihm durchgebrannt ist. Und zwar lediglich, um einen Skandal zu inszenieren, damit Glenn sich von ihr scheiden läßt. Sie ist offensichtlich wild entschlossen, ihre Freiheit wiederzubekommen. Die Gründe dafür sind mir verborgen. Trotzdem glaube ich einfach nicht, daß sie die Absicht hat, sich mit Lumley Potter zu liieren. Aber Anita ist, wie ich Ihnen ja schon erzählt habe, manchmal merkwürdig kindisch. Wenn sie sich etwas in den Kopf gesetzt hat, dann will sie es unbedingt und sofort und ohne Rücksicht auf Verluste. Und Sie werden überrascht sein, Kleines, wie viele Menschen es gibt, die sich von ihren Launen und Gefühlen beherrschen lassen und sich dann unvorstellbar dumm und kindisch benehmen. Sie sind dann imstande, Dinge zu tun, die sie sich in ihren kühnsten Träumen nicht vorstellen würden, wenn sie nur einen klaren Kopf behielten.«

»Ich wäre gar nicht überrascht«, gestand Amanda geknickt. »Ich bin selbst nicht besser. Erst gestern habe ich jemandem aus lauter Wut eine Ohrfeige gegeben. Ich hätte nie geglaubt, daß ein erwachsener Mensch sich derart gehenlassen kann.«

»Mr. Howard«, stellte Miß Moon sachlich fest. »Man konnte direkt die Fingerabdrücke sehen. Ich muß gestehen, daß ich gern Näheres erfahren hätte. Womit hat er Sie denn so gereizt?«

Amanda lachte, um gleich darauf die Stirn zu runzeln. »Er hat mich gefragt, ob ich in Glenn Barton verliebt sei.«

»Dumme Frage«, sagte Miß Moon. »Aber so sind die Männer! Sie scheinen keine Augen im Kopf zu haben. Nicht einmal die intelligentesten. Und ein eifersüchtiger Mann legt eine geradezu erstaunliche Dummheit an den Tag. Schauen Sie sich Lumley Potter doch nur an, der Claire immer verehrt hat. Nicht, daß ich ihn für intelligent hielte, ganz im Gegenteil. Ich nehme an, Mr. Howard bildete sich ein, Sie hätten Glenn zuliebe gesagt, daß diese Stoffblume von Anita die Ihre sei.«

»Ihnen entgeht wohl überhaupt nichts, Miß Moon?« stellte Amanda entrüstet fest.

»Oh, das würde ich nicht sagen, aber ich laufe auch nicht gerade mit geschlossenen Augen durch die Gegend.«

»Woher haben Sie gewußt, daß sie Mrs. Barton gehört?« fragte Amanda neugierig. »Haben Sie sie schon einmal in dem Kleid gesehen?«

»Nein«, sagte Miß Moon. »Nicht, daß ich wüßte. Aber mir ist aufgefallen, daß sowohl Sie als auch Glenn die Blume erkannt haben. Als er Sie dann so bittend ansah, habe ich sofort gewußt, daß die Blume von Anita sein muß. Ich habe einfach angenommen, daß Sie Anita schon einmal in dem Kleid gesehen haben.«

Miß Moon nahm einen Pfirsich und schälte ihn. Amanda fragte sich, was Miß Moon wohl schon alles bemerkt und für sich behalten hatte.

»Claire hat auch schon davon gehört«, sagte Miß Moon. »Sie hat versucht, mich auszuhorchen. Das habe ich ihr aber schnell abgewöhnt. Ich nehme an, Glenn hat sie gebeten, Anita zu warnen. Er hätte Claire eigentlich besser kennen sollen. Aber wie ich schon sagte, Männer sind in solchen Dingen beklagenswert kurzsichtig. Ich glaube darüber hinaus nicht, daß Glenn ein überragender Menschenkenner ist, sonst hätte er Claire schon seit Jahren durchschaut. Wollen wir unseren Kaffee nicht im Wohnzimmer trinken?«

Unter lebhaftem Schmuckgeklimper erhob sie sich. Beim Kaffee ließ sie Amanda wissen, daß kurz zuvor ein Polizeibeamter angerufen habe. Sowohl Amanda als auch Miß Moon seien am morgigen Vormittag zu einem Verhör geladen.

»Aber das ist reine Formsache, Kleines«, sagte Miß Moon. »Sie müssen sich wirklich nicht fürchten. Soweit ich weiß, sind auch Leute, die bei dem Picknick in St. Hilarion waren, vorgeladen. Ich weiß eigentlich auch nicht, warum. Ich vermute, daß man nachprüfen will, wann jeder einzelne in St. Hilarion angekommen und abgefahren ist.

Lumley und Anita müssen sogar auch erscheinen. Das finde ich wirklich völlig unnötig. Außerdem ist es für Glenn einfach peinlich.«

Miß Moon brachte die Unterhaltung schließlich auf ganz allgemeine Themen. Um kurz nach neun verkündete sie, daß sie sich jetzt zurückziehen wolle: »Ich glaube, es täte uns beiden gut, einmal auszuschlafen, Kleines.«

Amanda war alles andere als schläfrig, wollte aber auf keinen Fall allein in dem nur schwach erleuchteten Wohnzimmer zurückbleiben, in dem sie erst 24 Stunden zuvor Monica Fords leblose Hand im Spiegel entdeckt hatte.

Euridice war bereits zu Bett gegangen, und Andreas schlief nicht im Haus. Miß Moon schaltete schon die Lichter aus. Dann schloß und verriegelte sie die Terrassentüren. Zuletzt ging sie noch ins Eßzimmer, um dort eine Kanne Gesundheitstee von der Anrichte zu holen, wobei die Schleppe ihres Samtkleides majestätisch über den Boden schleifte und den Staub aufsammelte.

»Bei dieser Hitze nehme ich immer eine Kanne Tee mit ins Schlafzimmer«, sagte Miß Moon. »Kann ich Ihnen irgend etwas zu trinken anbieten, Kleines? Nun gut! Dann müssen wir nur noch die Lichter ausschalten.«

Amanda nahm ihr die Kanne aus der Hand und trug sie in Miß Moons Schlafzimmer.

»Danke, Kleines! Stellen Sie ihn einfach da drüben auf das Nachtkästchen.«

Amanda stellte die Kanne ab und sah sich neugierig im Zimmer um. Sie war nur einmal in diesem Zimmer gewesen. Da war sie aber viel zu aufgeregt gewesen, um der Umgebung Aufmerksamkeit zu schenken. Miß Moons Schlafzimmer war durchaus sehenswert. Es war mit einem Potpourri aus englischen und französischen Möbeln ausgestattet, die jedem Museum Ehre gemacht hätten. Der schwarze Frisiertisch und die Kleiderschränke waren noch nicht so alt und aus echtem Mahagoni. An dem riesigen Himmelbett mit seinen reichgeschnitzten und vergoldeten Säulen hätte wohl keine Geringere als die Pompadour selbst auf dem Höhepunkt ihrer Macht Gefallen gefunden.

Zu beiden Seiten dieser königlichen Bettstatt standen zwei zierliche Konsolen mit Marmorplatten. Sie waren mit einem Wirrwarr von Büchern, Medikamentenschachteln und allerhand Krimskrams bedeckt. Auf einem der beiden Tischchen stand ein Kandelaber aus massivem Silber, der zur Leselampe umfunktioniert worden war. Amanda betätigte den Schalter, und augenblicklich fiel ein warmes Licht auf das reizvolle Durcheinander. Die vergoldeten Girlanden der Bettpfosten und die etwas verblichenen Brokatvorhänge ließen den Raum äußerst vornehm erscheinen.

Es bewegte sich etwas unter dem Kissen. Amanda schnappte nach Luft und fuhr mit einem unterdrückten Aufschrei zurück. Aber es war nur Euridices graue Katze, die sich in einem abgetragenen spitzenbesetzten Bettjäckchen ein warmes Nest gemacht hatte.

»Was haben Sie denn?« fragte Miß Moon und sah sich um. »Oh, schon wieder diese fürchterliche Katze. Jagen Sie sie fort, Kleines. Ich wünschte wirklich, Euridice würde sie endlich weggeben. Jetzt ist sicher wieder das ganze Kissen voller Haare. Man hat nichts als Ärger mit dem Tier.«

Mit festem Griff packte Amanda die Katze und beförderte sie vor die Tür. Dann schüttelte sie das Bettjäckchen aus und fegte mit der Hand ein paar graue Katzenhaare fort, die am Kissen hafteten.

Als sie das Kissen gerade ordentlich auf das Bett zurücklegen wollte, machte sie eine erschreckende Entdeckung. Mit weit aufgerissenen, entsetzten Augen starrte sie auf das Bett. Ein eisiger Schauer lief ihr über den Rücken.

Es hatte etwas unter dem Kissen gelegen. Ein eigentlich belangloser Gegenstand, der Amanda jedoch bekannt vorkam.

Es war ein kleines Glasröhrchen, das ein paar weiße Tabletten enthielt und auf dem ein rotes Giftetikett haftete.

Aber es konnte doch unmöglich dasselbe Röhrchen sein! Nein, das war völlig ausgeschlossen! Amanda hatte es doch gar nicht aufbewahrt. Steven hatte es an sich genommen. Er hatte es vorsichtig in sein Taschentuch eingewickelt und es in die Tasche seines Bademantels gesteckt. Und doch war es entweder dasselbe Röhrchen, oder es glich ihm wie ein Ei dem anderen.

Amanda zitterte am ganzen Leib und biß sich heftig auf die Lippen, um ihrer Erregung Herr zu werden.

Miß Moon hatte sich inzwischen an den Frisiertisch gesetzt und war damit beschäftigt, diverse Ketten, Armbänder und Ringe abzunehmen. Den ganzen Schmuck legte sie in ein altmodisches, ziemlich abgeschabtes marokkanisches Kästchen, das die Größe einer kleinen Hutschachtel hatte. Sie redete ununterbrochen, doch Amanda achtete nicht mehr auf ihren Wortschwall. Sekundenlang stand sie angsterfüllt da und zitterte.

Dann merkte sie, daß sie das Kissen noch immer in den Händen hielt. Sie legte es vorsichtig auf das Bett und streckte ihre bebende Hand nach dem Röhrchen aus. Aber bevor sie es berührte, erinnerte sie sich an das, was Steven über Fingerabdrücke gesagt hatte, und hielt inne.

Auf einem von Miß Moons Nachtkästchen lag ein kleines zerknülltes Seidentaschentuch. Amanda nahm es, hob das Röhrchen damit auf und hielt es sorgfältig in den Händen.

Sie betrachtete Miß Moon, die ihr ahnungslos den Rücken zukehrte, und plötzlich wurde es wieder klar in ihrem Kopf. Plötzlich wußte sie…

Amanda wußte, daß es keine Fingerabdrücke auf dem Röhrchen gab und auch, wie es dorthin geraten war.

Es hätte eine Wiederholung der Szene auf der ›Orantares‹ werden sollen. Nur war es diesmal Miß Moon, auf die es der Täter abgesehen hatte. Miß Moon, die eigentlich auf einer Bridgeparty bei Lady Cooper-Foot hatte sein sollen, die aber statt dessen zu Hause geblieben war, wußte möglicherweise etwas über den Mord an Monica Ford. Miß Moon wußte so manches, und ihr entging kaum etwas. Wer weiß, vielleicht wartete sie nur auf eine Gelegenheit, um den Mörder von Monica Ford an den Galgen zu bringen…

Sobald ihr Kopf das flache Daunenkissen berührt hätte, hätte sie einen kleinen harten Klumpen unter sich gespürt. Sicher hätte sie nachgesehen, sich vielleicht gewundert und es bis zum Morgen beiseite gelegt – so wie auch Julia das hätte tun sollen.

Amanda sah vor ihrem geistigen Auge bereits den Totenschein ausgestellt. Der Fall wäre ziemlich klar. Eine ältere Dame, vielleicht sogar etwas wunderlich, kommt nicht darüber hinweg, daß in ihrem Hause ein Mord geschehen war. Sie macht sich eventuell sogar Vorwürfe und glaubt, das Unglück heraufbeschworen zu haben, weil sie ihr Haus nie abschließt und insbesondere die Wertsachen frei herumliegen ließ. Sie befürchtet, die Fragen des Verhörs nicht heil zu überstehen. Sie denkt an Julia Blaines Selbstmord, und das ist auch für sie der Ausweg. Ja, so oder ähnlich hätte man die Sache rekonstruiert. Wäre nicht zufällig Euridices graue Katze gewesen, und hätte sie selbst nicht zufällig Miß Moons Gesundheitstee ins Zimmer gebracht, dann…

Der Gesundheitstee!

Amanda fuhr herum und starrte auf den Krug. Jemand, der von Julias Trick mit dem Zitronenwasser wußte, hatte die Gelegenheit genutzt, Gift in das saure Getränk zu mischen. Hatte man Miß Moon dieselbe Falle gestellt? Es stand zwar kein harmlos aussehendes eisgekühltes Getränk hier auf dem Nachtschränkchen, aber es stand immerhin ein leeres Glas da – und die Kanne, die Amanda selbst dorthin gestellt hatte.

Amanda wartete, bis Miß Moon eine Redepause machte, und zwang sich dann zu sprechen. Sie hatte von Miß Moons Gerede nichts mitbekommen.

»Darf ich etwas von Ihrem Gesundheitstee trinken?« Ihre Stimme klang unnatürlich hoch und eher wie eine zu schnell abgespielte alte Schallplatte.

Miß Moon drehte sich um. »Aber natürlich. Bedienen Sie sich nur.«

Amanda sagte: »In meinem Zimmer steht ein Glas. Ich werde mir etwas Tee eingießen und die Kanne dann zurückbringen.«

»Ja, gern, Kleines.«

Amanda schob das verknitterte Taschentuch mit dem Röhrchen darin in ihre Tasche und nahm die Teekanne in die Hand. In ihrem Zimmer füllte sie ein Glas, wobei ihre Hände derart zitterten, daß sie einiges von der Flüssigkeit auf den Nachttisch vergoß. Den Rest schüttete sie aus dem Fenster und stürzte dann hastig ins Badezimmer, wo sie beide Hähne weit aufdrehte und die Kanne wieder und wieder ausspülte. Nachdem sie die Kanne noch mit einem Handtuch abgetrocknet hatte, füllte sie sie zur Hälfte mit kaltem Wasser. Dann brachte sie die Kanne zu Miß Moon zurück. Ihr Gesicht war kreideweiß, und ihre Hände zitterten immer noch unaufhörlich.

»Es tut mir schrecklich leid«, sagte sie atemlos, »aber ich habe doch tatsächlich Ihren Gesundheitstee verschüttet. Ich habe Ihnen deshalb Wasser in die Kanne gefüllt.«

Miß Moon lächelte nachsichtig und sagte, daß sie sich keine weiteren Gedanken darüber machen solle.

»Ich muß schnell noch jemanden anrufen«, sagte Amanda und gab sich die größte Mühe, ihre Stimme normal klingen zu lassen. »Ich habe noch eine wichtige Frage. Es macht Ihnen doch nichts aus, wenn ich noch einmal telefoniere?«

»Nein, Kleines. Natürlich nicht. Sie wissen ja, wo das Telefon steht. Aber bleiben Sie nicht mehr allzulange auf. Sie sehen gar nicht gut aus.«

Amanda wünschte Miß Moon eine gute Nacht und eilte aus dem Zimmer. Als sie die Tür hinter sich geschlossen hatte, blieb sie einen Moment an die Wand gelehnt stehen und kämpfte gegen die merkwürdige Schwäche in ihren Knien an. Ihr Herz klopfte zum Zerspringen.

Vor ihr führten die Treppen in die Dunkelheit. Sie fürchtete sich plötzlich davor, allein hinunterzugehen, die leere Halle zu durchqueren und dann an der geöffneten Wohnzimmertür vorbeizulaufen. Amanda mußte wieder an Monica Fords leblosen Körper denken. Wenn jetzt jemand dort im Dunkeln lauerte, um sicherzugehen, daß Miß Moon auch sterben würde? Damit man für immer vor ihren wachsamen Augen und ihrer flinken Zunge sicher sein konnte...

Aber das war ja lächerlich! Wer immer Miß Moon diese tödliche Falle gestellt hatte, würde dafür sorgen, daß er so weit wie möglich von der Villa Oleander entfernt sein würde. Außer der Dunkelheit und der Stille gab es nichts zu befürchten.

Amanda biß die Zähne zusammen und zwang sich, das lange Treppenhaus hinunterzugehen. Dabei mußte sie ständig an das kahle Treppenhaus unten am Hafen denken und an die Schritte, die ihr verstohlen gefolgt waren. Sie tastete nach dem Lichtschalter. Augenblicklich war die Halle von dem warmen Licht des staubigen Kristalleuchters erhellt, der von der Decke hing.

Auf der einen Seite der Halle führte der dunkle lange Korridor zur Küche, auf der anderen Seite stand die Tür zum ebenfalls dunklen Wohnzimmer offen. Amanda fröstelte schon wieder. Aber sie ging entschlossen den Gang entlang, und nachdem sie einige Zeit vergeblich die Wand abgetastet hatte, fand sie schließlich den Lichtschalter, der über dem Telefon hing.

Sie brauchte unendlich lange, um die richtige Nummer zu finden. Die Seiten des Telefonbuchs glitten immer wieder aus ihren Fingern. Auch das Wählen fiel ihr schwer. Doch endlich hatte sie auch das geschafft.

George Norman nahm den Hörer am anderen Ende der Leitung ab. »Wen?... Oh, Howard. Ja, der ist hier. Möchten Sie ihn sprechen?«

»Ja, bitte«, sagte Amanda und versuchte, sich nichts von ihrer Angst und Hilflosigkeit anmerken zu lassen.

»Mit wem spreche ich denn?« fragte George. Es war zum Verzweifeln, wie laut und langsam er sprach.

»Mit wem? Ich kann Sie nicht verstehen. Amanda? – Oh, Miß Derington! Entschuldigen Sie. Ich habe Ihre Stimme nicht erkannt. Soll ich ihm etwas ausrichten, oder möchten Sie lieber...«

Man nahm ihm den Hörer aus der Hand. Stevens Stimme sagte aufmunternd: »Was gibt es denn, Amanda?«

»Steven!« Amanda schwankte, und sie klammerte sich haltsuchend an der Tischkante fest. »Steven, ich muß Sie dringend sprechen, könnten Sie hier vorbeikommen? Und zwar sofort? Ich weiß, es ist schon spät, aber – Steven, bitte!«

Stevens Reaktion war verblüffend: »Oh, tatsächlich! Sie macht sich Sorgen? Ich dachte, ich hätte ihr gesagt, daß es sich um eine reine Formsache handelt. Vielleicht sollte ich lieber noch einmal vorbeischauen und es ihr genau erklären. Nein, sagen Sie ihr, es macht überhaupt keine Umstände. Ich bin gleich bei Ihnen.«

Es klickte in der Leitung, und er hatte aufgelegt.

Amanda starrte den Hörer in ihrer Hand überrascht an und wollte gerade ein zweites Mal wählen, denn sie hatte den Eindruck, daß er sie mißverstanden hatte. Plötzlich dämmerte ihr, daß Steven wieder einmal für jemanden, der sich ordentlich in etwas hineingeritten hatte, den Karren aus dem Dreck zog.

Sie legte nachdenklich den Hörer auf die Gabel, brachte es aber noch nicht fertig, in die Halle zurückzukehren. Es gab zu viele Türen, die in zu viele dunkle, stille Zimmer führten. Außerdem hingen da etliche wunderschöne silberne, alte Spiegel, die sie schweigend beobachteten, genauso wie am Tag zuvor Miß Ford.

In dem kahlen Gang war es eng. Es roch nach Staub, Schuhcreme und auch ein wenig nach Knoblauch. Das ganze Haus schien ungewöhnlich still. Nicht einmal das Knarren oder Ächzen der alten Holzmöbel war, wie sonst in alten Häusern, zu vernehmen.

Amanda packte plötzlich Furcht vor dieser Stille. Müßte sie nicht eigentlich Miß Moon in ihrem Zimmer oben hören können? Hatte am Ende doch irgendwo in ihrem Zimmer noch ein Glas gestanden? Vielleicht hatte Amanda einfach ein Glas übersehen? Lag Miß Moon etwa, genau wie einige Tage zuvor Julie Blaine und wie Monica Ford, ausgestreckt auf dem Boden?

Amanda stürzte den Gang zurück in die Halle und raste die Treppe hinauf, wobei sie drei Stufen auf einmal nahm. Kreidebleich und mit panischem Entsetzen in den Augen riß sie die Tür zu Miß Moons Schlafzimmer auf. Miß Moon saß an ihrem Frisiertisch und rollte ihre Löckchen mit Zeitungspapier auf. Sie war in einen Morgenmantel gehüllt, der verblüffend demjenigen ähnelte, den die junge Prinzessin Victoria getragen hatte, als sie die Nachricht von ihrer bevorstehenden Krönung erhalten hatte. Miß Moon bemerkte, ohne sich umzudrehen: »Was ist denn los, Kleines?«

Amanda klammerte sich an die Klinke und rang nach Atem.

»Ach, nichts. Ich dachte, ich hätte Sie rufen hören.«

»Es wird wohl jemand von der Straße gewesen sein. War Ihr Anruf erfolgreich?«

»Ja«, sagte Amanda. Sie ließ ihren Blick durch das Zimmer schweifen und stellte erleichtert fest, daß kein anderes Glas vorhanden war. Steven, ich meine Mr. Horward, kommt noch kurz vorbei. Wegen des Verhörs, glaube ich. Ich hoffe, es macht Ihnen nichts aus.«

»Nein, ganz und gar nicht, Kleines. Ich wußte nicht, daß Sie Mr. Howard anrufen wollten. Er ist ja so sympathisch. Auf der Anrichte steht Brandy und etwas zum Knabbern. Es ist merkwürdig, aber fast alle Männer mögen Brandy. Fragen Sie mich nicht, warum. Er schmeckt doch nun wirklich nicht besonders gut. Eigentlich ist er nur etwas für Notfälle. Aber, Kleines, lassen Sie sich nicht zu lange aufhalten.«

»Bestimmt nicht«, versprach Amanda.

Sie ging langsam wieder die Treppe hinunter und kam sich ziemlich albern vor. Hoffentlich hatte sie Steven Howard nicht am Ende umsonst zu sich gebeten. Es wäre doch durchaus möglich, daß der Gesundheitstee in der Kanne völlig harmlos gewesen war und daß sich in dem Röhrchen ganz normale Kopfwehtabletten befanden. Sie hätte Miß Moon lieber fragen sollen, anstatt selbst äußerst gewagte Schlüsse zu ziehen. Sie mußte mit den Nerven am Ende sein, und Steven würde sie sicher nur auslachen. Es war wohl besser, wenn sie jetzt gleich zu Miß Moon ginge und fragte.

Sie wollte sich gerade wieder zur Treppe wenden, als sie auf dem Fußweg vor dem Hause eilige Schritte vernahm. Mit zwei Schritten sprang jemand die sechs Steinstufen zur Haustür hinauf. Dann dröhnte der Türklopfer durch das stille Haus. Amanda ging langsam zur Tür und fragte sich, ob es wirklich schon Steven Howard sein konnte. Wenn ja, mußte er den ganzen Weg gerannt sein.

Auf jeden Fall ließ er es sich nicht anmerken. Seine große, schlanke Gestalt wurde vom Mondlicht beleuchtet, und er schien keineswegs außer Atem zu sein. Er betrachtete lange und besorgt Amandas Gesicht. Das Ergebnis fiel nicht zu seiner Zufriedenheit aus.

Er fragte freundschaftlich: »Wollen Sie hinein- oder hinausgehen?«

Amanda errötete und trat einen Schritt zurück, so daß er eintreten konnte. Dann schloß er die Tür hinter sich. Er sah sich sorgfältig um, sah die obere Etage und stellte fest, daß die Halle nicht gerade der geeignete Ort für eine Unterhaltung sei. Deshalb lenkte er seine Schritte zum Wohnzimmer.

»Nein!« entfuhr es Amanda. »Nicht da hinein.« Sie ging an ihm vorbei und betrat das Eßzimmer. Dann knipste sie das Licht an.

In der freundlichen Atmosphäre des Eßzimmers gab es keine dunklen Ecken und düsteren Erinnerungen. Steven folgte ihr und schloß die Tür.

»Nun, Amanda. Was haben Sie auf dem Herzen? Aus Ihrer Stimme am Telefon habe ich eigentlich schon geschlossen, daß sich eine weitere Leiche auf der Türschwelle befindet.«

»Es tut mir wirklich leid«, sagte Amanda unsicher. »Ich habe etwas gefunden und bin in Panik geraten. Inzwischen denke ich, daß das Ganze vielleicht gar nichts bedeutet und daß ich mich nur lächerlich gemacht habe.«

»Zeigen Sie mal her«, sagte Steven und streckte ihr die Hand entgegen.

Amanda zog das kleine Bündel aus Seide und Stickerei aus ihrer Tasche und gab es ihm. Steven nahm es ohne besonderes Interesse in die Hand. Dann schlug er es auseinander und stand wie vom Donner gerührt da.

Eine langanhaltende Stille folgte, und Stevens Gesichtsausdruck enthielt keine Spur mehr von Überlegenheit. Er starrte aufmerksam und mit weit aufgerissenen Augen auf das Bündel in seiner Hand. Amanda hörte ihn leise durch die Zähne pfeifen. Er hob langsam den Kopf und sah sie an.

»Wo haben Sie das her?«

Steven hörte sich Amandas Ausführungen, ohne auch nur einmal zu unterbrechen, an. Seine Augen schauten ihr gebannt ins Gesicht. Als sie geendet hatte, verlangte er das Glas mit dem Tee zu sehen. Amanda verließ das Zimmer und kam kurz darauf etwas außer Atem zurück. Das Glas hatte sie in der Hand.

Steven stand noch immer so da, wie sie ihn verlassen hatte. Er hatte den Schraubverschluß des Röhrchens entfernt, und auf der polierten Platte des Eßtisches lagen zwei Tabletten direkt im Lichtkegel der Lampe. Er nahm ihr das Glas aus der Hand und roch daran. Dann tauchte er kurz einen Finger in die Flüssigkeit und führte ihn zu seiner Zunge. Er schnitt eine angewiderte Grimasse, zerrte ein Taschentuch aus seiner Brusttasche und wischte sich damit über die Zunge. Amanda fragte fassungslos: »Dann ist es also doch Gift!«

»Hm!« sagte Steven geistesabwesend.

Amanda wiederholte ihre Frage, und als habe er ihre Anwesenheit einen Moment lang völlig vergessen, sagte er ungeduldig: »Natürlich ist es Gift.«

Er stellte das Glas ab und setzte sich auf den nächstbesten Stuhl. Die Ellbogen hatte er auf den Tisch gestützt, und auf seiner Stirn zeichneten sich tiefe Furchen ab, als er die zwei weißen Tabletten betrachtete. Irgend etwas fiel ihm an dem Taschentuch auf. Er griff danach und breitete es flach auf dem Tisch aus. Es war einmal ein teures Ziertüchlein gewesen. Drei Initialen waren zu einem Monogramm verschlungen. Das Monogramm war in eine Decke gearbeitet, und an der Kante war die Spitze schon zerrissen.

»A.B.H.«, sagte Steven grübelnd. »Woher haben Sie denn das? Gehört es Ihnen?«

»Es hat auf Miß Moons Nachttischchen gelegen«, sagte Amanda. Sie beugte sich über den Tisch, um es genauer zu betrachten. »Es heißt nicht A.B.H. Der mittlere Buchstabe berührt die anderen beiden. Es heißt vielmehr A.F.B.«

»Das bedeutet also Anita F. Barton«, sagte Steven ganz in Gedanken.

»Aber ja, natürlich!« sagte Amanda plötzlich. »Ich kann mich erinnern, daß sie es hat fallen lassen. Wir standen da drüben in der Halle. Miß Moon hat es wahrscheinlich aufgehoben und mit auf ihr Zimmer genommen. Sie hatte wohl noch keine Gelegenheit zu fragen, wem es gehört.«

»Mrs. Barton scheint mit ihren Sachen etwas nachlässig umzugehen«, stellte Steven grimmig fest. »Zuerst findet man die Leiche der Sekretärin ihres Mannes, und nebenan in der Halle liegt eine Blume von ihrem Rock. Wenn Miß Moon morgen früh tot aufgefunden worden wäre, hätte das Taschentuch sicher keinen guten Eindruck gemacht. Egal wie zufällig es hier hereingekommen ist. Es sei denn...«

Er wand sich das Tuch um die Hand, dachte eine Weile nach und fragte dann, ob Miß Moon gewohnheitsmäßig diesen Gesundheitstee mit auf ihr Zimmer nehme.

»Sie hat mir gesagt, daß sie für gewöhnlich bei heißem Wetter immer Tee mit auf ihr Zimmer nimmt«, sagte Amanda. »Außer diesem Tee scheint sie nichts zu trinken. Euridice gießt ihn ihr immer frisch auf.«

»Haben Sie ihn schon einmal probiert?«

»Nein! Außer Miß Moon trinkt ihn niemand. Aber wer sollte schon von dieser Angewohnheit wissen?«

»Oh, einige Leute wissen davon. Ich habe ein ziemlich gutes Gedächtnis, und entweder Sie oder Glenn Barton haben davon beim Mittagessen im Dome-Hotel gesprochen. Das bedeutet also, daß mehrere Leute von Miß Moons Sucht nach Gesundheitstee wußten. Und irgend jemand konnte mit diesem Wissen wohl etwas anfangen.«

»Genau wie bei Julia«, sagte Amanda zitternd.

»Julia?«

»Ja, das Zitronenwasser!«

Stevens Gesichtsausdruck wurde plötzlich leer. Er sah Amanda eine Weile an und schien etwas sagen zu wollen. Dann überlegte er es sich aber doch wieder anders.

Amanda sagte so leise, daß man sie kaum verstehen konnte: »Sie haben schon damit gerechnet, daß so etwas passieren würde. Habe ich recht?«

»Ja! Der Verdacht drängte sich mir förmlich auf. Es war mir klar, daß derjenige, der Miß Ford auf so brutale Weise umgebracht hat, keine ruhige Nacht mehr haben würde, wenn er erführe, daß Miß Moon die ganze Zeit zu Hause gewesen ist. Deshalb sind auch gewisse Vorsichtsmaßnahmen ergriffen worden.«

»Dann wird das Haus also doch beobachtet? Ich habe mir gleich so etwas gedacht.«

»Das war auch kaum zu übersehen«, sagte Steven trocken. »Es war aber eigentlich nicht der Sinn der Sache, daß es jedermann auffällt. Wir haben gehofft, daß das ein geeignetes Mittel wäre, auch den hartgesottensten Killer abzuschrecken«, fügte er bitter hinzu. »Spaziert doch dieser Kerl direkt vor unserer Nase ins Haus und legt diese nette kleine Fußangel. Darf ich Sie einmal berühren?«

Er langte nach ihrem Arm und berührte kurz Amandas Arm.

»Was soll das?« fragte Amanda verblüfft.

»Das bringt Glück! Wenn Sie und die Katze der Köchin nicht gewesen wären, hätte Miß Moon dasselbe traurige Ende gefunden wie Julia Blaine. Außerdem scheinen Sie einen besonders guten Schutzengel zu haben. Eigentlich sollte man Sie grammweise als Amulett verkaufen.«

Als Amanda wieder zu sprechen anhob, klang ihre Stimme ganz schwach und verängstigt: »Aber wenn das Haus von der Polizei umstellt ist, dann müßte doch einer der Beamten gesehen haben, wer hereingekommen ist...«

»Mein liebes Kind«, sagte Steven ungeduldig, »natürlich haben sie gesehen, wer in das Haus gegangen ist. Ich kann Ihnen sogar eine Liste geben. Barton war heute morgen die längste Zeit hier. Währenddessen schauten auch Mrs. Halliday und der junge Gates vorbei. Heute nachmittag schneite Georges Norman herein. Und dann kam schließlich Anita Barton, um Sie abzuholen. Sie ließ ganz nebenbei ihr Taschentuch neben sich fallen und machte einen kleinen Spaziergang mit Ihnen. Während Ihrer Abwesenheit kam eine ganze Horde mitfühlender Zeitgenossen zur Tür herein, darunter Major Blaine und Claire Norman. Lumley Potter war übrigens auch dabei. Miß Moon veranstaltete extra einen Rundgang durch das Haus. Da kommt also eine ganz nette Liste zusammen. Jeder einzelne Besucher hatte reichlich Gelegenheit, eine Handvoll Gift in den Gesundheitstee zu werfen und das Glasröhrchen unter Miß Moons Kopfkissen zu legen. Der Mörder wurde ja geradezu eingeladen. Ich könnte mir eine Kugel durch den Kopf jagen, weil ich an diese Möglichkeit nicht gedacht habe. Ich habe mit allem nur möglichen gerechnet, aber nicht mit der Wiederholung eines bereits gescheiterten Mordversuchs.«

Amanda sagte: »Mrs. Barton kann es nicht gewesen sein. Sie hätte nicht genügend Zeit gehabt, und außerdem war sie auch nicht in der oberen Etage.«

Steven, dessen Augen nachdenklich auf den Indizien in dem Tuch geruht hatten, blickte auf und sah Amanda nachdenklich an.

»Erzählen Sie mir noch einmal von diesem Überraschungsbesuch. Und zwar mit allen Einzelheiten. Wann sie genau gekommen ist, für wie lange sie allein in der Halle war, wo sie gestanden hat, als Sie sie zum ersten Mal sahen. Lassen Sie nichts aus.«

Amanda erzählte ihm langsam alles, was ihr noch in Erinnerung geblieben war.

Steven lehnte sich an den Stuhlrücken, steckte die Hände in die Taschen und blicke mit gerunzelter Stirn an die Decke. »Hm, ich frage mich, ob sie nicht doch genug Zeit gehabt hätte, das Gift in den Tee zu tun. Nachdem sie Miß Moon ziemlich gut kennt, ist es nicht unwahrscheinlich, daß sie nicht nur von der Marotte mit dem Gesundheitstee gehört hatte, sondern daß sie auch wußte, wo die Kanne immer steht. Dreißig Sekunden hätten völlig gereicht. Aber nach allem, was Sie mir gerade erzählt haben, scheint es mir ausgeschlossen, daß sie in dieser Zeit auch noch rasch in das Schlafzimmer von Miß Moon gelaufen ist. Auf jeden Fall wären Sie doch sicherlich neugierig geworden, um es einmal milde auszudrücken, wenn Sie sie die Treppen hätten heruntersteigen sehen.«

Er saß noch eine Zeitlang grübelnd da und wackelte mit dem Stuhl hin und her, bis dieser knarrend protestierte. Schließlich sagte Steven nachdenklich: »Es erscheint mir angebracht, ein paar Worte mit dem Küchenchef zu wechseln. Das werde ich gleich morgen früh erledigen. Aber so, wie es jetzt aussieht, ist Mrs. Barton bereits aus dem Schneider...«

Er redete nicht weiter, sondern begann leise »Sur le pont d'Avignon« durch die Zähne zu pfeifen.

Amanda wartete eine Weile geduldig, und als er immer noch nicht sprach, fragte sie verärgert: »Was hat das zu bedeuten?«

Mr. Howard wandte seinen entrückten Blick von der Decke ab, richtete ihn auf Amanda und sagte gedankenverloren: »Man sollte sich also nie irreführen lassen. Was ich damit sagen will, ist: Wenn man von A nach B will und dabei möglichst wenig Zeit und Nerven verlieren möchte, sollte man sich an die Hauptstraßen halten, anstatt sich auf verlockende Umwege zu begeben. Das zahlt sich nicht aus. Ich muß leider zu meinem größten Bedauern gestehen, daß mir genau dieser Fehler unterlaufen ist.«

»Ich kann Ihnen nicht ganz folgen«, sagte Amanda mit angehaltenem Atem. Steven ließ die Beine seines Stuhls krachend auf das Parkett zurücksinken. Dann stand er auf:

»Gott sei Dank! Aber ich hätte es besser wissen müssen. Die Lösung wurde mir von Anfang an sozusagen auf einem goldenen Teller serviert. Aber nachdem durch ein unglückliches Zusammentreffen noch eine ganze Reihe von zwischenmenschlichen Problemen ins Spiel kamen, fing ich an, an dieser Sache noch einen anderen Aspekt zu sehen. Eigentlich sogar mehrere. Das war der große Fehler, Amarantha. In Wirklichkeit gab es immer nur einen Aspekt. Es hat auch immer nur eine Person gegeben, die Sie in St. Hilarion über die Brüstung schubsen konnte.«

Amandas Stimme klang wie die eines ängstlichen, kleinen Vogels: »Wollen Sie damit sagen, Sie wissen, wer der...«

»Ich glaube, ja«, stellte Steven nüchtern fest. »Aber es wird nicht so einfach sein, das auch zu beweisen. Obwohl sich die Möglichkeit anbietet, ein Lamm als Köder für den Tiger anzubinden. Er würde kaum widerstehen können. Aber ich weiß nicht, ob ich wirklich ein so sicherer Schütze bin, daß ich das riskieren könnte.«

»Meinen Sie etwa, daß Sie dem Mörder eine neue Gelegenheit geben wollen, Miß Moon umzubringen, nur um ihn sicher zu entlarven? Steven, das dürfen Sie nicht machen! Das können Sie einfach nicht riskieren.«

Als Steven auf sie hinuntersah, fiel Amanda der bittere Zug um seinen Mund auf, und ohne ersichtlichen Grund hatte seine Stimme plötzlich einen scharfen Ton, als er sagte:

»Nein! Das kann ich wirklich nicht riskieren. Das ist ja das Verdammte daran. Ich sollte eigentlich..., aber ich tue es nicht – weil ich nämlich allmählich anfange, die Nerven zu verlieren.«

Er starrte eine Weile auf Amanda hinunter, als haßte er sie. Dann drehte er sich energisch um, riß die Tür auf und stürmte hinaus.

Kurz darauf hörte Amanda, daß er ein Streichholz anzündete. Sie folgte ihm in die Halle und war wegen seiner ihr unerklärlichen Laune völlig ratlos und verstört.

Er stand mit dem Rücken zu ihr unter dem staubigen Kronleuchter, dessen Licht seinen braunen Haaren einen bronzenen Schimmer verlieh. Obwohl er sie gehört haben mußte, drehte er sich nicht nach ihr um.

Amanda stand abwartend in der Tür und betrachtete schweigend seinen markanten Hinterkopf. Sie dachte daran, daß sie ihn mit geschlossenen Augen hätte zeichnen können, und wunderte sich darüber, da sie ihn doch erst seit so kurzer Zeit kannte. Der Rauch seiner Zigarette stieg in die Luft, und der Geruch vermischte sich mit dem besonderen Duft in der Halle. Auf diese Weise entstand eine angenehme Duftkomposition. Der Geruch in der Halle setzte sich aus dem Staub des Raums, dem Duft von Bienenwachs und dem betäubenden Aroma der hohen orangefarbenen Lilien zusammen, die die mächtige kupferne Bodenvase neben der alten Truhe füllten.

Schließlich zog Steven sie mit einer fast abwesenden Bewegung seines Armes an sich. Dabei drehte er sich nicht nach ihr um. Er stand immer noch bewegungslos, drückte sie an sich und starrte vor sich hin, während er nachdenklich an seiner Zigarette zog. Steven schien mit seinen Gedanken Hunderte von Meilen entfernt zu sein.

Nach einer Weile sah er wieder nach unten, blies einen Kringel in Amandas Haar, gab sie wieder frei und ließ seine Zigarettenkippe in die Kupfervase mit den Lilien fallen.

»Höchste Zeit, daß Sie zu Bett gehen, Amarantha. Und ich sollte auch schleunigst wieder zu den Normans laufen. Man nimmt dort an, daß ich Miß Moon einen belehrenden Vortrag über die Vorgänge bei einem Verhör halte. Ich sollte also nicht zu lange bleiben. Glauben Sie, Sie könnten irgendwo eine Flasche auftreiben, damit ich die Reste von diesem Gesundheitstee mitnehmen kann?«

»Ich werde es versuchen«, sagte Amanda, verschwand in der Küche und kam nach kurzer Zeit mit einer Flasche zurück, die Euridices Kochsherry enthalten hatte.

Steven war inzwischen in das Eßzimmer zurückgegangen. Er war damit beschäftigt, die Tabletten in das Glasröhrchen zurückzutun. Zuletzt wickelte er es sorgfältig in ein Stück Papier.

»Ist das etwa dasselbe Gift, an dem Julia Blaine gestorben ist?« fragte Amanda mit halberstickter Stimme.

»Nein! Das hätte unliebsame Vermutungen geweckt.«

»Aber die wären doch sowieso nicht ausgeblieben. Schon allein wegen des Röhrchens.«

»Dabei haben Sie eines vergessen. Sie haben das Glasröhrchen doch nie erwähnt. Deshalb ist das heute wieder passiert – aus dem einfachen Grund, weil Sie, nachdem Sie einmal geschwiegen haben, es auch weiterhin tun müssen. Sonst würden Sie doch selbst in Teufels Küche geraten. Darauf hätte ich eigentlich gleich kommen müssen. Ich muß allerdings gestehen, daß ich auf diesen so naheliegenden Gedanken nicht gekommen bin.«

Steven füllte mit äußerster Vorsicht den Gesundheitstee in die Sherryflasche und schob Amanda das leere Glas zu.

»Spülen Sie das bitte ein paarmal gründlich aus, ja? Ach, und das hier sollten Sie lieber bei sich behalten...« Damit warf er ihr Anita Bartons zerrissenes Taschentuch zu. »Fragen Sie Miß Moon morgen, wie es in ihr Zimmer gelangt ist, und lassen Sie es mich dann wissen.«

Amanda nickte und steckte es in ihre Tasche. Sie nahm das Glas vom Tisch, trug es in die Küche, spülte es gründlich aus und ließ es auf dem Trockengestell stehen. Als sie zurückkam, wartete Steven schon in der Halle auf sie. Er warf einen Blick auf seine Armbanduhr und sagte dann rasch: »Also, dann bis morgen bei der Verhandlung.«

Amanda sagte mit angehaltenem Atem: »Ja, holen Sie denn nicht die Polizei?«

»Warum denn?«

»Um von der Geschichte mit dem Gift zu erzählen.«

Steven schüttelte den Kopf. »Nein, ich glaube, wir sollten vorläufig keiner Menschenseele davon erzählen.«

»Aber – aber dieser Kerl versucht es doch bestimmt noch einmal.«

»Oh, ganz bestimmt. Aber beim nächsten Mal wird er wohl eine andere Methode versuchen. Er hat sich das bislang ja raffiniert ausgedacht, aber es ist schon zweimal danebengegangen. Der wird sich morgen ganz schön den Kopf zerbrechen, um herauszufinden, was dieses Mal schiefgegangen ist. Und weil er das eben nicht herauskriegt, wird er sich auf ein anderes Mittel verlegen.«

Er bemerkte, wie Amanda einen schnellen Blick über ihre Schulter warf und die leere Halle hinter sich betrachtete. Steven versuchte sie zu beruhigen und sagte: »Sie brauchen sich heute nacht vor nichts zu fürchten. Glauben Sie mir, liebes Kind, wer auch immer hier böse Absichten gehabt hat, legt gerade jetzt größten Wert darauf, in aller Öffentlichkeit gesehen zu werden. Er wird bemüht sein, bis spät in die Nacht genügend hieb- und stichfeste Alibis zu haben. Er wird auch morgen noch nicht in die Nähe des Hauses kommen und neugierige Fragen stellen. Die Männer, die das Haus umstellt halten, lassen bis morgen früh nicht einmal ein Mäuschen hier herein.«

»Aber sie haben doch auch Sie hineingelassen«, sagte Amanda unsicher.

»Das«, sagte Mr. Howard, »ist etwas ganz anderes. Es hat sich nämlich herumgesprochen, daß ich in Wirklichkeit Marilyn Monroe bin, die hier inkognito Urlaub verbringt. Und sie fiebern alle nach einem Autogramm von mir.«

Damit entschwand er in die Dunkelheit. Amanda verriegelte die Tür hinter ihm und ging zu Bett. Aber sie konnte in dieser Nacht keinen Schlaf finden.

17

Das Verhör, das wegen des Mordes an Monica Ford stattfand, ging unerwartet rasch zu Ende. Hierzulande gab es bei derartigen Verhandlungen keine Jury. Nur ein Richter, der seine Langeweile deutlich zur Schau trug, hörte sich schicksalsergeben den Bericht des Gerichtsmediziners und die Ergebnisse der polizeilichen Ermittlungen an. Und doch hatte Amanda ein ungutes Gefühl bei der ganzen Sache.

Ihr schien es, als seien die Oberflächlichkeit, mit der dieser Mann seine Fragen stellte, keineswegs auf Interessenlosigkeit zurückzuführen oder auf die feste Überzeugung, daß der Täter ein auf frischer Tat ertappter Einbrecher gewesen sei. Beunruhigt fragte sie sich, ob nicht vielmehr einer der Anwesenden gedeckt werden sollte.

Es war alles zu glatt gegangen, zu reibungslos. Man behandelte sie mit soviel formvollendeter Höflichkeit. Auf der anderen Seite ließ man aber keinen von ihnen auch nur eine Sekunde aus den Augen. Jede ihrer Bewegungen wurde registriert.

Sie waren alle anwesend. Claire und George, Persis und Toby, Alastair und Glenn, Lumley und Anita, Steven, Miß Moon und schließlich sie selbst.

Amanda hatte plötzlich festgestellt, daß auch sie auf Beobachtungsposten war. Sie betrachtete die anderen vestohlen und ängstlich. Nichts fürchtete sie mehr, als daß eines der vertrauten Gesichter beim Eintritt von Miß Moon Überraschung oder gar Furcht ausdrückte. Als der kritische Moment dann vorbei war, wußte sie jedoch nicht so recht, ob sie enttäuscht oder erleichtert sein sollte.

Steven Howard und sie hatten geschildert, wie sie Miß Fords Leiche gefunden hatten. Glenn hatte berichtet, wie er seine Sekretärin am frühen Nachmittag zufällig in Kyrenia getroffen hatte und ihr dann zur Villa Oleander gefolgt war. Wie aufgeregt und angespannt sie gewesen war und daß er ihren Zustand auf den Tod ihres Bruders zurückgeführt hatte. Er hatte dabei vermieden, seine Frau anzusehen, und man hatte ihm keine weiteren Fragen gestellt. Der Richter wollte nur noch wissen, wann er von St. Hilarion aufgebrochen und wann er in Nikosia angekommen sei. Die Ankunftszeit in Nikosia war bereits durch die Aussagen zweier junger Soldaten bestätigt worden, die er in seinem Wagen mitgenommen hatte. Und alle, die dabei gewesen waren, bestätigten nun seine Ankunfts- beziehungsweise Abfahrtzeit von St. Hilarion.

Miß Moon hatte zu Protokoll gegeben, daß sie infolge eines Migräneanfalls gezwungen gewesen sei, den Nachmittag im Bett zu verbringen. Sie habe aber außer einer erregten Frauenstimme, die sie irgendwann am frühen Nachmittag aus dem Wohnzimmer vernommen habe, nichts gehört.

Der Richter hatte ihre Aussage ohne Kommentar zur Kenntnis genommen und sich dann ganz überraschend wieder an Amanda gewandt. Man hatte ihr vier Fragen gestellt. Aber dieses Mal hatte die soeben noch zuvorkommende Stimme des Richters viel schärfer geklungen.

Stimmte es, daß sie in Fayid viel mit Major Blaine zusammengewesen war?

Stimmte es, daß Mrs. Blaine in ihrer Kabine auf der Überfahrt nach Zypern verstorben war?

Stimmte es, daß sie mehrere Minuten lang allein im Wohnzimmer der Villa Oleander gewesen war – vielleicht fünf oder sechs Minuten? –, bevor Mr. Howard zurückkehrte und sie neben der toten Miß Ford stehend fand?

Welches Kleid hatte sie an jenem Tag getragen, und könnte sie es bitte beschreiben?

Die Luft im Saal war heiß und stickig. Alle Anwesenden waren erleichtert, als sie wieder ins Freie treten durften und eine leichte Brise ihnen Kühlung zufächelte. In der Luft hing der Geruch von heißem Straßenstaub und blühenden Bäumen.

Miß Moon lehnte die Einladung der Normans ab, in deren Haus ein Glas Sherry zu trinken. Sie verkündete ihre Absicht, sofort nach Hause zu fahren. Andreas fuhr sie in ihrem eigenen alten Auto. Toby hatte angeboten, Amanda heimzufahren. Miß Moon wechselte noch rasch einige Worte mit Persis Halliday. Da faßte jemand Amanda beim Arm. Als sie sich umsah, stand Glenn Barton vor ihr. Er sagte mit leiser Stimme: »Ich möchte Ihnen danken. Weil Sie das vorgestern gesagt haben. Ich kann Ihnen gar nicht sagen, wie dankbar ich Ihnen dafür bin. Mir ist klar, daß ich das niemals hätte zulassen sollen. Sie sind ein fabelhafter Kerl.«

Amanda sagte eilfertig: »Sie übertreiben, Glenn! Das hätte doch jeder andere auch getan. Aber es gibt nicht viele Menschen, die einen anderen unter Einsatz ihres eigenen Lebens retten, wie Sie es in St. Hilarion getan haben. Und ich habe mich noch nicht einmal bei Ihnen bedankt.«

Glenn Barton lächelte sie an und streckte ihr die Hand entgegen. »Sagen wir einfach, wir sind quitt miteinander.«

Amanda reichte ihm auch ihre Hand, und genau in dem Moment sagte eine Stimme hinter ihr trocken und ironisch: »Entschuldigen Sie, wenn ich Ihre Zweisamkeit störe, aber ich habe ein paar Worte mit Miß Derington zu reden.«

Amanda zog ihre Hand wie ertappt zurück und fuhr herum. Als sie Steven Howards Gesicht sah, traf es sie wie ein Schlag.

Er sah sie so an, als sei sie eine völlig Unbekannte, eine ganz und gar reizlose Unbekannte obendrein, mit der er ein paar Worte zu wechseln genötigt war. Seine Stimme klang kalt, unbeteiligt und völlig ausdruckslos.

Er sagte: »Ich habe soeben erfahren, daß Sie einen Vormund haben, der sich zur Zeit irgendwo im Nahen Osten aufhält. Ich möchte Ihnen anraten, ihn so bald wie möglich von der Lage hier zu unterrichten. Bitten Sie ihn, herzukommen.«

Amanda starrte ihn verblüfft an. »Ja, aber warum denn nur?«

»Weil es so aussieht, als brauchten Sie jemanden, der Ihnen mit Rat und Tat zur Seite steht. Sie haben vorgestern eine Aussage gemacht, die unwahr ist, und es sieht alles danach aus, als würden Ihnen daraus Schwierigkeiten erwachsen.«

Er warf Glenn Barton einen Blick voll kalter Verachtung zu und fuhr sachlich und emotionslos fort:

»Unter diesen Umständen glaube ich, daß es gut wäre, wenn Sie ihren Onkel wissen ließen, was hier vorgeht. Er soll dann entscheiden, ob er es für nötig erachtet, hierherzukommen oder nicht. Sie werden schon noch feststellen, daß es in diesen Breiten kein Vergnügen ist, in einen Mord verwickelt zu sein.«

»Aber er ist in Tripolis!« sagte Amanda.

»Ja, ich weiß! Miß Moon hat es mir schon gesagt. Deshalb habe ich Sie ja angesprochen. Ich habe einen Freund hier bei der Royal Air Force, der zufällig morgen nach Tripolis fliegt. Wenn Sie mir also bis spätestens morgen mittag einen Brief geben, kann ich dafür sorgen, daß Ihr Onkel ihn noch am selben Abend bekommt. Wenn Ihr Onkel sich wirklich bemüht, dann könnte er Montag oder spätestens Dienstag hiersein. Überlegen Sie sich die Sache.«

Steven machte auf dem Absatz kehrt und marschierte davon. Amanda sah ihm hilflos nach, während ihr die Tränen in die Augen stiegen. Sie hatte Mühe, sich zu beherrschen und ihm nicht einfach nachzulaufen, ihn am Ärmel festzuhalten und zu fragen, warum er sie so abweisend behandelt hatte. War er etwa eifersüchtig auf Glenn Barton? Nein, das konnte nicht sein! Hatte er denn keine Augen im Kopf?

Glenn sagte ruhig: »Ich glaube, er hat recht. Sie sollten Mr. Derington von den Schwierigkeiten hier in Kenntnis setzen. Ist es Ihnen vielleicht lieber, wenn ich ihm ein Telegramm schicke?«

Amanda wischte sich die Tränen aus den Augen und sagte tapfer: »Ich werde darüber nachdenken!«

Sie konnte sich überhaupt nicht vorstellen, daß sie sich in Gefahr befand, verhaftet zu werden. Die Vorstellung war geradezu albern, so daß sie sich keine Sekunde lang damit aufhalten wollte. Im Gegensatz zu Glenn Barton und einigen anderen Leuten hatte sie den letzten drei Fragen keinerlei Bedeutung beigemessen. Auch jetzt dachte sie nicht daran. Sie war in Gedanken bei Steven Howard und bei dem Gesicht, das er zuletzt gemacht hatte. Sie fühlte sich verwirrt und gekränkt. Schließlich wurde sie sogar wütend auf ihn.

Ein Polizeibeamter trat zu ihnen und besprach etwas mit Glenn Barton. Glenn entschuldigte sich bei Amanda und betrat von neuem das Polizeirevier.

Dann war lautes Schmuckgeklimper zu vernehmen, und Miß Moon streichelte Amandas Arm mit ihrer glitzernden Hand. Sie sagte liebevoll: »Regen Sie sich nicht auf, Kleines. Sie dürfen das nicht so ernst nehmen. In Wirklichkeit ist er nicht auf sie, sondern auf sich selbst böse. Und natürlich auf Glenn. Die Männer sind doch wirklich dumm!«

Amanda lachte ein wenig zittrig und sagte: »Ihnen entgeht aber auch gar nichts, Miß Moon.«

»Das ist möglich. Ihr Jungen scheint noch nicht einmal zu sehen, was direkt vor Eurer Nase vor sich geht. Er weiß doch ganz genau, daß Sie überhaupt kein Interesse an dem armen Glenn haben. Aber ich glaube, er hat jetzt viel im Kopf, und es ärgert ihn, daß er sich ständig ablenken läßt von – sagen wir – Gefühlen, die nicht in diese Situation passen.«

»Gefühle«, wiederholte Amanda. Miß Moon wußte nicht so recht, ob sie dabei kicherte oder schluchzte. »Zwecklose Umwege«, fügte sie sinnierend hinzu.

»Hat er das gesagt? Na bitte! Da haben wir es. Habe ich es Ihnen nicht gleich gesagt? Aber ich werde mich jetzt besser auf den Heimweg machen, nachdem Sie Ihr Transportproblem gelöst haben. Captain Gates sagte mir, er würde Sie gern mitnehmen. Wir sehen uns dann zum Mittagessen.«

Als Persis und Toby zu ihnen kamen, entfernte sich Miß Moon. Die beiden waren in ein Gespräch mit Lumley Potter verwickelt gewesen, und sie hatten sich endlich von ihm losmachen können. Ein paar Meter weiter standen George Norman, Alastair Blaine und Claire. Sie hatten sich ein schattiges Plätzchen gesucht und standen nahe dem Bordstein in einer Gruppe zusammen. Steven Howard saß bereits hinter dem

Steuer seines Autos und redete mit ihnen. Amanda stellte verstimmt fest, daß er bester Laune zu sein schien und daß die anderen, die um sein Auto standen, über irgendeine Bemerkung von ihm schallend lachten, obwohl sie doch erst gerade an einem Verhör zu einem Mordfall teilgenommen hatten.

Anita Barton stand ganz allein im Abseits. Sie sah hilflos und verloren aus. Ihr Gesicht mit den dunklen Augenrändern wirkte unglücklich. Die für sie typische trotzige Haltung, mit der sie für gewöhnlich zum Ausdruck brachte, daß sie auf die Meinung ihrer Mitmenschen gut verzichten konnte, war völlig verschwunden. Jetzt fühlte sie sich sichtlich unwohl.

Amanda beobachtete sie eine Weile. Ihr fiel auf, daß Anita ein wenig schwankte. Vermutlich hatte sie getrunken, um den neugierigen Blikken derer gewachsen zu sein, die ihre Abneigung gegen Glenns Sekretärin nur zu gut kannten.

Persis, die wieder aussah, als sei sie einem Modekatalog entsprungen, drückte liebevoll Amandas Arm und sagte neckend: »Nun, wie fühlen Sie sich als Hauptverdächtige?«

»Halt den Mund, Persis«, sagte Toby ärgerlich. »Deine Scherze sind jetzt fehl am Platz. Kommen Sie, Amanda. Wir werden jetzt alle zu den Normans gehen und uns ordentlich betrinken. Das ist das Beste, was man nach so einem Vormittag tun kann.«

»Wer ist ›alle‹?« fragte Amanda.

»Na, die ganze Bande«, warf Persis ein. »Die Verdächtigen GmbH. Als ich mich entschloß, eine Reise zum Geburtsort der Venus zu machen, habe ich mir nicht träumen lassen, daß ich hier statt unsterblicher Liebe nichts als eine Handvoll Leichen vorfinden würde. Höchste Zeit, daß die hier ihre Prospekte mit dem Slogan ›Besuchen Sie die Sonneninsel Zypern‹ einstampfen lassen. Statt dessen sollten sie jedem Besucher empfehlen, einen Revolver einzustecken und sich einen guten Anwalt mitzubringen.«

»Dein Problem ist, daß du das, was du nicht mit eigenen Augen gesehen hast, einfach nicht ernst nimmst«, sagte Toby sichtlich verärgert. »Für dich scheint dies alles so unwirklich wie eine deiner selbsterfundenen Geschichten zu sein. Und zwar deshalb, weil du die Leichen von Julia Blaine und dieser Sekretärin nicht selbst gesehen hast.«

»Hast du sie vielleicht gesehen, Toby?« fragte Persis schlagfertig.

»Nein, ich nicht, aber Amanda.«

Persis wandte sich umgehend an Amanda und sagte zerknirscht:

»Ich muß zugeben, daß er recht hat. Leider vergesse ich immer, daß Sie furchtbare Dinge erlebt haben, Amanda. Ich bin bereit, Buße zu tun. Was ist Ihnen lieber? Soll ich mich hier zur Strafe flach auf den Gehsteig legen, oder würden Sie es vorziehen, wenn ich mein nächstes Buch mit einer Widmung wie ›Für Amanda, die mir alle Liebhaber ausspannte‹, versehe?««

»Meinen Sie Toby damit?« fragte Amanda lächelnd. »War er Ihr Liebhaber?«

»Ja, natürlich. Aber auch wenn ich es nicht gern zugebe, so muß ich doch gestehen, daß er zu denen gehört, die noch einmal davongekommen sind.«

»Damit willst du wohl ausdrücken, daß ich einer von denen bin, nach denen es sich gar nicht lohnt, Ausschau zu halten«, sagte Toby. Dann nahm er Persis' Hand und küßte sie.

»Mensch, Toby! Du bist ja noch ein Kavalier der alten Schule!« zog Persis ihn auf. »Ich habe gar nicht gewußt, daß du...« Sie beendete den Satz nicht und sagte in ganz verändertem Tonfall: »Aber was ist in Glenn gefahren?«

Glenns Gesichtsausdruck war völlig verhärmt. Aus seinen Augen sprachen Angst und Verzweiflung. Er stand einen Moment lang da und blinzelte in die blendende Sonne. Dann entdeckte er seine Frau und ging rasch auf sie zu. Er legte ihr bittend eine Hand auf den Arm und sagte:

»Anita...«

Anita Barton fuhr herum. Die Augen waren weit aufgerissen, das Gesicht unter dem zu dick aufgetragenen Make-up kreidebleich. Blitzartig stieß sie seine Hand fort und wandte sich ab, als wollte sie weggehen.

Doch Glenn packte sie rasch am Arm und drehte sie so, daß sie ihm direkt ins Gesicht sehen mußte. »Anita, bitte! Ich muß mit dir reden. Nur ein paar Minuten. Es ist zu deinem eigenen Besten. Bitte, Schätzchen!«

Seine Stimme klang heiser und völlig verzweifelt. Glenn schien ganz vergessen zu haben, daß alle Umstehenden jedes seiner Worte hören konnten. Er registrierte nicht einmal, daß viele neugierige, besorgte oder auch empörte Gesichter auf sie gerichtet waren. Die anwesenden Zuschauer hatten offensichtlich jedes Taktgefühl verloren und starrten das Ehepaar ungeniert an.

Jetzt schoß das Blut in Anita Bartons zuvor so fahles Gesicht. Aber sie sah dadurch nicht besser aus. Energisch wand sie ihren Arm aus seinem Griff und schlug ihm dabei mit voller Kraft mitten ins Gesicht. Einen Moment lang starrte sie ihn noch schwer atmend an, dann drehte sie sich auf dem Absatz um und ging rasch davon. Glenn stand reglos in der glühenden Sonne. Auf seinem Gesicht zeichnete sich der Abdruck von Anitas Hand feuerrot ab.

Persis war die erste, die ihre Fassung wiedergewann und genug Mut hatte, in die Bresche zu springen, wo selbst ein Schutzengel gezögert hätte. Sie ging rasch zu ihm hinüber und sagte: »Hallo, Glenn! Gut, daß ich Sie noch treffe. Ich dachte, Sie seien schon gefahren!« Sie hängte sich kurzerhand bei ihm ein und setzte ihn sozusagen in Bewegung. »Sind Sie mit dem Wagen da? Das wäre fein, denn dann dürfen Sie mich gleich mitnehmen. Aber zuerst brauche ich einen Drink, sonst falle ich noch einem Hitzschlag zum Opfer. Kennen Sie ein nettes Lokal hier in der Nähe?«

Glenn sah sie mit verwirrtem Ausdruck an. Aber allmählich kam er wieder zu sich und lächelte etwas gezwungen. Dann sagte er: »Ach ja, richtig! Jetzt erkenne ich Sie erst. Mrs. –?«

»Persis«, kam diese ihm munter zur Hilfe. »Ist das da drüben Ihr Wagen? Gut! Dann fahren wir los!«

Sie führte ihn energisch mit sich fort, wobei sie ständig auf ihn einredete. Durch ihre Geistesgegenwart nahm der Zwischenfall ein würdevolles Ende.

Steven Howard fuhr hinter dem Auto der Normans her. Lumley Potter folgte peinlich berührt Anita Bartons Spuren, und Amanda, die plötzlich fand, dem zu erwartenden geselligen Beisammensein bei den Normans nicht gewachsen zu sein, bat Toby, sie doch lieber bei der Villa Oleander abzusetzen.

Sie fühlte sich seelisch und körperlich völlig erschöpft. Um halb drei liebäugelte sie mit dem Gedanken, es Miß Moon gleichzutun und sich zu einer Siesta in ihr Schlafzimmer zurückzuziehen. Sie überlegte gerade noch, ob sie sich nicht doch lieber ein schattiges Plätzchen im Garten suchen sollte, als sie draußen auf dem Gehsteig eilige Schritte vernahm. Sie hörte jemanden mit zwei Sätzen die Stufen vor der Haustür hinaufspringen und ohne lang zu klopfen, geradewegs in die Halle marschieren.

»Amanda –!« Bei ihrem Anblick stieß er einen erleichterten Seufzer aus. »Amanda, ich muß mit Ihnen sprechen. Und zwar irgendwo, wo wir nicht belauscht werden können.«

Seine Stimme klang unsicher, die Bewegungen fahrig, und er schien einem Nervenzusammenbruch nahe. Amanda sah ihn lange und besorgt an. Dann ging sie ihm ohne ein weiteres Wort ins Wohnzimmer voraus.

Er folgte ihr, schloß die Tür und lehnte sich an den Türrahmen.

»Was ist denn los mit Ihnen, Glenn?«

»Anita«, sagte Glenn verzweifelt. »Sie will nicht mehr mit mir sprechen. Sie versteht einfach nicht...! Amanda, ich bin sicher, daß sie Monica Ford nicht umgebracht hat. Ich weiß es ganz sicher! Sie läßt sich vielleicht zu unüberlegten Handlungen hinreißen, aber sie bringt es nicht fertig, jemanden zu ermorden. Mein Gott! Ich bin da ganz sicher! Schließlich kennt sie niemand besser als ich. Ich nehme an, daß sie vorgestern hier war. Diese verdammte Blume beweist es schließlich. Aber ich habe keine Ahnung, was sie hier wollte. Auf jeden Fall kann das nichts mit Monica Fords Tod zu tun haben. Sie wollte wahrscheinlich Sie oder Miß Moon besuchen. Dann hat sie Monica Ford hier tot liegen sehen und ist in Panik davongerannt. Das kann man ihr doch auch wirklich nicht verübeln.«

Amanda sagte drängend: »Glenn, stehen Sie nicht so herum. Kommen Sie, setzen Sie sich. Dann erzählen Sie mir in aller Ruhe, was passiert ist. Machen Sie sich doch nicht selbst verrückt.«

Glenn lachte. Es war ein kurzes, zittriges Lachen, das auch nicht eine Spur von Belustigung enthielt. Seltsam unsicher ging er zum Sofa und ließ sich darauf niedersinken, als hätten seine Knie plötzlich nachgegeben.

Amanda sah ihn mit besorgter, gerunzelter Stirn an, bevor sie plötzlich den Raum verließ. Als sie wieder hereinkam, trug sie ein Glas in der Hand, das bis zum Rand mit Miß Moons Brandy für Notfälle gefüllt war. Glenn nahm es ihr aus der Hand und stürzte es in einem Zug hinunter. Dann sah er sie dankbar an.

»Sie sind wirklich ein guter Kerl, Amanda. Ich glaube, das habe ich in letzter Zeit schon einige Male gesagt. Stimmt's?«

Er setzte ein unnatürliches Lächeln auf, und Amanda sagte mitleidig: »Was ist denn los, Glenn? Erzählen Sie mir, was passiert ist.«

»Die Polizei«, brach es völlig verzweifelt aus ihm heraus. »Es ist wegen dieser verdammten Blume. Ich glaube, sie haben herausgefunden, wem sie gehört. Sie haben mich gefragt, ob sie mir nicht irgendwie bekannt vorkommt. Und – sie haben noch mehrere verdächtige Fragen gestellt. Über ihren Streit mit Monica. Und ob es wahr sei, daß sie damit gedroht habe, mich zu verlassen, wenn ich Monica nicht auf der Stelle entließe. Sie habe mich schließlich ja tatsächlich verlassen, als ich mich weigerte. Sie fingen wieder und wieder damit an. Dann haben sie noch wissen wollen, ob mir bekannt sei, daß sie mit Major Blaine befreundet ist –«

»Mit Alastair?«

»Ja! Ich weiß, man hat Sie dasselbe gefragt. Aber das war lediglich Routine. Diesmal waren sie wirklich scharf.«

Glenn stand abrupt auf. Er ging zur Terrassentür und starrte, den Rücken zu Amanda gekehrt, wie blind in den Garten.

Mir rauher, schwankender Stimme stieß er hervor: »Die Beamten deuteten an, daß sie ihn ziemlich gut kenne und daß der Tod seiner Frau ihn zu einem reichen Mann gemacht habe. Sie glauben, daß sie – daß Anita –« Die Stimme versagte ihm plötzlich, und Amanda bemerkte, wie seine Schultern verräterisch zuckten. Doch gleich darauf sagte er mit fast normaler Stimme:

»Sie wollten wissen, ob sie Zugang zu Gift habe und ob ich bestätigen könne, daß ihr Vater Arzt gewesen sei. Sie schienen einiges zu wissen. Da habe ich es mit der Angst bekommen und versucht, mit ihr zu reden. Aber sie hat es abgelehnt –«

In seiner Stimme klang plötzlich ein verletzter, fassungsloser Unterton mit. Er drehte sich um und ging auf Amanda zu. Er sah auf sie hinunter, während sich seine Hände in den Hosentaschen zu Fäusten ballten. Mit schwacher, erschöpfter Stimme sagte er: »Ich weiß, ich sollte Sie nicht darum bitten. Es ist eigentlich sogar unverzeihbar, aber ich weiß mir keinen anderen Rat. Würden Sie mir noch einmal helfen?«

»Ja«, sagte Amanda wie selbstverständlich und ganz ruhig.

Glenn beugte sich mit einer überraschenden Geste über ihre Hand und küßte sie. »Haben Sie tausend Dank!« Die Stimme wollte ihm versagen.

»Was soll ich für Sie tun?«

»Sie dazu bewegen, von hier fortzugehen. Lumley ist ein eingebildeter Affe. Der wird ihr bestimmt keine Hilfe sein. Sie muß für eine Weile verschwinden, damit die Polizei Zeit hat herauszufinden, wer Monica Ford wirklich ermordet hat.«

»Aber, Glenn! Wie soll ich das denn machen? Wohin soll sie denn gehen?«

»In den Libanon! Wir haben dort Freunde, die sie sicher bei sich aufnehmen würden. Und ich bin mit einigen der hiesigen Fischer gut bekannt. Ich könnte alles für sie arrangieren. Aber irgend jemand muß sie dazu überreden, von hier fortzugehen.«

Amanda sah ihn mit einer steilen Falte zwischen den Brauen an. Sie sagte langsam: »Glenn, dabei kommt doch nichts heraus. Sie können sich doch auch denken, daß, wenn man sie schon bezichtigt, den Mord an Monica Ford begangen zu haben, die Polizei ihren Verdacht nur bestätigt bekommt, wenn Anita jetzt so mir nichts, dir nichts verschwindet.«

»Ja, ich weiß«, sagte Glenn schwerfällig.

»Dann gibt es sicher einen anderen Grund dafür, daß Sie sie von hier fort haben wollen. Sagen Sie es mir.«

Kaum hatte sie die Worte ausgesprochen, fühlte sie den Verdacht in sich aufsteigen, Glenn wisse oder ahne mehr als sie. Wie sehr er auch das Gegenteil versichern mochte, er schien doch im geheimen damit zu rechnen, daß seine Frau tiefer in die Sache verwickelt war, als er je zugeben würde.

Glenn hob seine rotgeränderten, müden Augen und sah Amanda lange an. Als er anhob zu sprechen, war seine Stimme so leise, daß man ihn kaum verstehen konnte:

»Ja! Es gibt einen anderen Grund. Ich weiß nicht, was hier vor sich geht, und das macht mir Angst. Wissen Sie, ich habe die Vermutung, daß es noch einen Mord geben wird. Zumindest einen versuchten Mord. Wenn ich das alles richtig sehe, dann muß es sogar einen geben.«

Amanda hielt den Atem an. Er konnte ja nicht ahnen, daß Steven damals nachts auf der Hafenmauer fast dasselbe gesagt hatte.

Glenn sagte: »Vielleicht habe ich aber auch unrecht. Ich hoffe es sogar sehr. Aber trotz allem werde ich den Gedanken nicht los, daß irgendwie – ich weiß nicht so recht, wie ich es ausdrücken soll –, daß also irgendein Plan hinter alldem steckt. Ein teuflischer Plan, eine Art Spinnennetz. Vielleicht wurden die Fäden schon vor langer Zeit gesponnen. Aber jetzt ist irgend etwas schiefgegangen. Wer auch immer hinter alldem stecken mag, will oder kann seinen Plan nicht aufgeben. Aber jetzt kriegt er es langsam mit der Angst zu tun und braucht einen Sündenbock. Deshalb möchte ich, daß Anita von hier fortgeht, weil ich befürchte, daß sie jemandem in die Fänge gerät. Wenn sie erst einmal bei unseren Freunden im Libanon in Sicherheit ist, dann wird der Mörder sich hinter jemand anderem verstecken müssen. Außerdem könnten wir der Polizei ja sofort sagen, wo sie sich aufhält, wenn ein neuer Mordversuch unternommen worden ist. Man könnte dann leicht erklären, warum sie das Land verlassen hat. Auf jeden Fall wäre sie dann nicht mehr unter Verdacht. Ich kann sie nicht vor einer Gefahr schützen, die ich nur fühlen und ahnen, die ich aber nicht sicher sehen kann...«

Seine Stimme erstarb zu einem Flüstern. Amanda sagte schnell: »Sie glauben zu wissen, wer der Täter ist? Stimmt's?«

Er antwortete nicht, und sie wiederholte die Frage. Glenn sah sie erneut mit abweisendem Blick an: »Ja!«

»Und wer ist es?« Amandas Stimmbänder zitterten merkwürdig.

Glenn schüttelte den Kopf. »Ich kann es Ihnen nicht sagen. Selbst wenn ich ganz sicher wäre –, aber das bin ich nicht. Es könnte zu gefährlich für Sie werden. Und ich bin noch nicht ganz sicher. Ganz sicher noch nicht. Ich glaube, daß es eine Möglichkeit gibt, herauszufinden, wer es ist. Aber solange Anita noch hier ist, traue ich mich nicht. Man würde eventuell alles ihr in die Schuhe schieben. Wenn sie aber als Täter einfach nicht mehr in Frage kommt, muß die Polizei sich einen anderen Verdächtigen suchen. Können Sie mir folgen? Und dann brauchte man nur noch Beweise.«

Amanda wurde von plötzlicher Angst ergriffen, als ihr Steven Howards Vergleich mit dem Lamm einfiel, das man im Urwald anband, um damit den Tiger zu ködern. Glenn wollte sich also selbst als Köder zur Verfügung stellen, um die Bestie zu einem neuen Mord zu verleiten. Wenn Anita irgendwo im Ausland in Sicherheit war, wäre das zumindest der Beweis dafür, daß sie mit der großen Sache nichts zu tun hatte. Und wenn er selbst dabei in den sicheren Tod rannte? Das durfte sie nicht zulassen. Das Risiko war einfach zu groß. Steven hatte gesagt: ›Ein Mörder weiß ganz genau, daß, auch wenn er ein Dutzend Leute umbringt, er selbst nur einmal gehängt werden kann.‹ Jemand, der bereits zwei Morde verübt hatte, würde nicht davor zurückschrecken, noch einen weiteren zu begehen.

Amanda sagte atemlos: »Nein, Glenn! Das dürfen Sie nicht tun. Wenn es für Anita gefährlich ist, dann ist es doch genauso gefährlich für Sie selbst.«

»Für mich? Ich kann ganz gut auf mich aufpassen. Anita hat aber nur diesen Trottel von Lumley. Ich muß sie da einfach rausholen. Wenn mir das gelingt, ohne daß jemand weiß oder auch nur vermutet, daß sie fort ist, dann gibt es eine Chance.«

»Aber, Glenn! Selbst wenn Sie sie von hier fortbringen, wird derjenige, der diese Morde Anita anhängen will, sich doch eher freuen. Dann hat er erreicht, was er wollte.«

»Das würde er durch Anitas Selbstmord viel endgültiger und besser erreichen«, sagte Glenn grimmig.

»Selbstmord?«

»Ja! Ein bühnenreif inszenierter Selbstmord! Das wäre nicht schwierig. Man findet Anita tot auf, und jeder wird davon überzeugt sein, daß sie lieber Hand an sich gelegt hat, als wegen Mordes gehängt zu werden.«

»Nein!« sagte Amanda flüsternd. »O nein, das darf doch nicht...«

Aber sie wußte, daß es eine realistische Vorstellung war. Noch einmal sah sie plötzlich in Gedanken Julia Blaine vor sich, wie sie das harmlose, beschlagene Glas in der Hand gehalten, daraus getrunken hatte und danach tot zusammengesunken war. Noch einmal fühlte sie das harte Glasröhrchen unter dem Kissen. Sie starrte im Geiste mit vor Entsetzen geweiteten Augen auf ein ähnliches Röhrchen, das am Abend zuvor unter Miß Moons Kissen gelegen hatte.

Glenn hatte völlig recht. Hier benötigte einer also einen Sündenbock, und Anita Bartons Tod – hervorgerufen durch Selbstmord – würde eine akzeptable Lösung des ganzen Falles darstellen.

Glenn sagte: »Es ist durchaus möglich, daß sie sich weigert, fortzugehen. Wenn dem so ist – nun, dann muß ich mir etwas anderes einfallen lassen. Aber wenn Sie es fertigbringen, sie davon zu überzeugen...«

»Ich werde es wenigstens versuchen«, sagte Amanda mit Unbehagen.

Glenn wandte sich schnell ab und begann wie ein gefangenes Tier den Raum zu durchqueren, die Hände in den Hosentaschen und die Stirn in Falten gelegt. Dann stellte er sich plötzlich vor sie und sagte abrupt: »Wenn, dann muß es heute nacht passieren. Morgen könnte es schon zu spät sein. Wenn sie einverstanden sein sollte, wären Sie dann bereit, bis zur Abfahrt bei ihr zu bleiben? So lange bei ihr zu bleiben, bis sie in Sicherheit ist?«

»Ja!«

»Können Sie Auto fahren?«

Amanda nickte.

»Dann weiß ich, was wir machen. Ich werde heute abend ein Auto an die Straße stellen. Und zwar stelle ich es einfach bei dem unbebauten Grundstück an der Hauptstraße neben der Fahrbahn ab. Sie wissen, welche Stelle ich meine? Etwa fünfzig Meter, nachdem man von dieser Straße in die Hauptstraße einbiegt, genau gegenüber dem Haus mit den blauen Fensterläden. Wenn Sie Anita dazu bewegen können, sich mit der Aktion einverstanden zu erklären, sagen Sie ihr, sie solle nur soviel Sachen mitnehmen, wie sie selbst tragen kann. Und sie soll Kopfschmerzen vortäuschen und sagen, sie wolle früh zu Bett gehen. Gleich hinter dem langen Sandstrand neben der Straße nach Larnaka ist eine kleine Bucht. Anita kennt sie. Ich werde dafür sorgen, daß Yiannopoulos nicht später als zehn Uhr mit dem Boot dort sein wird. Die Stelle liegt genau an der anderen Seite von Nikosia, und sollte heute nacht wirklich schon etwas passieren, dann können Sie –.« Er brach plötzlich ab und sagte dann: »Fahren Sie, sobald Anita fort ist, hierher zurück, und lassen Sie das Auto an der Stelle stehen, an der Sie es abgeholt haben. Ich werde es dann später holen. Da ist nur noch eine Sache...«

Glenn fuhr sich mit der Hand resigniert durch das Haar. Um seinen Mund lag wieder dieser verbitterte Zug:

»Sie müßten vortäuschen, daß es Ihre oder Miß Moons Idee war. Wenn Anita annimmt, daß ich auch nur irgend etwas mit der Sache zu tun habe, dann wird sie nicht darauf eingehen. So wie die Dinge stehen, läßt sie sich, glaube ich, lieber wegen Mordes vor Gericht stellen, als sich von mir helfen zu lassen. Sie versteht eben den Ernst der Lage nicht. Anita glaubt, tun und lassen zu können, was sie will, und ungestraft davonzukommen. Ihr ist einfach nicht klar, daß mit einem Mörder nicht zu spaßen ist.«

Es kam Amanda wieder wie das Echo von Stevens Worten vor. Steven, wie er im vollen Mondschein an der Hafenmauer stand, die Arme um Amanda geschlungen, und sagte: »Mord ist eine teuflische Sache.«

Amanda sagte: »Ich werde tun, was ich kann.«

»Ich weiß, daß Sie das tun werden. Machen Sie ihr den Ernst der Lage klar. Sorgen Sie dafür, daß sie die Gefahr richtig einschätzt, anstatt sich einzureden, in Wirklichkeit könne ihr nichts passieren.«

Amanda nickte schweigend.

Glenn sagte: »Ich weiß gar nicht, wie ich Ihnen danken soll. Mir ist klar, daß ich Sie da nicht hineinziehen sollte. Eigentlich ist das Risiko zu groß. Aber ich habe keine andere Wahl. Es ist der einzige Ausweg.«

Er war für eine Weile ganz still, dann verzog sich sein Mund zu einem gezwungenen Lächeln, und er sagte: »Ich habe bereits eine andere

Möglichkeit ausprobiert, aber es kam nichts dabei heraus. Im Gegenteil, ich habe mich nur zum Narren gemacht.« Das Lächeln auf seinem Gesicht verfinsterte sich, als er wieder zu sprechen anhob: »Das Auto wird um neun Uhr dort sein. Und wenn Anita sich weigert mitzukommen, dann...«

Achselzuckend wandte er sich zum Gehen. Kurz darauf hörte Amanda die Haustür hinter ihm zufallen.

18

Amanda trat auf den Kai hinaus und steuerte langsam auf das Café zu, das an der Hafenecke lag.

Sie fühlte sich außerordentlich erschöpft. Aber irgendwie war diese Erschöpfung mit einer gewissen freudigen Stimmung vermischt. Es war nicht einfach gewesen, mit Anita Barton zu sprechen. Es war einfach gewesen, mit Anita Barton zu sprechen. Sie war außerordentlich mißtrauisch und ziemlich betrunken gewesen. Aber sie hatte auch große Angst gehabt. Und diese Angst hatte schließlich den Ausschlag gegeben. Anita hatte sich bereit erklärt, die Insel zu verlassen.

Amanda hatte sie zuletzt davon überzeugen können, daß der Plan von Miß Moon stammte. Vielleicht hatte Anita nur aufgrund dessen so plötzlich nachgegeben. Denn sie mochte Miß Moon sehr. Außerdem hatte Amanda in groben Zügen Glenn Bartons Verhör geschildert und dabei den Eindruck erweckt, als seien die Fragen, die Anita betrafen, an Miß Moon gerichtet gewesen. Sie ließ außerdem durchblicken, Miß Moon habe mit einem hiesigen Fischer eine Abmachung getroffen, damit Anita unbemerkt die Insel verlassen könne. Amanda hatte hinzugefügt, daß es schließlich sehr unwahrscheinlich sei, daß Anita selbst eine solche Flucht hätte arrangieren können. Sie hatten vereinbart, daß Mrs. Barton um halb zehn an der Straßenbiegung nahe dem Postamt sein werde. In weniger als einer halben Stunde Fahrzeit würden sie dann an der kleinen Bucht sein, wo das Boot schon auf Mrs. Barton warten würde. Es bliebe ihnen dann noch genügend Zeit übrig, um die Strecke von der Straße zum Strand hinunterzulaufen. Der Weg war zwar steil und felsig, aber nicht einmal hundert Meter lang.

Der Sonnenuntergang war ein überwältigendes Schauspiel. Der Himmel schien zu glühen, und hin und wieder leuchteten rosa und goldene Farbstreifen auf. Die malerischen schmalen Häuser, die den Hafen umgaben, warfen lange lilafarbene Schatten über den Kai und auf das unbewegte Wasser im Hafenbecken. Von irgendwoher erklangen Hafenglocken. Zur gleichen Zeit rief ein Muezzin vom Minarett einer Moschee zum Gebet auf.

Amanda eilte zur Hafenmauer hinüber und ließ sich erschöpft auf den warmen Steinen nieder. Sie wünschte sich nichts sehnlicher, als über das Vorhaben der vergangenen Nacht mit jemandem sprechen zu können. Glenn hatte sie nicht ausdrücklich darum gebeten, die Sache für sich zu behalten. Auf der anderen Seite verstand es sich wahrscheinlich von selbst, daß sie darüber mit keinem Außenstehenden reden sollte. Gesetzt den Fall, Anita Barton befand sich wirklich in Lebensgefahr, dann durfte natürlich niemand davon erfahren, daß sie beabsichtigte, die Insel zu verlassen.

Amanda dachte voller Sehnsucht und Bedauern an Steven Howard. Steven wäre wenigstens vertrauenswürdig. Sie hätte eigentlich zu ihm gehen und ihn um Rat und Hilfe bitten können. Aber sie konnte die gemeine Bemerkung, die er am Abend über Glenn Barton gemacht hatte, nicht vergessen: ›Der liebe Glenn macht es sich wohl zur Gewohnheit, sich von seinen Freundinnen die Kastanien aus dem Feuer holen zu lassen.‹

Wenn Mr. Howard die jetzige Sachlage kennen würde, dann würde er zweifellos trocken feststellen, daß der liebe Glenn kein Recht dazu hatte, Amanda in eine Sache zu verwickeln, die leicht gefährlich werden könnte, und sich so selbst elegant aus der Affäre zu ziehen. Außerdem würde Steven ihr verbieten, sich auch nur im geringsten in die Angelegenheit hineinziehen zu lassen. Vielleicht würde er sogar alle Hebel in Bewegung setzen, um zu verhindern, daß Anita Barton die Insel verließe. Aber selbst wenn sie mit ihm darüber sprechen wollte, wäre es im Moment gar nicht möglich gewesen. Als sie auf dem Weg zum Hafen war, hatte sie ihn nämlich vorbeifahren sehen. Er war mit dem Auto auf der Hauptstraße in Richtung Nikosia unterwegs gewesen. Obwohl er sie gesehen haben mußte, war er weitergefahren, ohne auch nur zu winken.

Amanda seufzte und stützte den Kopf mit den Händen.

Ein Schatten fiel über sie, und eine freundliche Stimme sagte liebevoll: »Ist Ihnen eine Laus über die Leber gelaufen? Na, erzählen Sie schon! Ist es Liebeskummer, oder haben Sie nur Verdauungsbeschwerden?«

Amanda drehte sich sofort um. »Persis, Sie Hexe! Ich wäre vor Schreck beinahe ins Wasser gefallen. Nein, weder Liebeskummer noch Verdauungsbeschwerden. Und eine Laus ist mir auch nicht über die Leber gelaufen!«

»Ach, nein? Was sind Sie doch für ein Glückspilz!«

Persis ließ sich graziös neben Amanda auf der Hafenmauer nieder und sagte abrupt: »Wissen Sie, ich mache mir wirklich Sorgen.«

Amanda sah sie von der Seite an und stellte fest, daß Persis mit gerunzelter Stirn und blassem Gesicht bewegungslos auf das Wasser starrte.

»Was bedrückt Sie?«

»Glenn«, gestand Persis. »Ich weiß nicht, ich mag ihn einfach. Er gefällt mir sehr. Er weckt direkt mütterliche Gefühle in mir. Das ist mir wirklich noch nie passiert. Vielleicht ist es ein Zeichen dafür, daß ich langsam alt werde.«

Amanda fragte behutsam: »Was hat er denn jetzt wieder angestellt?«

»Er hat sich wie ein Narr benommen!« sagte Persis, und aus ihrer Stimme klang plötzlich Wut. »Raten Sie mal, was dieser verrückte Kerl heute morgen gemacht hat! Er ist geradewegs zum Polizeirevier marschiert und hat dort den Mord an seiner Sekretärin gestanden.«

»Was hat er getan? Er muß wirklich übergeschnappt sein!«

»Er hat den Beamten erzählt, er habe in geistiger Umnachtung gehandelt und könne jetzt nicht länger schweigen. Er redete ganz besonnen und kühl. Schließlich behauptete er, er sei von St. Hilarion aus gar nicht direkt nach Nikosia gefahren. Er habe gelogen. In Wirklichkeit habe er gewartet, bis Georges Wagen außer Sichtweite gewesen sei, und dann sei er hinterhergefahren. Er sei geradewegs in Miß Moons Haus gegangen und habe die Dame rasch erwürgt. Danach sei er auf dem schnellsten Wege heimgefahren. Man fragte ihn natürlich, wie er sich die Aussage der beiden Soldaten denn erkläre, die er unterwegs aufgenommen habe. Aber auch daran hatte er gedacht. Er behauptete, er habe die Uhr in seinem Auto zurückgestellt, um sich ein Alibi zu verschaffen. Die Soldaten hätten dort die falsche Zeit abgelesen. Schließlich sagte er, sein Gewissen ließe ihm keine Ruhe mehr und er bäte darum, verhaftet zu werden.«

»Und was ist dann geschehen?« fragte Amanda sprachlos. »Warum haben sie ihn nicht eingesperrt?«

»Weil sie so dämlich nun doch nicht sind«, seufzte Persis. »Sie hatten schon mit so etwas gerechnet. Sie hatten die Aussagen der beiden Soldaten. Die zwei hatten die Uhrzeit gar nicht von der Uhr in Glenns Wagen abgelesen. Die ist sowieso kaputt. Nein, sie hatten beide eine Armbanduhr und können beschwören, daß sie zu der von ihnen genannten Uhrzeit zurück waren. Glenn versuchte noch etwas dagegen einzuwenden, aber die Polizeibeamten haben ihn freundlich, aber bestimmt vor die Tür gesetzt. Ich dachte, jetzt fängt er gleich an zu weinen. Es ist mir nicht einmal unangenehm, Ihnen zu gestehen, daß ich ihn am liebsten mitten auf der Straße in den Arm genommen hätte. Ich konnte mich nur mühsam zurückhalten, ihn zu küssen und ihm zu sagen: ›Mein armer, armer Junge! Erzähle nur alles der Mami. Sie wird schon dafür sorgen, daß sie dich einsperren, wenn das dein Wunsch ist!‹ Und jetzt frage ich mich, wer von uns beiden spinnt. Er oder ich?«

»Das hat er also damit gemeint!« entfuhr es Amanda, der plötzlich ein Licht aufging.

»Was wollen Sie damit sagen?«

»Ach, nichts. Er hat nur irgend etwas darüber gesagt, daß er etwas ausprobiert habe. Er sei aber erfolglos gewesen, und er habe sich selbst zum Narren gemacht.«

»Wann hat er Ihnen das gesagt?« wollte Persis wissen. »Haben Sie ihn heute nachmittag schon gesehen?«

»Ja!« sagte Amanda zögernd.

Sie sah Persis Halliday dabei prüfend und unsicher an. Persis konnte Anita Barton erst an dem Nachmittag auf der ›Orantares‹ kennengelernt haben. Auch von Monica Fords Existenz hatte sie zuvor nichts wissen können. Sie war noch nie auf Zypern gewesen, und es gäbe keinen vernünftigen Grund dafür, daß sie ein Interesse daran haben könnte, Glenn Bartons Gattin zwei Morde in die Schuhe zu schieben.

Amanda faßte ganz plötzlich einen Entschluß. Die Aufregungen und Anstrengungen der letzten Tage, verbunden mit der permanenten Nervenanspannung, waren einfach zuviel für sie gewesen. Sie mußte sich jemandem anvertrauen. Eigentlich hätte es Steven sein sollen. Er war aber so kurz angebunden und unfreundlich gewesen. Außerdem hielt er sich offensichtlich gerade in Nikosia auf.

Amanda sagte: »Persis, ich würde Ihnen gern etwas anvertrauen, wenn Sie mir versprechen, niemandem davon zu erzählen, wirklich niemandem!«

Persis sah Amanda eine ganze Weile mit schmalen, abwägenden

Augen an. Dann hielt sie ihr die Hand entgegen. Es war eine kräftige Hand, der man ansah, daß sie auch zupacken konnte, die aber gleichzeitig auch Intelligenz und Feingefühl verriet. Ihr Händedruck war fest und vertrauenerweckend.

»Schießen Sie los!« sagte Persis kurz und bündig.

Sie hörte sich Amandas Bericht von ihrer Abmachung mit Glenn aufmerksam an. Je mehr sie darüber erfuhr, um so gespannter wurde ihr Gesichtsausdruck. Als Amanda geendet hatte, sagte sie geradezu ehrfürchtig: »Das schlägt ja selbst Sherlock Holmes um Längen! Wann fahren wir los?«

»Wir?« fragte Amanda verwirrt.

»Ja klar! Ich werde Sie begleiten. Glauben Sie etwa, ich schaue tatenlos zu, wenn Sie Ihren Hals riskieren? Nein, ich werde Ihnen mit einem Totschläger zur Seite stehen. Für alle Fälle. So etwas lasse ich mir auf keinen Fall entgehen.«

Amanda lachte vor Erleichterung plötzlich laut auf. Nicht einmal sich selbst hatte sie eingestehen wollen, wie wenig verlockend ihr der Gedanke an das bevorstehende nächtliche Abenteuer erschienen war und wie sehr sie sich vor der langen Fahrt zurück nach Kyrenia fürchtete. Sie wäre ganz allein auf der kaum befahrenen Straße gewesen. Aber jetzt, nachdem Persis sich bereit erklärt hatte mitzukommen, verlor die ganze Sache ihren Schrecken und wurde zu einem spannenden Abenteuer.

Amanda fiel Persis vor Begeisterung um den Hals.

»Persis, Sie sind wirklich ein Engel!«

»Das hat man mir schon oft gesagt«, erwiderte Persis unbescheiden. »Und jetzt schlendern wir ganz gemütlich zu Ihrer schönen alten Villa hinauf und bringen Miß Moon schonend bei, daß ich Sie zum Essen ins Hotel entführe. Dann können wir in aller Ruhe von dort zu dem Auto gehen. Sind Sie damit einverstanden?«

Sie erhoben sich beide und führten ihren Plan aus. Amanda ließ die arme Miß Moon nicht ohne Gewissensbisse allein zu Abend essen. Sie tröstete sich jedoch mit dem Gedanken, daß Steven Howard sicher alle nötigen Vorkehrungen für Miß Moons Sicherheit getroffen hatte. Zu ihrer Erleichterung stellte sie fest, daß der ihr inzwischen vertraute, unauffällige Passant an der Straßenecke stand und damit beschäftigt war, nichts zu tun. Unterwegs trafen sie Alastair Blaine im Dome-Hotel. Er schien in Eile zu sein und erzählte, er habe eine Verabredung zum Dinner bei Antonakis in Nikosia.

»Man sagt, daß die Spezialität des Hauses Tintenfisch ist«, sagte Alastair. »Ich habe mir immer geschworen, keinen Tintenfisch zu essen. Es ist aber nicht immer leicht, sich an Vorsätze zu halten. Wenn ich es überlebe, werden wir uns wohl morgen wiedersehen.«

Persis fragte: »Und mit wem sind Sie verabredet, wenn ich fragen darf?« Alastair war aber bereits auf und davon und hatte ihre Frage nicht mehr gehört.

Sonst trafen sie niemanden, den die kannten. Abgesehen vielleicht von ein paar Hotelbekannten. Lumley Potter speiste allein. Er saß am anderen Ende des Saales und schien in Eile zu sein. Anita hatte es wohl für das beste gehalten, ihn für den Abend fortzuschicken. Von Toby Gates oder Steven Howard war nichts zu sehen. Offenbar aßen sie beide woanders.

Persis und Amanda ließen sich beim Essen viel Zeit. Die Zeiger der Uhr schienen ihnen zu langsam fortzuschreiten. Sogar Persis zeigte Anzeichen von Nervosität. Sie zündete sich eine Zigarette nach der anderen an, und das Warten kam ihnen vor wie eine Ewigkeit. Persis schnippte ihre Asche gedankenlos auf den Fußboden. Sie spielte nervös mit den Fingern und rutschte ungeduldig auf ihrem Stuhl hin und her.

Endlich war es neun. Persis blickte auf das diamantverzierte Zifferblatt ihrer Armbanduhr und verglich die Zeit mit der Hoteluhr. Schließlich erhob sie sich:

»Gehen wir!«

Bevor sie sich aber endgültig auf den Weg machten, gingen sie noch auf Persis' Zimmer. Sie nahm einen leichten Seidenmantel aus dem Schrank und studierte ihr Gesicht aufmerksam im Spiegel. Dann legte sie ein Tuch über ihr dauergewelltes Haar, legte noch etwas Lippenstift auf, wobei sie sich sehr konzentrierte, und verkündete zuletzt, daß sie fertig sei.

Sie liefen durch die Stadt und hielten sich kurz an einer Straßenkreuzung auf, als George Norman an ihnen vorüberfuhr. Er verlangsamte sein Tempo, um auf die Vorfahrt zu achten. Es näherte sich ein anderer Wagen, dessen Scheinwerferlicht auf Georges gerötetes Gesicht fiel. Sein Gesichtsausdruck war wie der eines beleidigten Jungen, den man im Spiel unterbrochen hatte. Er erkannte weder Persis noch Amanda, sondern fuhr auf der Hauptstraße stadtauswärts weiter.

»Ich wette meine weißen Schuhe gegen einen weißen Elefanten, daß die kleine, zarte Claire ihn auf einen Botengang geschickt hat«, kommentierte Persis lächelnd. »Das einzige, was ihm noch fehlt, ist eine gutsitzende Pagenuniform mit blankpolierten Knöpfen. Das wäre der einzig richtige Anzug für ihn.«

Das Auto war unter Bäumen an einem freien Platz geparkt. Es war nicht Glenns Auto.

»Sind Sie sicher, daß es das ist?« fragte Persis und schien gar nicht zu bemerken, daß sie unbewußt flüsterte.

»Ja, das muß es sein. Es ist leer, und der Schlüssel steckt. Seinen eigenen Wagen hätte er sicher nicht hier abgestellt, weil seine Frau ihn erkannt hätte.«

»Ja, da haben Sie recht. Der wird es wohl sein. Also, steigen wir ein. Ich setze mich hinten hinein und schicke ein Stoßgebet zum Himmel, daß dieses das richtige Vehikel ist und nicht irgendeinem wildfremden, gutgläubigen Zeitgenossen gehört, der ausgerechnet hier seine alte Kiste abgestellt hat. Ich nabe nämlich eigentlich nicht vor, die letzten Tage auf der Insel der Venus im Kittchen zu verbringen.«

Amanda setzte sich hinter das Steuer und betätigte die Innenbeleuchtung. Der Zündschlüssel steckte bereits. Sie ließ den Motor an und drückte auf den Starter. Kurz darauf glitt der Wagen leise die Straße hinunter.

Anita Barton stand bereits wartend im Schatten eines Jacarandabaumes. Sie trug ein dunkles Leinenkleid und hatte sich einen Schal um den Kopf gebunden. In der einen Hand hielt sie einen kleinen Koffer.

Amanda öffnete die Wagentür, und einen Moment später saß Anita Barton neben ihr. Sie atmete rasch und zitterte vor Angst oder Anstrengung heftig. Dann knallte sie die Tür hinter sich zu. Der Wagen rollte gerade auf die Straße, als sie Persis Hallidays Spiegelbild in der Windschutzscheibe erblickte. Mit einem erstickten Aufschrei, der schon mehr wie ein Kreischen klang, fuhr sie herum.

»Wer ist das?«

»Machen Sie sich keine Sorgen«, beeilte sich Amanda zu erklären. »Es ist eine Freundin von mir, Mrs. Halliday. Sie fährt mit uns, damit ich den Rückweg nicht ganz allein zurücklegen muß.«

»Ich glaube, wir kennen uns noch nicht«, sagte Persis zuvorkommend. »Es freut mich, Ihre Bekanntschaft zu machen. Ich hoffe sehr, daß Sie mich nicht als zu aufdringlich empfinden. Aber ich dachte, Amanda würde ein wenig Unterstützung guttun. Es ist doch eine relativ weite Strecke und sicherlich kein Vergnügen, mutterseelenallein zurückzufahren.«

»Sind Sie Amerikanerin?« fragte Anita Barton ziemlich unhöflich.

»Ja, vom Scheitel bis zur Sohle«, erwiderte Persis.

Dann schwieg Mrs. Barton, aber es lag eine deutlich spürbare Spannung in der Luft. Sie saß angespannt und zitternd da. Hin und wieder warf sie einen Blick über ihre Schulter, als fürchte sie, von einem anderen Wagen verfolgt zu werden. Zweimal wurden sie von einem Auto überholt. Anita kauerte sich in ihrem Sitz zusammen und beugte den Kopf so weit nach vorn, daß er durch das Armaturenbrett verdeckt war.

Die gewundene Straße, die Olivenbäume und auch die steilen, felsigen Berge von Kyrenia glänzten wie poliertes Silber. Ein helles Mondlicht erleuchtete die laue Nacht. Die Straße wand sich um zahllose Kurven. Sie führte durch malerische Dörfchen, in denen schmale, weißgekalkte Häuser standen. Dann wieder fiel sie in enge Täler ab, wo Steinbrücken in schwindelerregender Höhe über die Bergflüsse führten. So ließen sie Meile um Meile hinter sich.

»Jetzt sind wir bald da«, sagte Anita Barton, nachdem sie für etwa zwanzig Minuten geschwiegen hatte. »Halten Sie hier. Hier bei den Bäumen. Von hier aus können wir sehen, ob alles in Ordnung ist und wir weiterfahren können.«

Amanda parkte genau dort, wo eine Reihe Kasuarinabäume und allerhand Gestrüpp ihre Schatten auf die staubigweiße Straße tanzen ließen.

»Machen Sie die Lichter aus«, befahl Anita Barton. Sie flüsterte zwar nur, aber dennoch klang ihre Stimme ziemlich barsch.

Amanda machte gehorsam die Lichter aus, ließ den Motor aber für alle Fälle leise weiterlaufen. Mrs. Barton öffnete die Wagentür und trat auf die mondhelle Straße hinaus. Persis und Amanda folgten ihr.

Das Ufer lag ungefähr fünfzig Meter von der linken Straßenseite entfernt. Das kleine Stückchen Land dazwischen war mit Felsbrocken übersät, und es gediehen nur einige sehr genügsame Gräser darauf, ein paar verkümmerte Büsche und zwei oder drei Maulbeerbäume.

Anita Barton sagte unter Flüstern: »Ich gehe bis zur Biegung vor, um zu sehen, ob alles in Ordnung ist. Manchmal werden hier bei Vollmond kleine Feste veranstaltet. Miß Derington sollte vielleicht besser in der Nähe des Autos bleiben. Und Sie«, wandte sie sich an Persis, »sind bitte so nett und gehen dort drüben ganz bis an den Rand der Klippen. Von da aus können Sie sehen, ob das Boot schon draußen liegt. Es sollte etwa eine halbe Meile weiter vorn hinter den Felsen liegen. Von dort oben haben Sie eine gute Sicht. Falls es noch nicht dort liegt, fahren wir nicht weiter.«

»In Ordnung«, sagte Persis seufzend. »Ich werde mir wohl die Strümpfe ruinieren, von den Nerven ganz zu schweigen. Aber was tut man nicht alles für einen guten Zweck.«

Damit entfernte sie sich und verschwand im Schatten des Kasuarinabuschwerks. Ihre hochhackigen Sandalen hinterließen im weichen, sandigen Boden des Straßenrands kein Geräusch.

Anita Barton wartete einen kurzen Augenblick und ging dann zur Vorderseite des Wagens. Sie hielt plötzlich inne, beugte sich hinunter, und Amanda konnte sehen, wie sie erschreckt zusammenfuhr.

»Was ist dort los?« fragte Amanda ungeduldig.

»Sehen Sie nur!« sagte Anita Barton unter ängstlichem Flüstern.

Amanda eilte zu ihr und beugte sich ebenfalls hinunter. Sie starrte auf die weiße, staubige Straße und bemühte sich, auf den Punkt zu schauen, auf den Anitas zitternder Finger wies.

»Was ist denn? Ich sehe nichts Auffälliges.«

Aber dann erkannte sie auf der mondhellen Straße den Schatten.

Es war Anita Bartons Schatten. Amanda bemerkte, daß Anita etwas in der Hand hielt. Sie hob lautlos den Arm und ließ ihn dann rasch wieder fallen.

Amanda versuchte noch auszuweichen, aber es war bereits zu spät. Sie erhielt einen heftigen Schlag auf den vorgebeugten Hinterkopf und stürzte in einen schwarzen Abgrund. Amanda lag ausgestreckt auf der mondbeschienenen Straße.

Anita Barton lachte leise. Ihr hysterisches Gekicher störte die Stille der Nacht.

Mit von Panik ergriffenen Augen sah sie hinter sich, aber Persis Halliday war weder zu hören noch zu sehen. Sie drehte sich wieder um und bückte sich zu Amanda hinunter. Dann ergriff sie Amandas Schultern. Es gelang ihr, sie halb ziehend, halb tragend in das Auto zu befördern. Nachdem sie Amanda untergebracht hatte, knallte sie die Tür zu und ging um den Wagen herum. Sie setzte sich auf den Fahrersitz und löste die Handbremse.

Der Wagen fuhr fast unhörbar die vom Mond erhellte Straße hinunter. Anita hatte das Licht nicht eingeschaltet. Das Auto war in der silberhellen Nacht auf der weißen Straße nur als grauer Schatten zu erkennen. Am Ende eines langen Abhangs wand sich die Straße um eine Kurve und begann dann wieder anzusteigen. Anita raste mit einer Geschwindigkeit von achtzig Stundenkilometern die steile Straße zur Küste hinunter. Schließlich zeigte die Nadel des Tachometers über hundert Stundenkilometer an, und der Motor röhrte bereits auffallend laut.

Vielleicht war es die Geschwindigkeit, die Amanda wieder zu sich kommen ließ. Auf jeden Fall rührte sie sich wieder und stöhnte vor Schmerzen. Endlich öffnete sie die Augen.

Im ersten Moment konnte sie sich nicht daran erinnern, wo sie sich befand und was vorgefallen war. Ein entsetzlich dröhnender Kopfschmerz war das einzige, was sie spürte. Vor ihren Augen flimmerte eine glutrote Wand, an der blendende Sterne aufzuleuchten schienen. Doch dieses Trugbild verschwand allmählich. Ihre Stirn, hinter der es ununterbrochen hämmerte und pochte, wurde von der Nachtluft angenehm gekühlt. Plötzlich fiel ihr wieder dieser Schatten ein, den sie auf der mondhellen Straße gesehen hatte. Anita Barton hatte also...

Anita hatte sie mit etwas geschlagen. Sie mußte einen harten und schweren Metallgegenstand dazu verwendet haben. Aber wieder einmal waren es Amandas dicke Zöpfe gewesen, die sie gerettet hatten. Sie hatten den brutalen Hieb stark gedämpft.

Anita –

Amanda hob langsam und unter Schmerzen den Kopf. Sie sah Anita Bartons Gesicht im schwachen Licht der Armaturenbeleuchtung. Es war nichts als eine weiße Maske zu erkennen. Anitas Gesicht war zu einer Grimasse verzogen, die nichts Menschliches mehr an sich hatte. Speichel schimmerte in den Mundwinkeln, und ihre weitaufgerissenen Augen starrten ins Leere.

Sie hatte bemerkt, daß Amanda sich bewegte, und wandte den Kopf. Im nächsten Augenblick nahm sie den Fuß vom Gaspedal und trat heftig auf die Bremse.

Mit kreischenden Reifen kam der Wagen zum Stehen. Amanda, die ohnehin schon ziemlich benommen war, wurde dabei auch noch gegen das Armaturenbrett geschleudert.

Anita Barton zog etwas aus ihrer Tasche, und Amanda erkannte im Mondschein den Lauf einer Armeepistole.

»Machen Sie nur keinen Unsinn«, warnte Anita drohend. Ihre Worte sollten zwar barsch klingen, aber sie hatte ihre Stimme nicht mehr in der Gewalt.

Sie erhob ihre linke Hand, zog an dem Seidenschal, den sie um den

Kopf gebunden hatte, löste ihn und sagte: »Drehen Sie sich mit dem Rücken zu mir, und nehmen Sie Ihre Hände nach hinten. Aber rasch!«

Amanda spürte das harte Metall der Revolvermündung in ihrem Rücken und gehorchte willenlos.

Sie spürte, wie Anita Barton mit heißen, unruhigen Fingern den Seidenschal um ihr Handgelenk wickelte und die Knoten schmerzhaft fest anzog. Erst da wurde ihr bewußt, daß sie zu diesem Zweck ihre Waffe abgelegt haben mußte.

»So ist es gut«, sagte Mrs. Barton keuchend und außer Atem. »Und jetzt die Füße.« Sie zerrte grob an Amanda herum und schnürte ihr die Füße mit einem starken Band, das sie wohl speziell für diesen Zweck mitgebracht hatte. Dann steckte sie der nach Luft schnappenden Amanda skrupellos und völlig unerwartet ein Taschentuch in den Mund und band noch einen weiteren Schal darum. Dabei riß sie rücksichtslos an Amandas Haar und zog es straff nach hinten, um sicherzugehen, daß der Knebel auch fest saß. Ganz offensichtlich hatte sie ihren Plan vorher bis ins Detail ausgearbeitet.

»So, das wäre geschafft«, stieß Anita Barton zwar atemlos, aber mit ihrem Werk zufrieden hervor.

Sie sah auf Amanda hinunter und schaute ihr direkt in die verängstigten großen Augen. Daraufhin lachte sie laut und wild. Ihre schrille und hysterische Stimme war kaum zu ertragen.

»Sie sind also auch eine von Glenns Weibern. Das habt ihr beide aber fein ausgedacht! Der liebe, gute Glenn! Für wie dumm habt ihr mich eigentlich gehalten? Er wartet also schon auf dem Boot auf mich, wie? Na, da wird er sich wundern. Er wird noch eine letzte Überraschung erleben. Es ist ja wirklich alles perfekt von ihm organisiert. Nur weiß er noch nicht, daß er es ist, der verschwinden wird. Ich habe extra für ihn diesen Revolver aufgehoben. Eigentlich wollte ich mir selbst eine Kugel damit durch den Kopf jagen. Aber ich habe es mir anders überlegt. Glenn hat Sie da hineingezogen, nicht wahr? Natürlich ist es wahr. Aber es wird das letzte Mal gewesen sein, daß er andere Leute für sich arbeiten läßt. Sie haben wohl gedacht, ich wäre Ihnen auf den Leim gegangen? Wie rührend selbstlos Sie doch sind. Alles nur zu meinem Besten, zu meiner Sicherheit. Aber Sie haben es doch nur für ihn getan. Du kleine ...!«

Es folgte ein wenig damenhafter Ausdruck. Anitas Augen hatten einen irren Blick, das Gesicht war kreideweiß und wutverzerrt. Gleichzeitig stand ihr aber auch Angst ins Gesicht geschrieben. Sie benahm sich wie ein gehetztes Tier, dem der Fluchtweg versperrt ist. Ihre Augen funkelten Amanda zornig an, und ihre Brust hob und senkte sich unter keuchendem Atem. Ganz unmotiviert lachte sie plötzlich wieder los. Dann machte sie sich daran, die Handbremse zu lösen.

Sie fuhr jetzt langsamer. Schließlich, als sich die Straße wieder senkte, ließ sie den Wagen mit ausgeschaltetem Motor einen langen, sanft geschwungenen Hang hinunterrollen. Diesmal bremste sie weniger ruckartig als zuvor, und der Wagen blieb im Schatten einiger hoher Felsen stehen.

Sie saß ganz still da und horchte aufmerksam. Nach einer kurzen Weile öffnete sie die Wagentür und stieg aus.

Dann drehte sie sich wieder um und schaute Amanda an. Sie flüsterte so leise, daß Amanda sie im Wageninneren kaum verstehen konnte: »Wenn Sie jetzt gleich einen Schuß hören, dann hat der liebe Glenn dank Ihrer eifrigen Mithilfe ein ziemlich fatales Ende gefunden. Ich habe noch nie eine Schußwaffe benutzt, und ich will ganz sichergehen, daß ich ihn nicht verfehle. Bleiben Sie nur hier und hören Sie gut zu. Um Sie kümmere ich mich dann später.«

Sie wandte sich wieder ab und ging geräuschlos über die mondhelle Straße. Dann verschwand sie auf einem sandigen, schmalen Pfad, zwischen heruntergestürzten Felsbrocken und einem ebenen Küstenabschnitt, der etwa fünfzig Meter vom Strand entfernt war. Das Schlagen der Wellen war von fern zu vernehmen.

Amanda warf sich verzweifelt hin und her. Sie zerrte hilflos an dem Seidenschal, der ihre Hände fesselte. Glenn war natürlich nicht da draußen. Aber seine Frau ließ sich von ihrer fixen Idee nicht abbringen. Irgendein harmloser, hilfsbereiter Fischer würde deshalb sterben müssen. Sicherlich wartete er da unten schon auf Anita. Aber sie würde ihn mitleidslos und ohne jede Warnung niederschießen. Genauso mitleidslos, wie sie auch die arme Monica Ford getötet hatte. Weil sie noch nie eine Pistole in der Hand gehabt hatte, würde sie auf Nummer Sicher gehen und auf die Brust oder den Bauch des Fischers zielen. Er würde unter entsetzlichen Qualen sterben.

Anita Barton war nicht mehr zurechnungsfähig. Die Angst um ihre eigene Sicherheit hatte sie die Grenze zum Wahnsinn überschreiten lassen. Hatte Glenn wirklich schon die ganze Zeit geahnt, daß seine Frau eine Mörderin war? Hatte er deshalb versucht, sie von der Insel fortzulocken? Und hatte er deshalb jeden nur denkbaren Vorwand benutzt?

Amanda krümmte und wand sich wie ein Aal. Sie zerrte hilflos und voller Panik an ihren Fesseln. Sie durfte einfach nicht zulassen, daß Anita noch einmal einen Menschen umbrachte. Sie durfte einfach nicht da liegenbleiben und warten, bis sie den Todesschuß hörte, gleichzeitig wissend, daß sie selbst das nächste Opfer sein würde. Amanda bemühte sich, mit dem Kinn die Hupe zu betätigen, weil sie dachte, das laute Hupen würde Anita Barton in Schrecken versetzen. Es blieb aber bei einem Versuch, denn sie verlor den Halt und fiel zu Boden. Als sie sich wieder aufrichtete, schlug sie sich den Kopf am Lenkrad an.

Dann ergriffen sie plötzlich zwei Hände und zerrten Amanda hoch. Eine Stimme an ihrem Ohr flüsterte drängend:

»Wie, um Himmels willen, soll ich Sie hier rausholen, wenn Sie hüpfen wie ein Gummiball? Verhalten Sie sich ruhig!«

Persis! Amandas schmaler Körper sackte vor Erleichterung förmlich in sich zusammen. Sie spürte, wie Persis' Finger versuchten, den Knoten an ihrem Hinterkopf zu lösen. Persis flüsterte: »Zum Teufel mit Ihren Locken. Müssen Sie unbedingt...«

Sie riß den Schal weg, und Amanda spuckte das feuchte Taschentuch aus. In tiefen Zügen sog sie die frische Nachtluft ein.

»Persis! Wie, um alles in der Welt, sind Sie hierher gekommen?«

»Psst! Nicht reden! Oder wollen Sie, daß dieses Frauenzimmer uns wieder auf den Hals kommt?« Persis machte sich jetzt an dem Seidenschal zu schaffen, den Anita um Amandas Handgelenke geknotet hatte. Unter Flüstern erklärte sie: »Die ganze Sache gefiel mir von Anfang an nicht. Dieser komische Blick erinnerte mich gleich an ein Pferd, das ich in meiner Jugend kannte. Und auf dieses Pferd würde ich mich nie wieder setzen. Ich bin also einfach um dieses Gebüsch herumgegangen, habe bis zehn gezählt und bin schnurstracks zurückgekommen. Sie lagen ziemlich k. o. da, während unsere liebe Freundin sich gerade aus dem Staub machen wollte. Da bin ich dann schnell hinten aufgesprungen. Ich hätte mir beinahe das Genick gebrochen, als Anita so heftig auf die Bremse getreten ist. Es war alles in allem eine ziemlich staubige und unerfreuliche Fahrt. So, das hätten wir...«

Amanda konnte die Handgelenke wieder bewegen. Sie beugte sich hinunter, um die Knoten an den Fußgelenken ebenfalls zu öffnen. In Windeseile sprang sie aus dem Wagen und war frei.

»Kommen Sie, wir fahren zurück!« zischte Persis. »So kriegen wir sie!«

»Nein, ich kann einfach nicht«, sagte Amanda verzweifelt. »Sie glaubt, daß Glenn dort unten am Strand auf sie wartet, und sie will ihn erschießen. Sie müssen doch einsehen, daß ich versuchen muß, sie davon abzuhalten.«

»Okay«, sagte Persis resigniert. »Dann komme ich aber lieber mit.«

Sie lief auf die Straße und stieß plötzlich einen halberstickten Schmerzensschrei aus.

»Du liebe Güte«, schnaufte Persis und hüpfte nur auf einem Bein weiter.

»Was ist denn?«

»Ich habe einen Schuh verloren und bin ganz unglücklich auf einen dieser spitzen Steine getreten.«

»Auf einem Bein können Sie doch nicht weiterlaufen«, flüsterte Amanda angespannt. »Bleiben Sie hier, und suchen Sie sich etwas, vielleicht einen starken Ast. Wenn sie zurückkommt, sollten Sie versuchen, ihr ein Bein zu stellen.«

Dann drehte sie sich um und ging den Weg, den Anita Barton ein paar Minuten zuvor eingeschlagen hatte, entlang.

Der Pfad führte genau zu der Spitze einer niedrigen Klippe. Darunter lag ein Haufen angeschwemmter Tang und riesige verstreute Felsbrocken.

Auf der glitzernden See trieb ein Boot. Ein Boot, das offenbar an der Klippe auf jemanden gewartet hatte. Amanda hörte das leise Eintauchen der Ruder. Langsam plätscherten die Wellen ans Ufer. Es klang wie das Rascheln trockener Blätter im Herbst. Dann war das Knirschen des Kiels auf dem nassen Sand zu vernehmen.

Es befand sich nur ein Mann auf dem kleinen Boot. Amanda sah, wie er die Ruder einholte, in die Gischt sprang und den Bug etwas weiter auf den Strand zog.

Dann ging er auf Amanda zu. Der Mondschein fiel auf sein Gesicht, und sie konnte den Mann, der sich ihr langsam näherte, erkennen.

Es war Glenn Barton.

Amanda war wie vom Schlag gerührt, so daß sie nicht einmal in der Lage war zu schreien. Als sie sich wieder einigermaßen in der Gewalt hatte und schon den Mund öffnete, um Glenn eine Warnung zuzurufen, fiel ihr ein, daß sich Anita irgendwo in der Nähe versteckt halten mußte. Wenn sie ihm jetzt etwas zuriefe, würde er sicherlich stehenbleiben. Anita würde dann wissen, daß sie entdeckt worden war, und auf ihn feuern.

Amanda kämpfte sich mühsam vorwärts. Sie ging im Schatten der Felsen und näherte sich allmählich Anitas Versteck.

Da trat auch schon ein paar Schritte entfernt von ihr jemand aus dem Schatten. Glenn blieb stehen und sagte ruhig: »Anita.«

Dieses einzige, sanft gesprochene Wort klang in der stillen, mondhellen Nacht erstaunlich laut. Sonst war nur das träge Murmeln der See zu vernehmen.

Mit einer Hand in der Tasche ihres weiten Leinenmantels stellte Anita Barton sich in den Mondschein. Amanda sah, wie sie langsam die Hand aus der Tasche zog. Sie raste vorwärts und stürzte sich auf Mrs. Barton. Sie zerrte Anitas Arm nach unten, so daß der Schuß in den Sand feuerte.

Der Knall, der durch den Schuß verursacht wurde, hallte in der kleinen Bucht etliche Male wider. Amanda ergriff den Revolver in Anitas Hand, klammerte sich daran und zerrte so lange, bis es ihr gelang, ihn ihr zu entwinden und wegzuschleudern.

Glenn bückte sich langsam und hob den Revolver wieder auf. Anita Barton stürzte sich schreiend auf Amanda und versuchte ihr wie eine wild gewordene Katze das Gesicht zu zerkratzen.

»Sind Sie wahnsinnig? Jetzt bringt er uns beide um! Nein, Glenn! Tu es nicht! Ich will nicht sterben!«

Dann sank sie vor Amandas Füßen zu einem schluchzenden, zitternden Häufchen Elend zusammen. Glenn betrachtete sich die Waffe in seiner Hand und beobachtete danach seine Frau, die noch immer völlig außer sich war. Er hob ruhig und gelassen den Revolver und sagte mit überaus freundlicher Stimme:

»Ganz recht! Ich bringe euch beide um. Ihr zwei seid in letzter Zeit zu gefährlich geworden. Keine Bewegung, Amanda! Ich bin ein ausgezeichneter Schütze. Außerdem habe ich nicht nur den Revolver, den mir meine herzallerliebste Frau freundlicherweise mitgebracht hat. Es tut mir leid, daß ich auch Sie verschwinden lassen muß. Natürlich sind Sie offiziell mit Anita in den Libanon gefahren. In ein paar Tagen wird ein entsprechendes Telegramm hier eintreffen. Anita hat einen Brief hinterlegt, in dem sie Miß Moon und jedem, den es interessiert, alles näher erklärt. Anitas Handschrift ist wirklich kein Problem für mich. Sollte sich nach einiger Zeit herausstellen, daß Sie nicht mehr zurückkommen, na, dann hat meine Frau eben wieder einen Mord begangen.«

Amanda sagte atemlos: »Aber, Glenn! Was reden Sie denn da! Ich verstehe Sie nicht richtig...« Ihre Stimme klang völlig fremd und war kaum wiederzuerkennen.

»Doch, Sie haben ganz richtig verstanden«, sagte Glenn ruhig. »Sie sind doch hierhergekommen, um mir nachzuspionieren und um Ihrem Onkel von mir zu berichten, habe ich recht? Es tut mir wirklich leid, Sie erschießen zu müssen. Das geht nicht ohne Lärm und Blut ab, und ich verabscheue beides. Aber es scheint keine andere Wahl für mich zu geben. Gift gegenüber sind Sie ja offenbar immun. Das Zeug, das ich auf dem Schiff für Sie habe bereitstellen lassen, hat eine Ihrer Freundinnen getrunken, und den Ouzo, den ich Ihnen bestellt hatte, haben Sie auch verschmäht. Beide Male hätte es wie Selbstmord ausgesehen und allen Beteiligten viel Ärger erspart. St. Hilarion schien zunächst die Gelegenheit zu sein, aber der Zufall hat Sie gerettet. Als ich mich gerade aus dem Staub machen wollte, mußte ich zu meinem Leidwesen feststellen, daß Howard mir folgte, und es gab keinen Fluchtweg. Also hatte ich keine andere Wahl, als sie unter Einsatz meines Lebens zu retten. Ironie des Schicksals nennt man so etwas.«

»Nein!« sagte Amanda und schluchzte. »Nein, Glenn! Sie sind doch verrückt. Sie wissen ja gar nicht mehr, was Sie da sagen.«

»Doch, das weiß ich sehr wohl. Einmal hätte ich euch schon beinahe gleichzeitig erwischt. Sie haben mich sogar selbst darauf gebracht, Amanda. Ich konnte kaum widerstehen, Sie die Treppe hinunterzuwerfen, um danach zu Anita zu gehen und sie hinterherzustoßen. Man hätte gesagt, sie sei betrunken gewesen. Sie habe Sie die Treppe hinuntergeschubst und sei dann selbst gestürzt. Die Treppengeländer in dem Haus sind furchtbar morsch. Aber dieser dämliche Howard tauchte auch da wieder auf und hat mir alles vermasselt.«

Mit erstickter Stimme sagte Amanda: »Das kann ich einfach nicht glauben! Das darf doch nicht wahr sein.«

»Aber Anita glaubt es auch. Habe ich recht, Anita? Steh auf... mein Schatz. Ich will dir doch nicht weh tun. Und wenn ich jetzt auf dich schieße, wird es sogar sehr weh tun, so wie du da hockst. Wenn du aber stehst, wirst du gar nichts spüren. Die Fische werden nichts von dir übriglassen, das man identifizieren könnte, falls du jemals in ein Fischernetz geraten solltest. Das ist aber sehr unwahrscheinlich, weil ich deine Leiche beschweren werde. Los, steh auf, Anita!«

Anita kroch im Sand umher und flehte mit vom Schluchzen erstickter Stimme um ihr Leben. Sie bewegte sich auf den Knien vorwärts. Das Gesicht war vom Entsetzen entstellt.

Glenn Barton sah angewidert auf sie hinunter, wobei er seinen Zeigefinger völlig gleichgültig am Abzug hielt und losfeuerte.

Als Anita den Schuß hörte, schrie sie vor Schreck auf und stellte sich hin. Aber Glenn schoß kein zweites Mal.

Er stand da und starrte ungläubig auf den Revolver in seiner Hand. Dann ließ er ihn in den Sand fallen, und in Sekundenschnelle hatte er einen zweiten aus seiner Manteltasche geholt.

Plötzlich tauchte ein Schatten aus dem Halbdunkel der aufeinandergetürmten Felsbrocken auf. Dann noch einer und noch einer, bis der mondhelle, schmale Strand schließlich von schweigenden Männern umringt war. Eine wohlvertraute Stimme sagte freundlich: »Ich fürchte, der taugt auch nicht mehr.«

19

Glenn Barton schaute sich den Mann, der da soeben gesprochen hatte, mit der Pistole in der Hand an. Amanda warf sich in völliger Verzweiflung zwischen die beiden und hauchte:

»Steven...«

Aus der Mündung des Revolvers schnellte erneut ein Schuß. Zum dritten Mal hallte dieses Geräusch in der Bucht wider.

Steven Howard löste sich aus Amandas umklammerndem Griff und sagte: »Er ist nicht geladen.« Glenn schleuderte ihm die nutzlose Waffe wütend an den Kopf.

Steven duckte sich, stieß Amanda zur Seite und sprang ihn erbost an.

Amanda konnte deutlich hören, wie der heftige Hieb Glenn an einer empfindlichen Stelle traf. Er krümmte sich zusammen, hob den Kopf und schnappte nach Luft. Ein zweiter Schlag traf ihn am Kinn. Steven schlug derart kräftig zu, daß es das Geräusch des klickenden Revolvers von vorhin in seiner Lautstärke noch übertrumpfte. Glenn Barton flog durch die Luft, kam nach ungefähr einem Meter jedoch wieder zum Liegen. Er lag wie ein toter Hase im Sand, war aber nur bewußtlos.

»Danach habe ich mich schon seit Tagen gesehnt«, bemerkte Steven. Er atmete noch etwas unregelmäßig.

Dann wandte er sich einem Mann zu, der neben ihm stand. Amanda, die sich allmählich über gar nichts mehr wunderte, erkannte ihn. Es war nämlich der Mann mit dem merkwürdigen Namen, den sie bereits einmal zuvor in der Halle der Villa Oleander gesehen hatte. Das war an dem Abend gewesen, an dem Monica Ford gestorben war.

»So, da haben Sie ihn«, sagte Steven. »Er steht ganz zu Ihrer Verfügung.«

Damit wandte er sich an Anita Barton und sagte: »Wenn Sie meinen, daß Sie es schon schaffen, dann sollten wir besser zum Auto zurückgehen. Amanda, warte mit dem Weinen noch, bis wir auf dem Heimweg sind. Du kannst dich dann an meiner Schulter ausheulen.«

Er hakte sich mit einer Hand bei Anita Barton und mit der anderen bei Amanda unter und führte sie den engen Pfad zum Auto entlang. Plötzlich blieb Steven stehen.

»Das ist Persis«, sagte Amanda.

»Ach, du lieber Himmel!« Steven Howard war offensichtlich verärgert. »Was, zum Teufel, hat die denn hier verloren?«

»Sie hat mich begleitet«, beschwichtigte Amanda.

Persis stand jetzt im Mondschein.

»Hallo, Steven! Ich habe offenbar die Ehre, James Bond persönlich zu kennen. Ich habe die ersten zwei Akte und das Zwischenspiel leider verpaßt, aber für das Finale hatte ich einen Logenplatz. Es war wirklich sehr eindrucksvoll.«

Dann drehte sie sich um und ging mit den anderen zusammen zum Auto. Sie hinkte noch immer und ließ sich sofort auf das Trittbrett des Autos sinken.

Steven zog eine Feldflasche aus seiner Manteltasche, schraubte den Deckel ab, füllte ihn und reichte ihn weiter.

»Herzlichen Dank«, sagte Persis und schluckte den Inhalt hinunter. »Das war genau das, was mir fehlte. Geben Sie Anita auch einen Schluck. Sie braucht ihn nötiger als ich.«

Anita Barton trank mit klappernden Zähnen und sah Steven Howard dabei an. Sie war noch kreideweiß und tränenüberströmt. Aber ihre Stimme klang jetzt wieder normal.

»Ich weiß gar nicht, wie ich Ihnen danken soll. Wann haben Sie... ich meine, woher wußten Sie, daß Glenn...«

»Sie haben es doch auch gewußt, oder etwa nicht?« fragte Steven freundlich.

»Doch, natürlich! Deshalb habe ich ihn ja auch verlassen. Ich habe auch versucht, Monica vor ihm zu warnen, aber leider wollte sie nicht auf mich hören. Sie war ja ganz vernarrt in ihn.«

»Und wie haben Sie es herausgefunden?«

»Oh, durch Kleinigkeiten, die sich mit der Zeit ansammelten. Dann begann ich, ihn zu beobachten. Und schließlich habe ich es herausgefunden. Da bekam ich es mit der Angst zu tun. Mir war klar, daß er, sobald er herausfinden würde, daß ich Bescheid wußte, auch mich umbringen würde. Er war schon immer ein Mörder. Eigentlich ist er ein anständiger Kerl – ruhig und gelassen –, aber wie Sie sehen, kann er auch morden! Er ist mit Monica Ford ins Bett gegangen, und das habe ich als Vorwand benutzt. Ich mußte ihn einfach verlassen. Es gab keinen anderen Weg!«

Persis sagte mit scharfer Stimme: »Nach dem, was ich heute abend schon alles erlebt und gesehen habe, glaube ich fast alles. Aber Sie können mir nicht einreden, daß er mit diesem Frauenzimmer, die eine Taille wie ein Whiskyfaß hatte, ein Verhältnis hatte.«

»Es ist aber wahr«, sagte Anita Barton traurig. »Sie wurde doch extra hierhergeschickt, um herauszufinden, was hier gespielt wurde. Mr. Derington hat sie persönlich damit beauftragt. Er ist der Meinung, daß Frauen eine bessere Nase für zwielichtige Geschäfte haben. Ich glaube, ihm waren ein paar Gerüchte zu Ohren gekommen. Deshalb schickte er eine tüchtige Sekretärin, die sich einmal umschauen und ihm Bericht erstatten sollte.«

Anita Barton nahm erschöpft auf dem Trittbrett neben Persis Platz. Sie lehnte den Kopf an die Wagentür und sagte: »Glenn hat mit ihr geschlafen. Bei ihm schmolz jede Frau wie Butter dahin. Er hat so etwas jungenhaft Spitzbübisches an sich, das jede Frau anzieht. Ich selbst bin ja auch auf ihn hereingefallen! Monica war völlig aus dem Häuschen. Er war vermutlich der einzige Mann, der sie zweimal angesehen hat. Damit hatte er sie in der Hand. Sie hat alles für ihn getan und schließlich seine Lügen gutgläubig geschluckt. Er hatte noch Affären mit anderen Frauen. Mit Claire zum Beispiel. Claire hat Nachrichten für ihn verschickt und weitergeleitet, was für ihn selbst zu riskant gewesen wäre. Ich glaube aber nicht, daß sie wußte, was sie da tat. Er hat sich wahrscheinlich eine überzeugend klingende Geschichte ausgedacht. Außerdem ist sie alt genug, um auf sich selbst aufzupassen. Aber die Sache mit Monica widerte mich an. Als ich versuchte sie zu warnen, hat sie nur aggressiv und hysterisch reagiert. Schließlich brachte ich Lumley dazu, mich bei sich einziehen zu lassen. Er hat das nur getan, weil er Glenn und Claire ärgern wollte. Außerdem hat er einen Minderwertigkeitskomplex wegen seiner Dienstuntauglichkeit beim Militär. Jetzt tut er so, als müsse er unbedingt demonstrieren, daß er auf die Meinung seiner Mitmenschen pfeift.«

Amanda warf hilflos ein: »Ich verstehe das immer noch nicht. Was hat Glenn denn gemacht?«

»Waffenschmuggel«, sagte Steven kurz und bündig.

»Was hat er?« Persis erhob sich und fiel dabei beinahe vornüber. »Übrigens, Steven, was haben Sie mit der ganzen Sache zu tun?«

»Nun, ich wurde beauftragt herauszufinden, wer die Fäden in der Hand hat«, sagte Steven. Er sah über seine Schulter und bemerkte ungeduldig: »Wie lange brauchen diese Detektive denn noch?«

»Sie werden schon noch kommen«, sagte Persis bestimmt. »Aber nun mal heraus mit der Sprache. Sie können sich unserer ungeteilten Aufmerksamkeit sicher sein. Ich jedenfalls rühre mich hier nicht vom Fleck, bevor Sie mir nicht erzählt haben, was Sie damit zu tun haben. Und Sie werden ja wohl kaum mit einer Frau auf dem Trittbrett davonfahren.«

Steven ließ ein etwas grimmiges Lachen verlauten. Er nahm eine von den Zigaretten, die Persis ihm anbot, zündete sie an und sagte:

»Es war uns bekannt, daß jemand Waffen nach Afrika schmuggelte. Und wir wußten auch, daß sie von einem Satellitenstaat eingeführt wurden, und zwar via Zypern. Was wir allerdings nicht wußten, war, wie die Waffen dorthin gelangten. Allmählich verdichtete sich aber der Kreis, und wir stießen unter anderem auf Glennister Barton. Es schien uns nicht ausgeschlossen, daß er hinter der Fassade des Weinhandels ein einträglicheres Geschäft betrieb. Und so war es dann auch. Alles lief glatt, bis Amanda plötzlich auftauchte.«

»Aber was hat das alles mit mir zu tun?« fragte Amanda ungläubig.

»Nachdem Sie sich entschlossen hatten, nach Zypern zu kommen, schrieb Ihr Onkel einen offiziellen Brief, in dem er verlangte, Glenn Barton solle Sie bei sich unterbringen, Ihnen die Gegend zeigen und überhaupt für Sie zur Verfügung stehen. Glenn wußte von der Vorliebe Ihres Onkels, weibliche Schnüffler zu engagieren. Er ging davon aus, daß Sie hierher gekommen sind, um ihm nachzuspionieren, genauso wie Monica. Er hätte vielleicht versucht, sich aus der Affäre zu ziehen, aber es bestand ja noch sein Eheproblem.«

Amanda sagte: »Und was hat das damit zu tun?«

»Sie wissen doch, daß Ihr Onkel bei solchen Sachen keinen Spaß versteht. Wenn Sie auch nur angedeutet hätten, daß Monica Ford ein Verhältnis mit Glenn hatte – von den anderen Geschichten ganz zu schweigen –, dann hätte man ihn entlassen. Oder, was noch schlimmer gewesen wäre, Ihr Onkel wäre mit dem nächstbesten Flugzeug hierher – geflogen und hätte sich die Sache selbst angesehen.«

»Ja, Sie haben wahrscheinlich recht«, sagte Amanda langsam. »Das hätte er wohl getan. Solche Dinge findet er gar nicht komisch.«

»Eben. Barton konnte aber weder das eine noch das andere riskieren. Er steckte mitten in einem Bombengeschäft. In drei Wochen wäre er in der Lage gewesen, sich andernorts abzusetzen. In Südamerika zum Beispiel. Dort hätte er bis zum Ende seiner Tage von Champagner und Kaviar leben können. Er war also ganz nahe am Ziel. Da er sich aber nicht traute, Ihren Besuch abzusagen, versuchte er, Sie vorher um die Ecke zu bringen. Das Gift, an dem Julia Blaine starb, war in Wirklichkeit für Sie bestimmt.«

Persis sagte empört: »Julia? Sie glauben also, daß sie ermordet wurde?«

»Aber es war doch in ihrem Zitronenwasser«, sagte Amanda verstört.

»Es war kein Zitronenwasser, sondern Limonade. Es war sehr viel Zucker drin. Der Teppich war ganz klebrig davon. Sie wollten sich bloß nicht von dem Trugschluß abbringen lassen, daß es Zitronenwasser war. Sie glaubten, es sei für Julia bestimmt, weil Sie zufällig Ihre Kabine mit Julia Blaine getauscht hatten. Aber Julia hätte so ein Getränk nicht bestellt. Solch ein eisgekühltes Getränk an einem warmen Abend war doch ein recht verlockender Köder. Und als Sie mir dann noch erzählten, Mrs. Blaine sei bereits um zehn Uhr zu Bett gegangen, wurde ich erst recht mißtrauisch. Es sah alles danach aus, als sei das Glas nicht in der falschen Kabine gelandet.«

»Aber, Steven...«

»Das Eis! Sie sind doch erst gegen elf in Ihre Kabine gegangen, in dem Glas befand sich aber noch Eis. Ich habe einige Stückchen auf dem Teppich entdeckt, als ich in Ihrer Kabine war. Wenn das Glas bereits seit vor zehn in der Kabine gestanden hätte, wäre das Eis doch bereits geschmolzen gewesen. Und wenn es für Mrs. Blaine bestimmt gewesen wäre, hätte man es doch nicht eine Dreiviertelstunde, nachdem sie bereits das Deck verlassen hatte, dort hingestellt. Es gab genügend Zeugen dafür, daß sie das Deck verlassen hatte. Sie aber haben noch getanzt.«

Amanda schnappte nach Luft und sagte: »Aber – aber Glenn, Glenn kann es doch gar nicht gewesen sein. Er war ja gar nicht auf dem Schiff.«

»Nein, er nicht! Aber einer seiner Helfershelfer! Sie werden doch nicht annehmen, daß ein Mann derartig viele Fäden allein in der Hand hat. In der Geschichte stecken noch viele Leute bis zum Hals drin. In diesem Fall handelt es sich um einen Mann namens Kostos, der sich als Schiffsjunge ausgab. Wie der Zufall es will, war es der Mann dieser Wirtin, die ein Gasthaus an der Straße nach Limassol führt. Sie hätten dort ja auch beinahe Ihr Leben gelassen.«

»Aber das kann nicht sein. Glenn hat mir doch erzählt, ihr Mann sei ein körperliches Wrack. Er habe zuviel...« Sie unterbrach sich und sagte mit gebrochener Stimme: »Ja, ich verstehe jetzt. Er mußte sich ja etwas einfallen lassen, damit ich den Kopf beiseite nahm, und er... Deshalb erfand er schnell irgendeine Geschichte. Die Wirtin erzählte noch, ihr Mann sei auch auf dem Schiff gewesen. Warum ist mir das nicht schon früher aufgefallen? Dann hat Glenn noch seine Zigarettenkippe in mein Glas fallen lassen. Er wollte wohl verhindern, daß jemand aus dem Glas trank, nehme ich an.«

»Er hat auch dafür gesorgt, daß dieser Schiffsjunge verschwand. Jeder glaubte zwar, er sei bei einer Wirtshausschlägerei umgekommen, merkwürdigerweise war sein plötzliches Ableben auch der Grund, weshalb Miß Moons Angestellte, die ja mit der Witwe verwandt sind, an dem Tag, an dem Monica Ford umgebracht wurde, nicht zu Hause waren. Es war derselbe Tag, an dem Sie in St. Hilarion über die Brüstung gestoßen wurden.«

Amanda zitterte heftig. »Aber, Steven. Wenn ich hier gestorben wäre, dann hätte es Glenn nicht mehr viel genützt. Denn Onkel Oswin wäre mit Sicherheit hergekommen.«

»Meinen Sie wirklich? Nach dem, was ich über ihn gehört habe, würde er seine Nichte wohl kaum in zypriotischer Erde begraben lassen. Dazu ist er auch noch Ihr Vormund. Man hätte Sie sicher im Familiengrab der Deringtons beigesetzt! Barton hätte Ihrem Onkel ein Telegramm geschickt und veranlaßt, daß man Ihre Leiche in einem Sarg nach England geflogen hätte. Und ich könnte wetten, daß Ihr griesgrämiger Onkel sein Geschäft hätte Geschäft sein lassen und das nächste Flugzeug nach England genommen hätte, um die liebe Verblichene am Londoner Flughafen in Empfang zu nehmen, und daß er für eine angemessene Beerdigung gesorgt hätte. Und gesetzt den Fall, er wäre wirklich nach Zypern gekommen, dann hätte er sich in der Situation wohl kaum um sein Weingeschäft gekümmert. Da bin ich ganz sicher. Wenn er wirklich nach Zypern gekommen wäre, dann wohl nur, um den Sarg persönlich nach Hause zu geleiten. Auf gar keinen Fall hätte er die Zeit damit verbracht, seinen Blick auf irgendwelche Geschäftsangelegenheiten von Mr. Glennister Barton zu werfen. Zuerst hätte er Ihre sterbliche Hülle sicher in der Familiengruft untergebracht. Unterdessen hätte sich Barton noch Buenos Aires, Montevideo oder sonstwohin abgesetzt.«

»Ja, ich verstehe«, sagte Amanda noch immer zitternd. »Mit der Familiengruft haben Sie sicherlich recht. Und Onkel Oswin haben Sie wohl auch richtig eingeschätzt. Er hätte mich niemals hier...«

»Statistiken haben ergeben«, unterbrach Steven sie ungeduldig, »daß ein Durchschnittsbürger sich aus allen möglichen nichtigen Gründen das Leben nehmen könnte. Unerwiderte Liebe steht dabei an der Spitze, das Ich-kann-ohne-ihn-nicht-leben-Syndrom. Das wäre immerhin eine Möglichkeit für Ihren Selbstmord gewesen. Es wäre nach Ihrem Tod auch äußerst schwer nachvollziehbar gewesen, was Sie zu einer solchen Tat hätte schreiten lassen. Ich habe eigentlich, genauso wie übrigens die Polizei, nie geglaubt, daß Sie Julia Blaine umgebracht haben, um an ihren Ehemann zu kommen. Eine Möglichkeit wäre es allerdings gewesen. Wenn Sie dann in diesem Gasthaus auch noch an demselben Gift wie Mrs. Blaine gestorben wären, hätte es so ausgesehen, als ob Ihre Gewissensbisse Sie unerträglich gequält hätten.«

»Ja, ich kann mich daran erinnern, daß diese Möglichkeit von Ihnen in Betracht gezogen wurde«, sagte Amanda schnippisch. Sie war sich nicht sicher, ob sie empört sein sollte, weil Steven sie als einen Durchschnittsbürger eingestuft hatte. Schließlich sagte sie: »Und was ist mit Monica? Glenn kann sie unmöglich umgebracht haben. Selbst mit Ihrer blühenden Phantasie ist das nicht vorstellbar.«

»Aber gewiß! Er hat gesehen, wie sie Miß Moons Haus betrat, und ist ihr gefolgt, weil er wußte, daß sie Sie besuchen wollte.«

»Und was wollte sie von mir?«

»Auch Monica war der Meinung, daß, nach dem Brief zu urteilen, den Ihr Onkel geschrieben hatte, Sie als Privatagentin auf Barton angesetzt waren. Und sie wußte inzwischen, was hier so alles getrieben wurde.«

»Aber das wußte sie doch schon länger.«

»Ja, sie hat wahrscheinlich von Anfang an gewußt oder zumindest vermutet, daß hier nicht alles mit rechten Dingen zuging. Sie hat vermutlich ein Auge zugedrückt und sich eingeredet, daß es sich nur um Zigarettenschmuggel oder etwas ähnlich Harmloses handelte. An jenem Nachmittag aber war eine Kiste zerbrochen, die offiziell Wein enthielt. Da Barton nicht im Büro war, öffnete Monica sie und stellte fest, womit er in Wirklichkeit handelte. Eine Woche früher hätte sie wahrscheinlich so getan, als sehe sie nicht, was sich in der Kiste befand. Denn schließlich fraß sie ihm aus der Hand. Ihr Bruder war aber gerade von Mau-Mau-Terroristen ermordet worden, und die Waffen dafür hatten sie durch Glenn Barton erhalten. Das gab ihr den Rest. Sie fuhr nach Kyrenia, um alles auszuplaudern. Deshalb hat Barton sie erwürgt.«

»Aber, Steven«, wandte Amanda ein, »er kann es unmöglich gewesen sein. Die Polizei hat schließlich bewiesen, daß er von St. Hilarion direkt nach Nikosia gefahren ist.«

»Das ist richtig! Er hatte Monica Ford bereits umgebracht, bevor er in St. Hilarion ankam.«

»Aber sie war doch noch warm!«

»Ich weiß! Deshalb sind wir auch etwas von der Bahn abgeraten. Er hat sie vor die Veranda gelegt. Die Sonne schien also die ganze Zeit auf die Tote. Als wir ankamen, war die Sonne gerade erst untergegangen, erinnern Sie sich? Deshalb war sie natürlich noch warm. Es ist nicht immer so einfach wie in den Detektivgeschichten, exakt zu bestimmen, wann der Tod eingesetzt hat. Da spielen viele Dinge mit, und ein wesentlicher Faktor ist natürlich die Temperatur einer Leiche. Glenn Barton ist keiner von den ganz Dummen. Er nutzte die Tatsache, daß die Sonne den ganzen Nachmittag in das Zimmer scheinen würde. Er fuhr also nach St. Hilarion, bemerkte flüchtig, daß er die Frau unterwegs gesehen habe, und verschaffte sich auf diese Weise ein nettes Alibi. Als die Polizei ihn anrief, und er konnte sich ausrechnen, daß sie ihn anrufen würde, versuchte er ganz nebenbei, seiner Frau den Mord in die Schuhe zu schieben, indem er diese Blume ganz unauffällig in der Halle fallen ließ, als er eintrat.«

»Ich wußte gleich, daß Glenn mir diese Falle gestellt hat«, sagte Anita Barton fröstelnd. »Wer hätte es auch sonst sein sollen? Es gab jede Menge von diesen Blumen in seinem Haus. Sie fielen ständig von dem Kleid, und ich habe viele Sachen zurückgelassen. Er hat wahrscheinlich die Schublade meines Ankleidetisches durchsucht und sie dabei entdeckt.«

»Das nehme ich auch an«, sagte Steven. »Dann ließ er sich eine ausgesprochen wirkungsvolle Szene einfallen, indem er nämlich aufs äußerste getroffen schien, als er erfuhr, daß die Polizei die Blume gefunden hatte. Amanda hätte beinahe die Show gestohlen, als sie sich wie Florence Nightingale oder Jeanne d'Arc in die Bresche warf und behauptete, die Blume gehöre ihr. Für den Fall, die Polizei wäre naiv genug gewesen, zu glauben, was Amanda ihnen erzählt hatte, ergriff er eine zusätzliche Vorsichtsmaßnahme. Er rief Mrs. Norman an, erzählte ihr, was vorgefallen war, und erweckte den Eindruck, in schrecklicher Sorge zu sein. Er bat Claire darum, Mrs. Barton zu warnen, damit sie das Kleid vernichte. Barton wußte nur zu gut, daß Mrs. Norman Mrs. Barton lieber tot als lebendig sehen würde. Er wußte ganz genau, daß Claire die Geschichte auf ganz Zypern verbreiten würde.«

Anita Barton fügte hinzu: »Er wollte mich als Mörderin hängen sehen!«

Steven schüttelte den Kopf. »Nein, das glaube ich nicht. Er wollte mit Sicherheit vermeiden, daß die Sache vor Gericht kam. Er tüftelte statt dessen einen klugen Plan aus. Und zwar wollte er Sie einfach verschwinden lassen, damit die Leute annehmen würden, Sie hätten die Nerven verloren und sich aus dem Staub gemacht. Er hatte das alles sehr gut ausgearbeitet. Als ich Amanda riet, ihrem Onkel zu schreiben, habe ich ihm die Suppe allerdings versalzen. Wenn nämlich ihr Onkel gekommen wäre, wäre die ganze Sache aufgeflogen. Ich dachte mir schon, daß diese Androhung ihn verunsichern würde. Und so war es dann ja auch.«

Amanda starrte Steven sprachlos an, und Anita sagte völlig erschöpft: »Ich habe geglaubt, Amanda sei in die ganze Sache verwikkelt, weil sie ihm genau wie Monica und die anderen Frauen verfallen war. Ich habe ihr den Revolver auf den Kopf geschlagen und geglaubt, ich hätte sie getötet. Entschuldigen Sie vielmals, Amanda! Aber ich wußte, daß er mich umbringen wollte, und dachte, Sie würden ihm bei der Ausführung seines Vorhabens behilflich sein.«

Amanda hörte ihr gar nicht zu. Sie klammerte sich an den Türgriff des Wagens und sah Steven an.

»Wollen Sie etwa sagen, daß Sie wußten, daß er so etwas vorhatte?« fragte Amanda und schnappte nach Luft. »Sie haben mir gesagt, ich solle den Brief schreiben, damit er...« Amanda fehlten die Worte.

»Aber was sollte ich denn sonst tun, Liebling«, sagte Steven. »Wir mußten ihn doch in Panik versetzen, damit er uns zum Ziel verhalf. Aber falls es dich beruhigt, dies war die unangenehmste Arbeit, die ich je verrichtet habe. Wir hätten ihn zwar auch so überführen, ihm dann aber keinen Mord nachweisen können. Es war bereits schwierig genug, die Kugeln aus allen Revolvern, die er besitzt, zu entfernen und sie durch leere zu ersetzen. Das war wirklich nicht so einfach, wie du vielleicht denkst. Ich muß allerdings gestehen, daß ich in meine Kalkulation nicht eingeschlossen habe, daß Mrs. Barton dich mit solch einem Mordinstrument niederschlagen würde. Obwohl ich im nachhinein ihren Standpunkt natürlich verstehe.«

Amanda starrte ihn lange und mit blassen Lippen an.

Dann sagte sie mit leiser, eisiger Stimme: »Wenn Sie uns zurückfahren wollen, dann sollten wir uns langsam auf den Weg machen. Persis, sind Sie fertig?«

»Und ob!« entfuhr es Persis. »Anita, wollen Sie sich nach vorne zum Fahrer setzen? Ich glaube, es wäre eine gute Idee, wenn Sie heute in meinem Hotelzimmer übernachten. Wir werden ein heißes Bad und ein Schlafmittel nehmen, um über die ganze Geschichte erst einmal zu schlafen. Es war für uns alle ein anstrengender Tag.«

Amanda kletterte hochmütig auf den Rücksitz und sagte: »Steigen Sie ein, Persis.«

Persis knallte die Tür hinter Anita zu und schenkte ihre Aufmerksamkeit Steven Howard.

»Steven, was bekomme ich dafür, wenn ich den Wagen fahre?« fragte sie warmherzig.

Steven lachte.

»Persis«, sagte er, »Sie setzen sich sofort hinter das Steuer, sonst...«

»In Ordnung. Ich nehme das Angebot an.«

Amanda versuchte auszusteigen, aber Steven kam ihr zuvor. Er schlug die Tür hinter sich zu und nahm sie fest in die Arme.

Amanda versuchte vergeblich, sich im zu entziehen. Dann war es plötzlich ganz still im Wagen, und Amanda sagte etwas außer Atem: »Steven, bitte...«

»Aber, Liebling«, erwiderte Steven, »halte jetzt endlich einmal den Mund. Wir können uns die Unterhaltung für später aufbewahren. Schließlich sind wir nicht allein hier im Wagen.«

»Machen Sie sich um uns keine Sorgen«, sagte Persis herzlich. Sie stellte den Motor an und setzte den Wagen fachmännisch auf den Sandweg. »Haben Sie bloß keine Hemmungen, küssen Sie nur.«

»Was glauben Sie denn, was ich sonst machen würde?« fragte Steven gespielt irritiert.

Persis lachte. Sie verstellte taktvoll den Rückspiegel und fuhr über die mondhelle Landstraße nach Kyrenia zurück.